本书是2013年教育部人文社科基金规划项目"西部生态脆弱性评估与
13YJAZH076），第53批中国博士后基金面上项目一等资助"我国县
效评估研究"（编号：2013M530058）与国家社科基金重大项目"幸
效评价体系研究"（编号：11&ZD057）的阶段性成果

经济管理学术文库·管理类

基于数据挖掘的我国地方政府绩效评估指标设计

——面向江苏四市的探索性研究

Design Index of China's Government Performance
Evaluation Based on Data Mining

尚虎平／著

经济管理出版社
ECONOMY & MANAGEMENT PUBLISHING HOUSE

图书在版编目(CIP)数据

　　基于数据挖掘的我国地方政府绩效评估指标设计:面向江苏四市的探索性研究/尚虎平
著.—北京:经济管理出版社,2013.6
　　ISBN　978 - 7 - 5096 - 2533 - 0

　　Ⅰ.①基…　Ⅱ.①尚…　Ⅲ.①地方政府-行政管理-评价-研究-江苏　Ⅳ.①D675.3

　　中国版本图书馆 CIP 数据核字(2013)第 130521 号

组稿编辑:王光艳
责任编辑:许　兵
责任印制:杨国强
责任校对:陈　颖
出版发行:经济管理出版社
　　　　　(北京市海淀区北蜂窝 8 号中雅大厦 A 座 11 层　100038)
网　　　址:www.E - mp.com.cn
电　　　话:(010)51915602
印　　　刷:三河市海波印务有限公司
经　　　销:新华书店
开　　　本:720mm × 1000mm/16
印　　　张:14
字　　　数:267 千字
版　　　次:2013 年 6 月第 1 版　2013 年 6 月第 1 次印刷
书　　　号:ISBN　978 - 7 - 5096 - 2533 - 0
定　　　价:38.00 元

前　言

　　20 世纪 70 年代，随着结果导向的新公共管理运动的兴起，作为评价管理结果工具的政府绩效评估在西方世界大行其道，它在世界范围的政府管理中得到了极大重视和推广，并逐渐盛行起来。到了 20 世纪 90 年代，政府绩效评估几乎已经成为发达国家政府管理的"常规武器"。鉴于政府绩效评估在国外的巨大成功，我国近年来加大了对政府绩效评估的引进和推广。据《中国人事报》调查，早在 2007 年，全国已经有 1/3 的省（区、市）开展了与政府绩效评估相关的工作，国家人事部为了在全国推行政府绩效评估，曾经确定了湖南省、辽宁省、上海市杨浦区、江苏省南通市和陕西省泾阳县政府作为绩效评估工作联系点。2011年，国务院更是确定由监察部（中央纪委）牵头建立政府绩效评估与管理工作部际联席会议制度，选择北京市、深圳市等八个地区进行地方政府及其部门绩效评估与管理的试点，选择财政部进行财政预算资金绩效管理试点，这一系列改革使得政府绩效评估走向了全国，走向了每个层级的政府与部门。

　　在政府绩效评估的所有工作中，指标的设计与筛选可以说是"重中之重"的环节。就像任何考试都取决于试卷一样，不论何种政府的绩效评估，都必须依赖于特定的指标体系，指标体系的好坏往往决定了政府绩效评估的好坏。然而，在中国这样的大国，各个地区之间在自然、地理、历史、社会等很多方面千差万别，由于这种异质性的存在，地方政府绩效评估指标的设计是一项噪音很多的系统工程，它会受到各方面因素的影响。实际上，解决绩效指标设计问题的最有效手段，就在于解决指标设计中所收集、采用的各种绩效信息问题。我国地方政府在日常运行过程中，在对内对外的各种行政管理活动中，形成了各种形形色色的客观信息，包括国家统计年鉴、地方统计年鉴、部门统计年鉴、政府及其各部门的工作计划与方案、工作记录、物质投入与消耗、解决实际问题的数量、实际取得的工作结果与社会效果、公众意见调查数据，甚至地方政府所在地的气候条件、风俗习惯等信息。这些信息直接或间接，显性或隐性地反映着地方政府绩效的各种现实情况。利用科学方法，充分发掘这些信息中所隐含的地方政府绩效现实，并把它们融入到绩效指标的设计中去，是解决地方政府绩效指标设计问题的治本之策。本书就是借助于"未来十大技术"之三的数据挖掘技术作为工具，以江苏四市（苏州市、南京市、盐城市、徐州市）作为研究对象，探索性地研究了如何设计一套市政府绩效评估通用指标体系。

在探索性研究实现过程中，本书首先采用数据挖掘的思路，以概念文本抽取的方式界定了关键概念"绩效"、"政府绩效"、"政府绩效评估"，进而对争议不大的概念"政府绩效评估指标"和"数据挖掘"做了澄清与说明，然后追述了国内外已有政府绩效评估指标设计研究的成就与不足。在这些工作的基础上，本研究对基于数据挖掘的政府绩效评估指标设计进行了实体性探索：解决了数据挖掘之于政府绩效评估指标设计的合用性问题、解决了探索性研究的选点问题、建设了四市的政府绩效评估指标数据仓库、利用 RBF（径向基函象神经网络）神经网络技术进行数据挖掘并产生了特定支持度下的指标域（一级指标）和域值（权重）、利用 BIRCH（平衡叠代分层聚类）分层聚类分两阶段"硬"聚类出了特定支持度下的二级指标、三级指标及其权值（权重）。最后，从实践操作性出发，还对挖掘产生的指标体系中的三级指标进行了合用性丰富。

以比较的视角而言，较之于国内外政府绩效评估的已有探索，本书的创新首先在于丰富了"工程绩效学"的研究内容。通过将数据挖掘引入政府绩效评估指标设计研究，以 Microsoft SQL Server 2005 作为数据挖掘软件，并从众多的数据挖掘技术中选择了 RBF 神经网络、BIRCH 分层聚类作为政府绩效评估指标挖掘工具，使得绩效评估指标设计能够基于某种科学的技术工具，在较大程度上丰富了目前政府绩效评估"工程绩效学"的内涵，超越了仅仅局限于 BSC（平衡计分卡）、绩效棱柱、综合评价、AHP（层次分析法）等有限方法的窠臼。

本书的创新还表现在探索性地建设了面向地方政府的绩效评估指标数据库、数据集市和数据仓库。通过利用 Microsoft SQL Server Management Studio 的"表"，最终构建出了 112 张来自零散数据的指标表、37 张来自统计年鉴数据的指标表、20 张来自各种行政记录的指标表、31 张来自现有数据库的指标表、277 张基于我国国内各种已有指标体系数据的指标表和 42 张基于国外已有政府绩效评估指标体系数据的指标表。这样，一共构建出了一个具有 519 张指标数据表的"南京、苏州、徐州、盐城四市政府绩效评估指标体系"小型数据库。然后利用"数据关系图"功能将各种来源相同的指标予以"关系化"，也就是在其间建立"实体—关系"规则，使之成为绩效指标数据集市，并进而利用"数据源视图"功能将数据集市建成了一个可以对其进行数据挖掘的政府绩效评估指标数据仓库。

在数据仓库基础上，本研究利用 RBF 神经网络"软聚类"挖掘出了在特定支持度下的 10 个一级指标，即经济发展、公民满意、人民生活改进、社会和谐、可持续发展、公共服务、内部过程、电子政务、人的发展、廉洁行政；在一级指标的基础上，进而利用 BIRCH 硬聚类思想，分层挖掘出了在特定支持度下的 30 个二级指标，即经济增长、产业协调、经济结构协调、抽象行政行为满意、具体行政行为满意、服务态度满意、生活改善、生活负担、参与机会、社会公平、社会救助、社会保障、生态建设、环境治理、低碳普及、科技文化发展、基础设施供给、保障性服务、人员素质、组织结构、管理流程、信息的丰富度、信息的及时度、反馈处理度、人口结构、教育程度、健康程度、实体性腐败、工作作风、行政效率等；在二级指标的基础上，仍然采用 BIRCH 分层硬聚类，产生了 90 个三级指标。这是一套较为完备的市政府绩效评估通用指标体系，它较之于目前已开发出的其他地方政府绩效评估指标体系的新颖性之处在于：首先，三个级别的指标都是在特定的支持度下的指标体系，这表明所有的指标（体系）都不是百分之百就能代表政府的绩效，而是在某种置信度下代表我们所能够接受的情况，这种情况既包括指标本身，也包括指标权重。其次，因为构建指标体系的数据源广泛，所以指标体系的代表性较好，既有内部指标，也有外部指标；既有定量指标，也有定性指标；既有电子政务指标，也有实体政务指标；既有民意指标，也有权威指标，等等。最后，由于我们专门用一节来解决指标的合用性问题，因而指标体系的操作性较好，可以直接用到日常评估实践中。

总体来说，本书的理论意义在于丰富了我国地方政府绩效评估指标设计的方法库，较好地解决了如何从大量模糊、不完全信息中筛选科学指标的问题，较为有的放矢地解决了有针对性地设计政府指标的难题。本书的实践意义在于为科学评估市级政府绩效提供了一套较为科学的指标体系，这对提高政府绩效指标体系设计的信度和效度有直接的促进作用。

目　录

第一章 绪 论

地方政府绩效评估指标是近年来我国公共管理的热点主题领域之一[1],而绩效评估指标设计则是该热点主题的核心内容,本书借助于数据挖掘理论对我国地方政府绩效评估指标设计做了探索性研究。第一章是本书的绪论,本章主要介绍研究背景、研究目标、技术路线、文献综述、关键概念等内容。

第一节 导 言

政府绩效评估指标设计与筛选是我国政府绩效评估研究与实践中的最大难点,如何科学、合理地设计出我国地方政府绩效评估指标体系是进一步推进我国地方政府绩效评估的关键,也是目前亟待解决的"头号难题"。

一、问题的提出

管理大师德鲁克曾经说过,"如果你不能评价,你就无法管理"[2],与此相呼应,西方国家兴起的新公共管理运动无一例外地把评估作为改革政府、提高效率、提高责任性和回应性的工具,使得"行政国家"向"评估国家"转变。政府绩效评估已成为西方国家基本的政府管理工具。鉴于政府绩效评估在国外的巨大成功,我国近年来加大了对政府绩效评估的引进和推广。据《中国人事报》调查,目前全国已经有1/3的省(区、市)开展了政府绩效评估,而国家人事部为了在全国推行政府绩效评估,已经确定了湖南省、辽宁省、上海市杨浦区、江苏省南通市、陕西省泾阳县政府为政府绩效评估工作联系点。可以说,政府绩效评估已经在我国各地全面推开[3]。2008年2月23日在中央政治局第四次集体学习会上,胡锦涛同志指出,要

---

[1]陈振明,薛澜. 中国公共管理研究的重点领域与主题[J]. 中国社会科学,2007,(3):140-152.

[2]转引自谈婷等. 企业绩效诊断模式的探索[EB/OL]. http://www. scuec. edu. cn/tuanwei/view. php? kind = czjy&id = 1064.

[3]徐民强. 全国1/3省市开展政府绩效评估[N]. 中国人事报,2007-05-25.

"推进以公共服务为主要内容的政府绩效评估和行政问责制度",强调要将政府绩效评估作为一项基础制度来予以推进。2010年7月20日,经中央纪委书记办公会批准,中央纪委监察部绩效管理监察室正式组建;2011年3月10日,国务院批复建立政府绩效管理工作部际联席会议制度,这标志着我国政府绩效评估逐渐走向全国。

1. 我国地方政府绩效评估指标体系设计的数据源广度难题

在政府管理领域,绩效管理正成为越来越重要的主题。绩效管理在本质上是一种关注工具、技术与方法的机制管理,具有很强的现实操作性。在绩效管理这个工具箱中,绩效评估是一种非常重要的元工具,在评价政府能力、监督政府行为、提高政府绩效和改善政府与公众之间的关系等方面具有不可替代的作用。政府绩效评估是一个完整的过程,包括基础理论、指标体系设计、定量方法运用、IT实现、组织实施以及结果运用等多个环节,其中,绩效评估指标体系设计是最为重要的环节。地方政府绩效评估能否有效地发挥其作用取决于评估结果的可靠性和有效性,后者以绩效指标为基础,以绩效指标的信度和效度为标识。没有科学的绩效指标,就不可能产生具有可靠性、有效性的绩效评估结果。尼古拉斯·亨利曾指出:"由于评估者的偏见,评估标准模糊不清……公共部门绩效评估的可靠性和权威性受到影响。"[①]他所强调的标准问题,实际上就是绩效评估指标的设计问题。政府绩效评估的指标设计要坚持公平公正、系统全面、连续稳定、可靠客观和操作简便等基本原则。从方法上考虑,可以从绩效要素结构、关键绩效指标、标杆管理、围绕专题绩效、因果关系和QQTC(Quality、Quantity、Time、Cost,质量、数量、时间、成本)等多个角度进行指标设计。近年来,我国地方政府绩效评估指标设计研究取得了不少成果,在学术界的探索中,具有代表性的有:范柏乃、卓越、倪星、唐任伍、彭国甫、包国宪、吴建南、吴江等学者在各自的研究中利用统计技术,采取抽样调查的方式,通过对调研结果进行分析和处理,确定出了不同的指标体系;在政府界的探索中,最典型的是2003年北京市区县经济社会协调发展绩效综合评估小组开发的指标体系和国家人事部课题组2004年在充分调研的基础上所开发的地方政府绩效评估指标体系。

在我们欣喜地看到我国地方政府绩效评估指标设计取得各种成就的同时,也不得不正视绩效评估指标设计中所存在的问题。从目前来看,最突出的问题是绩效指标数据源的广泛性不足,这使得指标内容的代表性有所欠缺。作为政府绩效评估的核心,绩效指标体系的科学性决定着整个绩效评估的科学化程度,同时影响

---

①尼古拉斯·亨利.公共行政与公共事务(第八版)[M].北京:中国人民大学出版社,2002:286.

着政府工作的科学化程度。因此,如何构建一套数据来源更为广泛,更具有代表性、科学性、合理性的指标体系是进一步推进我国政府绩效评估实践的关键所在,它决定着整个政府绩效评估工作的成败。

2.我国地方政府绩效评估指标体系设计的数据源异质性、零散性难题

在中国这样的大国,各个地区之间在自然、地理、历史、社会等很多方面千差万别,由于这种异质性的存在,地方政府绩效评估指标的设计是一个噪音很多的系统工程,它会受到各方面因素的影响。毛寿龙(2004)教授评价说:"对绩效评估指标人们往往仁者见仁,智者见智,很难达成共识,这使得政府绩效评估往往不是一个简单的技术过程,而很可能是一个政治过程,而这又跟权力配置的基本制度相关。"①为了保证绩效评估结果的可信度与有效性,绩效指标的选择就必须能够反映我国地方政府组织活动的实际情况、如实传递我国地方政府组织活动中的各种信息,以提高绩效评估的信度、效度。在我国设计有效的绩效指标体系并非易事,客观上有地域差异、部门差异问题,地方政府组织行为具有很大的模糊性和复杂性,涉及政治、经济、文化,甚至周围的地理环境、气候环境、风俗习惯等因素,这使得地方政府绩效信息繁杂。此外,从主观上来说,指标设计者的知识水平也会影响指标的设计。德鲁克曾说:"企业的成绩是使顾客满意,医院的成绩是治愈患者,学校的成绩是使学生掌握一定知识并在将来用于实践,政府的成绩则难以单向度考量。"②卡特、克莱因和戴伊(Carter, Klein and Day)也指出,考虑到政策目标的不同,就应该有不同种类的绩效指标系统。③ 我国地方政府绩效评估指标的设计,也要遵循这样的思路,即在充分了解各地、各部门不同的情况下,利用各地、各部门相异的数据,零散的数据设计出科学、合理、合用的地方政府绩效评估指标体系。要做到这一点,需要了解并掌握有关地方政府绩效指标设计的各种千差万别的信息,并能够利用科学的方法从这些纷繁复杂的信息中找到反映地方政府运行绩效的各种指标,把它们设计成赋权后的指标体系。

要解决我国地方政府绩效评估的绩效指标设计难题,需要找到其源头。实际上,绩效指标设计的最有效的手段就在于高效处理指标设计中所收集、采用的各种异质性和零散性的绩效信息。我国地方政府绩效指标信度、效度不高,根本问题在于绩效指标设计中收集信息、采用信息的主观性过强,对浩如烟海的异质性、零

---

① 毛寿龙.重视绩效评估的制度效应[N].中国青年报,2004 – 08 – 02.

② 乔·皮尔斯,约翰·纽斯特朗.管理宝典——开创管理新纪元的36部经典著作集萃[M].大连:东北财经大学出版社,1998:290.

③ N. Carter, R. Klein, P. Day. *How Organizations Measure Success: the Use of Performance Indicators in Government.* New York: Routledge, 1992.

散性的政府绩效信息,存在着随意取舍、随便采用,甚至为了获得自己想要的高绩效而有意采集、采用有利于自己的数据的现象。要解决这些问题,需要立足于信息社会的现实,充分利用目前信息科学、系统科学以及管理科学领域所开发的各种科学理论与工具,以便于科学、客观地利用各种异质性、零散性的政府绩效信息,从而真正解决地方政府绩效指标设计的问题。

3. 政府信息化建设业已形成众多的政府绩效指标设计数据源库和平台

在信息化和全球化的背景下,我国这个世界第一人口大国持续成功地推进了市场化改革和高速工业化进程,经济连续 30 年保持高速增长。现在,中国的现代化进程已经进入到工业化中后期阶段,中国的基本经济国情也已经从农业大国转变为工业大国。① 世界各国的现代化进程表明,在工业化的实现过程中,尤其是在工业化的中后期阶段,工业化的推进不仅仅取决于技术创新和技术进步,还取决于管理创新和科学化的程度。当然,在当今信息化社会的背景下,管理科学化的内涵已经发生了很大变化。20 世纪 90 年代以来,由于信息技术的突破性发展,几乎管理的各个职能都由于信息技术的应用而取得了巨大的进展,不仅出现了各个职能领域的计算机辅助管理软件,还产生了诸如供应链管理、自愿计划、敏捷制造、计算机集成制造、大规模定制管理、界面管理、网络营销等依靠信息技术的新管理思想或方法,管理信息化成为管理创新和科学化的主旋律。我国政府现阶段推进管理科学化进展,必须与信息化的大背景紧密结合起来,在绩效指标设计中充分运用各种政府信息库、数据库,利用信息开发理论与技术设计出科学、合理、合用的指标体系,并把地方政府绩效评估与电子政务融为一体,使之成为电子政务的一个有机的组成部分。

我国地方政府在日常运行过程中,在对内对外的各种行政管理活动中,形成了各种形形色色的客观信息,这些信息或直接,或间接,或显性,或隐性地反映着地方政府绩效的各种现实情况。利用科学方法,充分发掘这些信息中所隐含的地方政府绩效现实,并把它们融入绩效指标的设计中去是解决地方政府绩效指标设计问题的治本之策。

4. 数据挖掘新技术为利用异质、零散海量数据挖掘政府绩效指标提供了有力工具

国内外信息科学、管理工程、企业管理领域内的实践者与研究者,已经开发出了许多行之有效的信息挖掘理论与工具,典型的有数据挖掘(DM)、数据库知识发现(KDD)、GMDH(Group Method of Data Handling,数据组合处理法)等数据挖掘方法。MIT(麻省理工学院)主办的著名科技期刊《技术评论》(*The Technology Review*)

---

①陈佳贵. 如何实现工业化是我国经济发展核心的问题[EB/OL]. http://business. sohu. com/20081011/n259965530. shtml.

杂志所做的一项调查显示,数据挖掘技术是未来十大应该重点发展的新技术。①
随着信息社会在我国各行各业的发展,电子政务、电子商务已经逐渐走上了正轨,
目前我国各种涉及政府的信息数据库已经非常庞大和复杂,典型的有中国统计年
鉴、各地方统计年鉴、行政管理预决算数据库,也有每个地方政府、每个部门的工作
计划与方案、工作记录、物质投入与消耗、解决实际问题的数量、实际取得的工作结
果与社会效果、公众意见调查数据,甚至还包括地方政府所在地的气候条件、风俗
习惯等信息数据库,信息量非常充足。可以说,我国地方政府绩效信息均隐含于这
些数据库中,我们可以借助于信息科学研究成果,利用数据挖掘的各种技术来改善
我国地方政府绩效指标设计中存在的各种问题,从而设计出科学的绩效指标体系,
最终达到改善绩效评估结果的目的。

目前,数据挖掘技术已经非常成熟,这种方法的最大好处在于不依赖于先验知
识,不受数据量的限制,无论多么庞大的数据,它总能对其进行客观的数据挖掘,并
发现数据所隐含的各种知识。我们可以把数据挖掘技术运用到我国地方政府绩效
指标设计中来,尽量扩大绩效指标的数据源,并借助已形成的各种数据库,找到隐
藏在纷繁复杂的数据中的各种绩效指标,就如同数据挖掘最出名的那个"啤酒与尿
布"事例一样。借助于数据挖掘,我们可以确定到底选取哪些绩效指标并确定指标
之间的相互关系(权重、相对重要性、重要度等)。利用数据挖掘,我们或许还会发
现,地方政府绩效评估不可或缺的指标。

数据挖掘(Data Mining)起源于 20 世纪 90 年代中期,是一个年轻但非常活跃
的研究领域,是多门学科和多门技术相结合的产物。它是指从大量的、不完全的、
有噪声的、模糊的、随机的数据中,提取隐含在其中的、人们事先不知道的但又是潜
在有用的信息和知识(如规则、规律、模式、约束等)的过程。在现实世界中,知识
不仅以传统数据库中的结构化数据的形式出现,而且以诸如书籍、研究论文、新闻
文章、web 页面及电子邮件等各种各样的形式出现。由于在这些非结构化的数据
源中也存在着大量的知识,因而也应该在这些数据源上进行数据挖掘,提取感兴趣
的、潜在的有用模式和隐藏的信息,本研究利用数据挖掘技术来设计我国地方政府
绩效评估指标体系正是基于这种逻辑。

数据挖掘可以提供有价值的信息和知识,产生不可估量的收益,故基于数据挖
掘技术的产品市场需求日益增长。数据挖掘在零售业、金融业、保险业等众多行业
取得了令人瞩目的成果。如 SGI 公司的 MineSet 系统提供的分类器就可以预测投
保人在将来的索赔概率;Acknosoft 公司开发的 CASSIOPEE 系统已用于诊断和预测

---

① 贺昌政. 自组织数据挖掘与经济预测[M]. 北京:科学出版社,2005:5.

在波音飞机制造过程中可能出现的问题；芬兰 Helsinki 大学开发了一个基于通信网络中警报数据库的知识发现系统 TASA，用来寻找通信网络中警报序列规则，从而进行故障预测；美国哥伦比亚大学开发的 JAM 系统可以从各个独立金融机构的数据库中挖掘出关于诈骗的知识模式；等等。鉴于数据挖掘在各行业的成功，我们决定借鉴其他行业的成功经验，利用它来挖掘客观存在的各种政府信息与数据，并以此为基础设计出我国地方政府绩效评估指标体系。

二、研究价值

随着计算机和数据库技术的广泛应用，特别是最近十几年来互联网的普及，涉及地方政府的各类应用信息库、数据库系统中存储的数据量急剧增加，具体有历年的统计年鉴、财政年鉴、教育年鉴、在线论坛评价政府数据、政府考勤记录、会议记录、上访记录等数字与非数字数据库。无论是考虑时间因素还是考虑空间因素，传统的数据分析手段都难以应付这些"堆积如山"的数据，人们无法有效地理解并使用这些数据，造成大量数据资源的浪费，这就是目前我国地方政府绩效指标不能达到很高的信度与效度的主要原因，因为与政府绩效相关的信息、数据实在太多，选择与取舍实在难以处理，由此产生了数据采集、应用的主观性与随意性。传统的数据分析方法（如统计方法），只能获得这些数据的表层信息，很难对数据进行深层次的处理，而且不能获得数据属性之间的内在关联和隐含的规则，这导致了地方政府绩效指标设计中的"数据爆炸但知识贫乏"的现象，使得地方政府绩效指标的质量不高，利用这些指标体系评估地方政府不能取得满意的结果。如何从这种大量的、杂乱无序的、有噪声的绩效信息数据中"智能地"和"自动地"挖掘出潜在的、有价值的绩效指标设计知识，从而设计出科学、合理、合用的我国地方政府绩效指标体系，是目前信息社会对地方政府绩效指标设计的挑战。本研究的目的在于利用数据挖掘技术进行地方政府绩效指标设计，以改善我国现有政府绩效评估指标体系的不足，这从理论和实践上来说均有重要价值。

1. 理论价值

首先，本书丰富了我国地方政府绩效评估指标设计的方法库。科学合理的设计地方政府绩效评估指标需要应对各种问题，采取各种方法，从技术层面上考虑，如何处理信息是设计地方政府绩效评估指标的一项基础工作，从某种意义上可以说，绩效评估指标的信度和效度取决于信息的全面性、客观性和科学性。目前，我国地方政府绩效评价指标体系设计中最常用的方法主要有 AHP、DEA、德尔菲法、BSC 法、3E 和标杆管理法等，尽管这些方法都有其科学、合理之处，但面对地方政府绩效管理过程中浩如烟海的行政记录、绩效信息，它们往往勉为其难，而数据挖掘（DM）方法最适合处理海量数据，采用数据挖掘的方法无疑丰富了我国地方政府绩效评价指标筛选的方法库。

其次,本书从理论上较好地解决了如何从大量模糊、不完全信息中筛选较为科学的政府绩效评估指标的问题。国内外信息科学、应用数学、管理工程、企业管理领域内的实践者与研究者,已经利用信息技术,开发出了许多行之有效的信息挖掘理论与工具,它们能够帮助我们从大量的、不完全的、有噪声的、模糊的、随机的数据中,提取隐含在其中的、人们事先不知道的但又是潜在有用的信息和知识(如规则、规律、模式、约束等)。前文已述及,我国各种涉及政府绩效的信息数据库已经非常庞大和复杂,既有统计年鉴、行政管理预决算数据库等结构性数据库,也有新闻文章、web 页面及电子邮件等其他非结构性数据库,数据挖掘的神经网络、智能计算、模糊理论、粗糙集理论、知识表示、归纳逻辑、灰色理论等各种技术的合理组合使用正好给我们提供了同时挖掘结构性数据、非结构性数据中的模糊、不完全信息的理论工具。

再次,本书从理论上较好地解决了有针对性地设计政府绩效评估指标的难题。目前,我国开发出的地方政府绩效评价指标体系普遍针对性不强,通用指标、业绩指标、岗位指标等既可以用于省级政府,也可以用于市、县、乡级政府,甚至还可以用于省、市、县政府的职能部门,造成这种局面的关键原因就在于缺乏有针对性的指标筛选理论。与传统的数据分析方法(如统计方法)相比,数据挖掘不仅能够获得数据的表层信息,还可以对数据进行深层次的处理,可以获得数据属性之间的内在关联和隐含的规则,获得重要的有价值的知识。利用数据挖掘,我们或许能够发现气候、领导者素质、所辖地区青年人数量、所辖区域小轿车数量等也可以成为设计地方政府绩效评估指标不可或缺的影响因素。具体而言,可以借助于数据挖掘的聚类、决策树、RBF(径向基函数神经网络)、BIRCH(平衡叠代分层聚类)、FP - Tree(频率横式树)等技术来解决针对性问题,使得我们只针对市级政府绩效评价筛选出一套指标体系。

最后,从总体上来看,本书通过引入信息科学、工程技术的方法研究政府问题,丰富了行政管理学和公共管理学科的研究工具,对于扩大公共管理学科的研究范围有一定的意义,这使得传统上行政管理学、公共管理学科很少涉及的数据库、数据仓库、联机分析、神经网络、BIRCH 聚类等成为新的研究对象。通过这些新的研究对象构建出我国地方政府绩效评估指标数据库、数据仓库,开发出绩效评估指标体系,使得公共管理学科的工程性、操作性、工具性得以增强,这对于解决所谓公共管理学科"空话多、行动少"的"身份危机"在理论上也有一定价值。

2. 实践价值

首先,本书为科学评价市级政府绩效提供了一套较为科学、合用的指标体系。党的十七届二中全会通过了《关于深化行政管理体制改革的意见》,提出"推行政府绩效管理制度,建立科学合理的政府绩效评价体系和机制"的要求。而市一级政府由于其自身作为基层政府组织的特点,成为我国建立政府绩效评价体系和机制过程中的一个重点和难点,本研究选择以江苏省的苏州、南京、盐城、徐州作为指标设计对象,就是想科学、有针对性地为评价市级政府绩效提供一套较为科学的指标体系,从而为建设有中国特色的基层政府绩效评价体系提供工具性保障。

其次,运用数据挖掘技术对扩大政府绩效评估指标体系设计的数据源有直接促进作用。随着计算机和数据库技术的广泛应用,特别是最近十几年来互联网的普及,目前涉及地方政府的各类应用信息库、数据库系统中存储的数据信息急剧增加。运用数据挖掘技术可以帮助我们从大量杂乱无序的、有噪声的信息数据中"智能地"、"自动地"挖掘出潜在和有价值的绩效指标设计知识,解决地方政府绩效指标设计中的"行政记录爆炸但知识贫乏"的现象,突破目前绩效评估指标设计中数据源选取范围过小的难题,从而提高地方政府绩效指标的质量,设计出科学、合理、合用的我国市级政府绩效评估指标体系。

最后,运用数据挖掘可以直接为电子政务提供基础。20 世纪 90 年代以来,由于信息技术的突破性发展,管理信息化成为管理创新和科学化的主旋律。鉴于此,我国政府现阶段推进管理科学化进程,也必须与信息化的大背景紧密结合起来。运用数据挖掘技术,在绩效指标设计方面充分运用各种政府记录库、信息库、数据库资源,形成统一、标准的信息平台,可以为绩效评价的信息化实现直接提供基础。当然,绩效评价信息化的过程也提升了电子政务的发展层次,和一般的网站建设、OA(办公自动化)和管理信息系统相区别,绩效评价信息化属于决策支持系统,是电子政务的高端产品。

第二节　关键概念界定

如果不明确界定研究概念,研究会失之针对性、严谨性。为避免这些情况的出现,本书专辟一节进行关键概念界定。

在本书所涉及到的关键词中,"绩效"既非新词也非舶来品,可以说它与我国源远流长的政府管理历史相伴而生。早在古代,我国选官、用官制度就已经涉及到了政府绩效,只不过更多地关注官员个体的绩效考评,如《后汉书·荀彧传》记载了"原其绩效,足享高官"的说法;《旧唐书·夏侯孜传》记载了"鲸其绩效,擢处钧衡"的说法。与其他领域的情况类似,尽管"绩效"一词发轫于我国古代,但现代意义上的"绩效"、"政府绩效"、"政府绩效评估"则源于国外,对"绩效"、"政府绩效"、"政府绩效评估"进行深入研究则更是北美、欧洲、大洋洲等发达国家和地区在政府管理研究领域的开创性做法,我们界定这些概念还需从回顾国外的各种概念做起。

一、绩效

诚如范柏乃教授所言,"绩效概念的确定是研究政府绩效评估的逻辑起点"。[①] 事实上,绩效是一个普遍的概念,任何组织都存在绩效问题,它既非新词也非舶来品,更与政府行为渊源已久。上文已经提及,我国古代在官员的选拔、任用制度中已经涉及到了绩效的问题。尽管如此,现代管理学意义上的"绩效"却是根据英文"Performance"翻译而来,属于"洋货"。它在英文中是一个意义相当宽泛的名词,原意为"履行"、"执行"、"表现"、"行为"、"完成"等,现在也可以引申为"性能"、"成绩"、"成就"、"成果"等。目前,无论在学术界还是在管理实务界都还没有形成对它的一致性定义,不同领域甚至是相同领域的人,似乎都可以按照自己的理解和兴趣对其进行界定。

Armstrong 和 Baron(1998)曾经指出,"如果不能明确界定绩效,就不能对其进行评价或者管理"。[②] 笔者认为,政府绩效评估指标设计同样也需要首先界定何谓绩效。本书在界定绩效的过程中,采用了契合本研究"数据挖掘"的做法,对目前有较大影响力的几十种"绩效"概念进行梳理,并对每个概念的聚焦点进行总结,在此基础上,给出本书认可并一以贯之展开研究的"绩效"概念。

在梳理这些"绩效"概念时,我们主要考察了"提出者"、"概念内容"和"概念聚焦点"三个方面,最终落脚点在于通过对这些典型概念的"聚焦点"进行梳理,以大多数学者、组织所共同强调的"聚焦点"作为"绩效"概念的"合理内核",界定出一个具有科学性、普遍性,大多数学者、组织所认可的,具有可操作性的概念。这实际上也是一种客观式的德尔菲法(Objective Delphi Method),它借助于众人已有材料中的一致性聚焦点来界定概念,具有较强的科学性。梳理的已有"绩效"概念具体如表1-1所示。

表1-1 已有"绩效"概念厘清

编号	提出者	概念	聚焦点
1	牛津辞典(2009)[③]	执行或完成一项活动、任务或职能的行为或过程。	任务、职能、行为、过程

①范柏乃.政府绩效评估理论与实务[M].北京:人民出版社,2005:210.

②M. Armstrong, A. Baron. *Performance Management*. London: The Cromwell Press, 1998:53.

③为了避免参考文献的页下注方式割裂表格,我们将本章表格中涉及的参考文献统一放到了本书后的"参考文献"中。

续表

编号	提出者	概念	聚焦点
2	Katz & Kahn (1987)	加入并留在组织中;达到或超过组织对员工所规定的绩效标准;自发地组织对员工规定之外的活动,如与其他成员合作,保护组织免受伤害,为组织的发展提供建议,自我发展,等等。	留在组织、组织发展、自我发展
3	Borman & Moto-widlo (1993)	绩效包括任务绩效和周边绩效两个方面。其中,任务绩效是指任职者通过直接的生产活动、提供材料和服务对组织的核心技术所做的贡献;周边绩效则是指任职者不通过直接的生产和服务活动而是通过构成组织的社会、心理背景的行为促进其作业绩效,从而提高整个组织的有效性。	任务绩效、周边绩效
4	Bemardin & Be-atty (1984)	绩效是在特定时间范围,在特定工作职能、活动或行为上生产出的结果记录。	特定时间、工作、结果
5	Lane(1996)	绩效是一个人留下的东西,这种东西与目的相对独立存在。	留下的、与目的独立
6	张泰峰(2004)	把绩效作为结果,容易导致行为短期化,不注重团队合作及资源合理配置;而如果把绩效作为行为,则会导致缺少目标激励,使注意力彻底分散,预期结果将无法实现。	结果——短期化;行为——目标无法实现
7	Gibbons & Mur-phy(1990)	绩效是与一个人在其中工作的组织或组织单元的目标有关的一组行为。	目标有关、行为
8	Campell (1997)	应当采用更为宽泛的概念来界定绩效,即将绩效视为行为与结果的综合体。	行为、结果、综合
9	Brumbrach (1988)	绩效指行为和结果。行为由从事工作的人表现出来,将工作任务付诸实施。	行为、结果
10	Otley(1999)	绩效是工作的过程以及其达到的结果。	工作过程、结果
11	Mwita(2000)	绩效是一个综合的概念,它应包含三个因素:行为、产出和结果。	行为、产出、结果
12	刘笑霞(2008)	将绩效定义为"行为与结果的综合"可能更为恰当。	行为、结果、综合
13	尤晓云(2002)	绩效是指从过程、产品和服务中得到的输出结果,并能用来进行评估和与目标、标准、过去结果以及其他组织的情况进行比较。	过程、产品、服务、结果、比较
14	新英汉词典	①履行,执行;完成。②行为,行动;工作;成绩,功绩。③性能,特性。	执行、完成、行动、工作、成绩、性能

续表

编号	提出者	概念	聚焦点
15	朗文当代高级英语词典(2004)	执行或完成一项行动、任务或功能的行动或者过程。	行动、任务、功能、行动、过程
16	Boyne & Dahya(2002)	组织绩效是多维度的,不同的利益相关人有不同的定义。高绩效就是组织满足其最重要的利益相关人的需求。	多维度、利益相关人
17	Bromwich(2000)	绩效包含了行为和结果。	行为、结果
18	Campell(1993)	绩效是关于行为(过程)的,它有别于成果。绩效不是活动的结果,而是活动本身,是人们实际做的并且可以观察到的行为。如果要界定绩效的话,绩效只包括那些与组织目标有关并且可以根据每个人的熟练性(也就是贡献水平)进行测量的行动或者行为。	行为过程、活动本身、实际做、观察到、目的性
19	Hatry(1978)	绩效信息包括了单位投入的产出和顾客对服务质量的感知。	单位投入、顾客感知
20	Kang(2001)	一般来讲,绩效等同于效果,即目的的实现。	效果、目的实现
21	Murphy(2003)	绩效是与一个人所属组织或组织单元目标有关的一组行为。	目标相关、行为
22	Rogers(2006)	绩效就是工作的成果。	成果
23	陈强(2003)	绩效是评价一切实践活动的有效尺度和客观标准。绩效是一个内涵较为宽泛的概念,基本包含了效率、效益、效能以及效果等几个概念的综合含义。	活动、标准、效率、效益、效能、效果
24	郭巍青、卢坤建(2002)	所谓绩效,通常是指实际工作成绩或成效。	工作成绩、成效
25	胡宁生(1998)	绩效是行为主体的工作和活动所取得的成就或产生的积极效果。	工作、活动、成就、积极效果
26	李蔚(2003)	绩效是指服务的核心功能及其所达到的程度。	服务、核心功能、达到的程度
27	刘旭涛(2003)	绩效原意为执行、表现、完成等,可引申为成就、成果等。	执行、表现、完成、成就、成果
28	魏娜(2003)	绩效是指作为工作主体的员工在一定时间和条件下完成某项工作所取得的效益和成绩。	完成工作、效益、成绩

续表

编号	提出者	概念	聚焦点
29	夏书章(2001)	绩效就是具体成绩和实际效果。	成绩、效果
30	徐双敏(2003)	从一般意义上说,绩效是效率和效益的总和。	效率、效益、总和
31	周志忍(2000)	绩效是生产和管理活动取得的业绩、成就和实际效果。	生产、管理、业绩、成就、效果
32	吴江(2007)	绩效概念,实际上可以综合代表效率、财务指标、市场占有率、内部激励结构、企业文化等各种指标,并且可以通过一定的有效途径整合为可以衡量或评价企业行为的指标体系。	效率、财务指标、市场占有率、内部激励结构、企业文化、各种指标
33	卓越(2004)	从一般意义上来说,绩效是对组织的成就与效果的全面、系统的表征,它通常与组织的生产力、产出的质量、成效、责任等概念密切相关。	成就、效果、表征、生产力、产出的质量、成效、责任
34	韦氏词典(2005)	绩效是完成某种任务和达到某个目标。	完成任务、达到目标
35	OECD(2009)	绩效被视作资源获取和使用上的能力,是一个机构或当局获取资源以及高效率(投入—产出)、高效益(产出—结果)地利用那些资源实现绩效目标的熟练性。	资源、获取、使用、能力、高效率、高效益、目标、熟练性
36	Grizzle(2006)	绩效是一个多维度的概念,它包括效率(将成本与直接产出相关联),成本收益(将成本与收益或影响相关联),服务提供的质量与公正性、政府财政稳定性和政府政策的一致性。	多维度、效率、成本、收益、公正性、财政稳定、政策一致
37	Randor & McGuire(2004)	绩效具有相对性,公共部门的绩效通常是相对于其他组织或其他时间点等的效率、效益和生产力的变化。	效率、效益、生产力、变化、相对性
38	冯建涛(2008)	绩效是指在特定的时期内,组织或组织中的个人所进行的活动本身以及由活动而产生的结果,是活动与活动结果的统一体,包括组织绩效和个人绩效两个方面。	活动、结果、统一体、组织、个人
39	胡税根(2005)	对绩效内涵的定义目前在学术界尚无统一定论,综合而言,绩效指组织立足长远发展,在为服务对象提供某种服务或产品时所表现出来的服务效率、业绩和结果。	长远、发展、效率、业绩、结果
40	江易华(2005)	从字面意义上理解是成绩和效益。对于政府而言,政府绩效是指政府作为一个整体,在管理和职务等政府行为中所取得的业绩、成就和影响等。	成绩、效益

　　根据语义学、汉语语法和表达习惯,每句话都可以分解出其中的关键词、核心词,仅仅利用这些词汇就能够抓住每一句话的精髓,这也是我们在小学课本上所学

的"缩句"和"扩句"的理论依据。在表1-1中，"聚焦点"就是利用这种规律，对每个概念的关键词、核心词进行了抽取。本书考察了可检索到的，且影响较为广泛的40条"绩效"概念，一共获得了154个"聚焦点"词汇。为了进一步界定本书的概念，笔者对"聚焦点"词汇的频数、频率、出现率进行了统计分析，具体结果如表1-2所示。其中，"频数"(PS)是指某个"聚焦点"词汇出现的次数；"频率"(PL)是指该"聚焦点"词汇与所有"聚焦点"词汇的比率，即 PL = PS/154 × 100%；"出现率"(CXL)是指每个"聚焦点"词汇在所有概念中出现的比率，即 CXL = PS/40 × 100%。

表1-2 "聚焦点"词汇分类统计

序号	聚焦点词汇	频数 PS(次)	频率 PL(%)	出现率 CXL(%)	序号	聚焦点词汇	频数 PS(次)	频率 PL(%)	出现率 CXL(%)
1	结果	11	7.6	27.5	8	过程	5	3.4	12.5
2	行为	10	6.9	25	9	任务	4	2.7	10
3	目标	8	5.5	20	10	完成	4	2.7	10
4	效率	7	4.8	17.5	11	活动	4	2.7	10
5	效益	6	4.1	15	12	成就	4	2.7	10
6	工作	6	4.1	15	13	职能、发展、时间、功能、服务……	<3	2%	10%
7	成绩	5	3.4	12.5					

表1-2反映了已有"绩效"概念的基本关注情况，可以简单地将其总结为：

(1)"结果"、"行为"、"目标"是"绩效"概念的核心聚焦点。"结果"的频数达到了11，频率达到了7.6%，出现率达到了27.5%，这意味着，在100个描述"绩效"的概念词汇中，就有7.6个是"结果"；在100个"绩效"概念中，就有27.5个以"结果"为核心词构建概念，这是一个非常惊人的数据。"行为"、"目标"是稍逊于"结果"的"聚焦点"词汇，它们的频数都超过8；出现率都超过20%，这些数据显示了这些词汇的"核心聚焦点"的身份。

(2)"效率"、"效益"、"工作"是"绩效"概念的准核心聚焦点。这些词汇中，即使频数最低的"效益"和"工作"两个词汇，其频数也达到了6，出现率达到了15%。相对于行政学浩瀚的词汇"海洋"来说，这样的数据和比例是相当高的，它意味着在所有已有"绩效"概念界定中这些词汇扮演着重要角色。相对于"结果"、"行为"、"目标"来说，它们是准核心聚焦点。

（3）"成绩"、"过程"、"任务"、"完成"、"活动"、"成就"构成了"绩效"概念的重要聚焦点。从本书检索到的这些有较大影响力的"绩效"概念来看，"成绩"、"过程"、"任务"、"完成"、"活动"、"成就"这些词汇受到了相当的重视，它们的频数都超过了4，频率都超过了2.7%，出现率都超过了10%，这意味着每10个"绩效"概念界定中至少有一个将这些词汇作为了关键词，说明它们具有相当重要的地位，但这些词汇聚焦程度弱于前两类词汇，故此笔者将其命名为"重要聚焦点"。尽管重要，但必要性较之前两类大打折扣。

（4）"职能"、"发展"、"时间"、"功能"、"服务"、"表现"、"投入"、"产品"、"执行"……是非聚焦点词汇。通过仔细核对、计算、比较，笔者清理出了大量的非关键词汇，包括"职能"、"发展"、"时间"、"功能"、"服务"等，它们绝大多数频数只有1个，频率都小于2%；出现率都小于10%，相对于前面三类词汇，这些词汇是界定"绩效"概念的"更小角色"，它们很不聚焦，属于非聚焦点词汇，在界定"绩效"概念中，几乎不起作用。

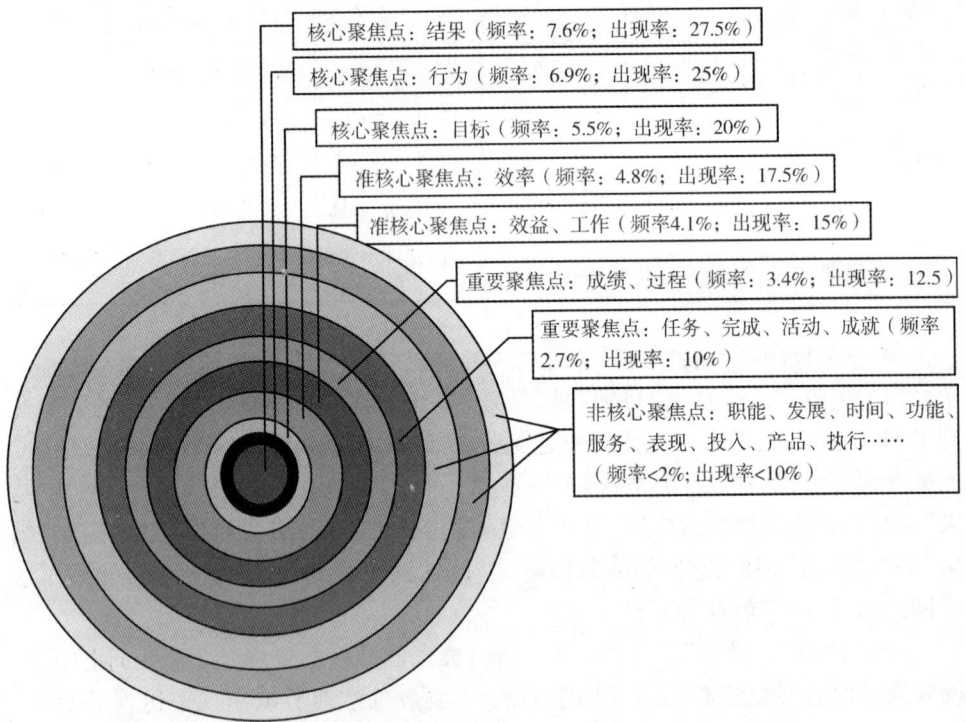

核心聚焦点：结果（频率：7.6%；出现率：27.5%）

核心聚焦点：行为（频率：6.9%；出现率：25%）

核心聚焦点：目标（频率：5.5%；出现率：20%）

准核心聚焦点：效率（频率：4.8%；出现率：17.5%）

准核心聚焦点：效益、工作（频率4.1%；出现率：15%）

重要聚焦点：成绩、过程（频率：3.4%；出现率：12.5）

重要聚焦点：任务、完成、活动、成就（频率2.7%；出现率：10%）

非核心聚焦点：职能、发展、时间、功能、服务、表现、投入、产品、执行……（频率<2%；出现率<10%）

图1-1 界定"绩效"概念的原子图谱

经过了频数、频率、出现率的计算,我们可以确定出一幅界定"绩效"概念的"原子"图谱,如图1－1所示,它采用原子核的方式来展示"绩效"概念界定中各种词汇的相对位置。在界定"绩效"时,"结果"、"行为"、"目标"是必须用到的"核";"效率"、"效益"、"工作"是次一级"核";"成绩"、"过程"、"任务"、"完成"、"活动"、"成就"是围绕"核"的电子,而"职能"、"发展"、"时间"、"功能"、"服务"、"表现"、"投入"、"产品"、"执行"……属于外层电子,作用更小。

有了建立在前人"绩效"概念基础上的"原子图谱",根据李怀祖教授(2000)在他的名著《管理研究方法论》中所提倡的"种差＋属名"的界定方式,就很容易界定出更有包容性、科学性的"绩效"概念了[①]。本书认为,所谓绩效就是指在特定的时期内,组织或组织中的个人围绕组织目标采取某种行为展开工作所取得的效率、效益、效能、成绩等结果。它是活动与活动结果的统一体,包括组织绩效和个人绩效两个方面,在处理项目的过程中还有项目绩效。无论哪种绩效类型,都存在着任务绩效和周边绩效两个方面。其中,任务绩效是指个人或组织在特定时期内通过直接的工作活动对按照组织目标所赋予的任务所做的贡献;周边绩效则是组织或个人不通过直接的工作活动而是通过构成组织的社会、心理背景的行为促进其作业绩效,从而提高整个组织的有效性或者在完成任务绩效的过程中同时产生了正的外部性,出现了"利己利人"的双赢甚至多赢局面。

二、政府绩效

此处采用了与"绩效"概念界定相同的方式来界定"政府绩效"概念。在此过程中,笔者一共搜集到了28个"政府绩效"的概念,这与之前所设想的结果并不太一致。笔者原来设想,有多少"绩效"的概念,应该对应地会有相同数量的"政府绩效"概念,但现实情况并非如此,后文所要界定的"政府绩效评估"情况也与此类似。我们将28个概念也按照界定"绩效"的方式做了解析,编制了"已有'政府绩效'概念表(表1－1),但为了避免过长的表格打断正文的论述,我们将表1－1,以及后文要界定的"政府绩效评估"的概念全部放置在书后的附录中了,即附录1和附录2。

在确定"政府绩效"聚焦点的过程中,笔者采用了与上文处理"绩效"完全一样的逻辑,最终形成了由"核心"聚焦点、"准核心"聚焦点、"重点"聚焦点和"非核心"聚焦点所组成的"政府绩效"概念界定原子图谱(见图1－2)。与"绩效"概念有所不同,"政府绩效"的聚焦点词汇很分散,聚焦点词汇多达196个,由此造成了聚焦点词汇的频率相对于"绩效"来说稍低,但由于搜集到的概念较少,这使得出

---

①李怀祖.管理研究方法论[M].西安:西安交通大学出版社,2000:51.

现率比"绩效"大得多,即使个别"非核心聚焦点"词汇的出现率也接近 10%。在"政府绩效"原子图谱上,比较出人意料的是,"管理"竟然成为了核心聚焦点,其频数达到了 13,频率达到了 6.6%,出现率高达 46.4%。"社会"、"政府"、"效率"、"成本"、"频率"也都属于核心聚焦点,其出现率都超过 28.6%,频率都超过了 4.1%。准核心聚焦点词汇有"效果"、"服务"、"政治"、"效益",它们的频率都超过了3.1%,出现率都超过了 21.4%。重要聚焦点词汇有"政绩"、"业绩"、"成就"、"效能"、"职能"、"经济"、"责任",这些词汇的频率都超过 2.0%,出现率都超过 14.3%。非核心聚焦点词汇数量较多,而且非常分散,有"公平"、"发展"、"生产力"、"价值"这些耳熟能详的词汇,也有一些较为生僻的词汇如"预期"、"意志"等等,总体来看,这些词汇一般频数都是 1,也就是仅仅出现过 1 次,出现率一般都小于 10%,在界定"政府绩效"概念上不属于关键性词汇。

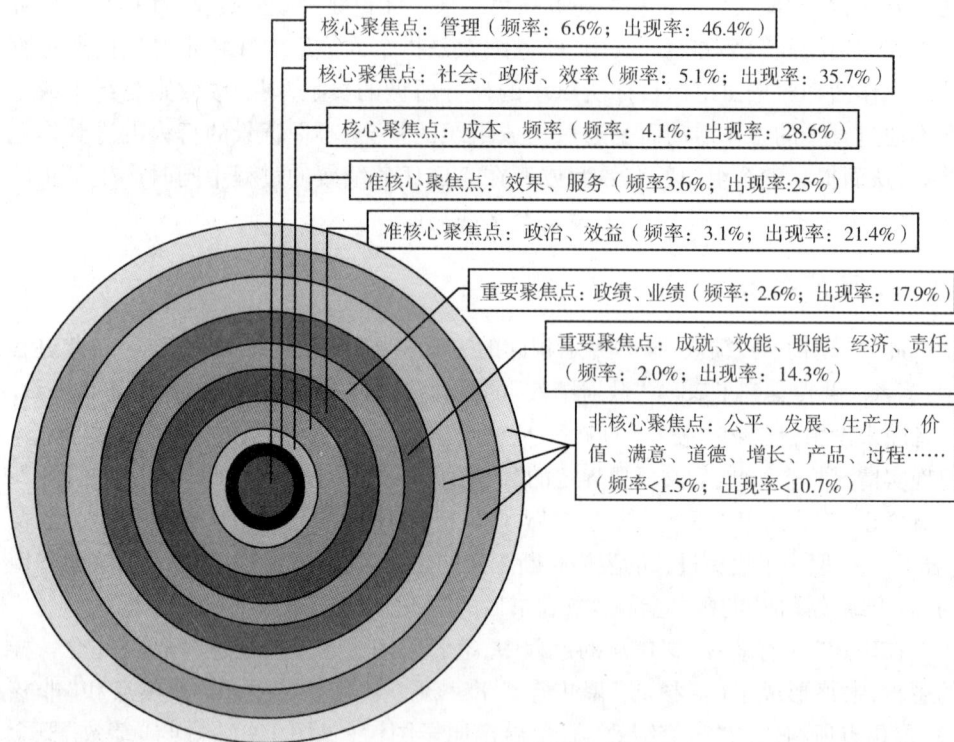

图 1-2　政府绩效概念的原子图谱

有了界定"政府绩效"的原子图谱,就可以像前文一样,按照李怀祖教授提倡的"种差+属名"的方式来界定本书所研究的"政府绩效"的概念了。从原子图谱来看,所谓政府绩效,就是指政府在公共受托责任和国家行政目标的指引下,在一定时期投入一定成本从事行政管理、社会公共服务的过程中所获得的行政效率、行政效益和行政效果以及实现其目标的程度。从横向来看,它涉及经济、政治、社会、文化等多个维度;从纵向来看,政府绩效可划分为微观、中观和宏观这三个层面,即公务员个人绩效、政府职能部门的绩效与各级政府整体的绩效。与绩效一样,无论哪种类型的政府绩效,都存在着任务绩效和周边绩效两个方面。政府绩效是在讲求内部管理与外部效应、数量与质量、经济因素和伦理政治因素、刚性规范和柔性机制相统一的基础上,获得的公共效率、效益、效果的最大化。它不仅仅追求传统的行政效率,更追求社会效益、公民满意、社会公平等行政效益、行政效果,它是工具理性与价值理性"双导效应"的均衡器。本书研究的政府绩效仅仅是组织绩效范畴,即某级政府组织的整体绩效。我们设计的政府绩效评估指标体系就是挖掘出来代表某级政府组织整体绩效情况,并能评价这些绩效情况的工具。

三、政府绩效评估

在"政府绩效评估"概念的界定上,本研究仍然沿用"绩效"和"政府绩效"的界定方式。所不同的是,笔者在搜集资料的过程中发现,尽管"政府绩效"的概念较少,但"政府绩效评估"概念界定的资料却非常丰富,我们选取了 74 个代表性概念进行解析,如表1-4所示(附录2)。

相对于"绩效"和"政府绩效","政府绩效评估"概念的界定方式可谓五花八门,多种多样:既有定义式的,也有描述式的,还有列举式的,甚至有反证式的界定方式。与界定方式多样化相一致的是,这些概念普遍用语较长,用词多样而且丰富,这使得我们所厘清的"政府绩效评估"概念的"聚焦点"多而繁杂,一共获得了498 个"聚焦点"词汇。需要说明的是,因为"评估"或者"评价"基本上是每一个概念都强调的核心词汇,类似于"公因数",所以笔者未将其列入"聚焦点"词汇,但它本身属于聚焦点。我们依然采用前两个概念的处理方式,得到了"政府绩效评估"概念的原子图谱,如图1-3所示。由于已有"政府绩效评估"概念的聚焦点特别分散,因而词汇虽然很多,但频率和出现率都相对较低。经过统计,频数、频率和出现率最高的词汇是"管理"和"效率",其频数达到了23,频率为4.6%,出现率达到了31.1%。紧接着是"服务"和"质量",它们的频数为20,频率为4.0%,出现率为27.0%。再次一级的词汇是"结果"、"责任"、"产出"、"公众",它们的频数最高为19,最低为15;频率最高为3.8%,最低为3.0%;出现率最高为25.7%,最低为20.3%。这三类词汇属于"政府绩效评估"概念的"核心聚焦点"、"准核心聚焦点"。"重要聚焦点"词汇较多,有"满意"、"目标"、"成果"、"标准"、"投入"、"能力"、"成本"、"政治"、"评定"、"业绩"、"方法"等词汇,这些词汇中,频数最高的达到了

12,对应频率为 2.4% ,出现率为 16.2% ;频数最低的为 8,对应频率为 1.6% ,出现率为 10.8% 。其他众多的词汇如"奖惩"、"实现"、"等级"等都过于分散,构不成聚焦点,从原子图谱上也可以看出这一点。

按照聚焦情况,我们仍然用"种差＋属名"的方式将"政府绩效评估"界定为:运用科学的方法、标准和程序,对一定时期内政府管理效率、服务质量、公共责任、公众满意度等方面所进行的全面性评估,它是对政府在该时期公共管理与服务过程中投入、产出、最终结果进行客观、公正、准确的定性、定量结合的综合评判。从横向来看,政府绩效评估涉及对经济、政治、社会、文化等多个维度的评估;从纵向来看,政府绩效评估可划分对微观、中观和宏观三个层面,即公务员个人绩效、政府职能部门绩效与各级政府整体绩效的评估;无论哪种类型的政府绩效评估,都存在着对任务绩效和周边绩效两个方面的评估。政府绩效评估实际上是对内部管理与外部效应、数量与质量、经济因素和伦理政治因素、刚性规范和柔性机制、公共效率、效益、效果、公共责任、公众满意的综合性评估,也是对价值理性与工具理性的双重评估。本书研究的政府绩效评估是组织绩效评估范畴,即某级政府组织的整体绩效评估,我们设计开发的指标体系就是评价整体绩效的工具。

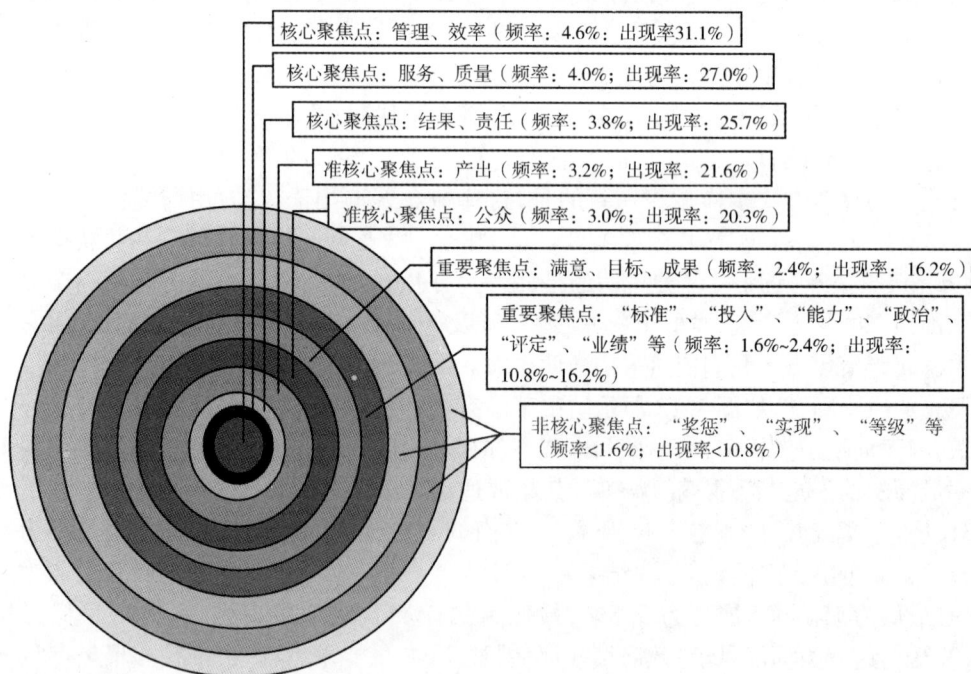

图 1-3 政府绩效评估概念原子图谱

核心聚焦点:管理、效率(频率:4.6%;出现率31.1%)

核心聚焦点:服务、质量(频率:4.0%;出现率:27.0%)

核心聚焦点:结果、责任(频率:3.8%;出现率:25.7%)

准核心聚焦点:产出(频率:3.2%;出现率:21.6%)

准核心聚焦点:公众(频率:3.0%;出现率:20.3%)

重要聚焦点:满意、目标、成果(频率:2.4%;出现率:16.2%)

重要聚焦点:"标准"、"投入"、"能力"、"政治"、"评定"、"业绩"等(频率:1.6%~2.4%;出现率:10.8%~16.2%)

非核心聚焦点:"奖惩"、"实现"、"等级"等(频率<1.6%;出现率<10.8%)

四、政府绩效评估指标

从我们所搜集到的资料来看,"政府绩效评估指标"的概念界定数量并不多,而且界定方式也不繁杂,鉴于此,此处对其界定没有采用上文界定"绩效"、"政府绩效"和"政府绩效评估"的较为复杂方式。

从不多见的已有概念来看,实践家与学者对于"政府绩效评估指标"概念的界定分歧不大。波波维奇(2002)指出,政府绩效评估指标是"一个量化过程、一个程序、项目或其他活动的运作指定的一个数目",以此作为标准来测定政府机关为公众提供产品或服务的状况。[1] 周凯(2006)认为,最有意义的绩效评估指标是从组织的使命、目的、目标或项目的特定标准中产生的,"它至少应该能够涵盖工作程序中的重要步骤,以及对工作最具影响力的不确定因素",它们是反映机构、项目、程序或功能如何运作的重要指标,能使不确定因素、活动、产品、结果及其他对绩效具有重要意义的因素量化。[2] 刘旭涛(2003)认为,在一定程度上说,这些指标就是组织的目标和责任的底线,"如果不知道底线,就不可能取得成果,没有绩效指标,管理者的管理就会变得盲目,雇员就会失去方向。政策制定者不知道事情进展如何,顾客就不知道从哪里获得最好的服务"。[3] 刘莉莉(2008)提出,从技术方面来讲,绩效评估指标是关于如何获得考评结果或如何收集数据而对绩效维度进行操作化界定的一种说明,它反映了绩效评估的价值取向,关系到整体评估的科学性、公正性和可操作性。因此指标体系的可靠、客观和准确是影响整个政府绩效评估体系的关键因素。[4] 基利(2005)对于政府绩效评估指标的认识与波波维奇相似,他指出,政府绩效评估指标是一种反映事物性质的量化确定手段,是一个量化过程,是对一个程序、项目或其他活动的运作指定的一个数目标准或者标杆,它是政府绩效评估维度的直接载体和外在表现。[5] 薛海云(2008)认为,绩效评估指标是绩效目标量化的过程,或是为衡量产出或结果而制定的一个特定数值或特性,它是开展绩效评估的基础。[6] GAO(美国会计总署)(1998)提出,要求建立的绩效指标体系不仅要清楚表明政府完成了什么工作,而且还要表明政府是怎么完成这些工作的,完

①马克·G.波波维奇.创建高绩效的政府组织[M].北京:中国人民大学出版社,2002:31.

②周凯.政府绩效评估导论[M].北京:中国人民大学出版社,2006:185.

③刘旭涛.政府绩效管理制度、战略与方法[M].北京:机械工业出版社,2003:179.

④刘莉莉.科学发展观取向下的县级政府绩效评估指标体系优化研究[D].华中师范大学硕士学位论文,2008.

⑤帕特里夏·基利等.公共部门标杆管理——突破政府绩效的瓶颈[M].北京:中国人民大学出版社,2005:27.

⑥薛海云.英国的政府绩效评估及其对我国的启示[D].山东大学硕士学位论文,2008.

成这些工作是为了什么。① 结合已有的界定,笔者认为,所谓政府绩效评估指标就是关于如何获得考评结果或如何收集数据而对绩效维度进行操作化界定的一种说明,通常它来自对广泛行政行为、行政事件、行政结果的选取与抽象,并以所选取的对象经过归一化等技术处理后作为评价政府绩效高低的依据,它反映了绩效评估的价值取向,关系到整体评估的科学性、公正性和可操作性。按指标的性质,绩效评估指标可分为定性指标和定量指标、硬指标与软指标。其中,定量指标、硬指标一般指可以量化的指标,它反映客观事实,有确定的数量属性,指标统计结果具有客观上的确定性,不同对象之间具有明确的可比性;软指标、定性指标是指难以具体量化的指标,侧重于社会评价,是人们心理量值的反映,是对评估对象的意见、看法、期望值、满意度的反映。科学的政府绩效评估应该力求能够将定性指标、软指标也尽量转换为一定程度的定量指标、硬指标,只有这样才能将其投入到绩效评估应用中去。需要指出的是,随着绩效评估对象的不同,绩效评估指标体系也会有所不同。本书以市级政府作为研究对象,所以对指标体系的构建要求也必须与该级政府的现实相适应。

五、数据挖掘

与"政府绩效评估指标"概念较少所不同的是,"数据挖掘"概念数量极多。自美国的著名工程技术杂志《技术评论》将数据挖掘列为"未来应该重点研究的十大技术"之后,国内外对数据挖掘的研究愈加重视。我国自然科学基金委信息学部、电子学部、管理科学学部也都将数据挖掘列为"十一五"期间重点研究领域。与此相对应,近年来国内外数据挖掘的研究成果猛增,笔者 2009 年 10 月 7 日 in schol-ar. google 数据库上检索"Data Mining",一共得到 1500000 项结果;在 SPRINGER 数据库检索"Data Mining",一共获得 48261 条结果;在中国知网数据库检索,一共获得 26319 项结果,其中,"中国期刊全文数据库"有 19407 条,"中国博士学位论文全文数据库"有 777 条,"中国优秀硕士学位论文全文数据库"有 6134 条,"中国期刊全文数据库——世纪期刊"有 1 条结果。在这些研究中,对于"数据挖掘"的概念界定、理解并无大的分歧,这大概是由于数据挖掘属于一项自然科学研究成果,一般都有着比较确定的研究对象和界定方式。

1997 年 1 月,国际上第一本数据挖掘杂志——《数据挖掘和知识发现》(*Data Mining and Knowledge Discovery*)创刊。2000 年,J. Flan 教授出版第一部数据挖掘的专著《数据挖掘:概念与技术》,该书系统介绍了数据挖掘的基本概念、方法和技

---

① Performance Measurement and Evaluation[EB/OL]. http://www. gao. gov/specialpubs/gg98026. pdf.

术以及数据挖掘的最新进展。Flan(2000)指出,数据挖掘(Data Mining,DM)是指从大量不完全的、有噪声的、模糊的、随机的数据中,提取隐含在其中的、有用的信息和知识的过程,其表现形式为概念(Concepts)、规则(Rules)、模式(Patterns)等形式。其他学者和组织对于"数据挖掘"的界定也都与此大同小异。如SAS研究所(1997)认为,在大量相关数据基础之上进行数据探索和建立相关模型的先进方法就是数据挖掘。Bhavani(1999)提出,数据挖掘就是使用模式识别技术、统计和数学技术,在大量的数据中发现有意义的新关系、模式和趋势的过程。Hand等(2000)认为,数据挖掘就是在大型数据库中寻找有意义、有价值信息的过程。刘承水(2006)认为,数据挖掘是从大量不完全的、有噪声的、模糊的、随机的数据中,提取隐含在其中的、有用的信息和知识的过程。[①] 伍平阳(2008)认为,数据挖掘也称为数据库知识,这一术语出现于1995年,是从数据库中识别出有效的、新颖的、潜在有用的并且最终可理解的模式的非平凡过程。[②] Fayyad等(1996)认为,数据挖掘就是从海量数据中提取或"挖掘"知识,这些知识必须是隐含的、事先未知的并且潜在有用的信息。[③] 陈金波(2006)提出,数据挖掘只是KDD(数据库知识发现)中的一个重要步骤,侧重于通过算法的设计和实现达到发现知识的目的。[④] 陈京民(2007)将"数据挖掘"界定为"是从大量的、不完全的、有噪声、模糊的、随机的实际数据中,提取隐含在其中的、人们所不知道的但又是潜在有用的信息和知识的过程"。[⑤] 黄解军(2005)指出,从本质上来说,数据挖掘是智能信息处理的一种过程或技术,它在对大量数据实例全面而深刻认识的基础上,通过计算、归纳和推理等环节,从中抽取普遍的、一般的和本质的现象或特征。[⑥] Groth(1999)将数据挖掘定义为一个从数据中发现潜在的趋势或模式的过程。[⑦] Berson、Smith和Thearling(2000)认为,数据挖掘是通过挖掘数据仓库中存储的大量数据,从中发现有意义的、新颖的关联模式和趋势的过程。[⑧] 朱明(2002)将数据挖掘的概念描述为"它是一个从大量数据中抽取挖掘出未知的、有价值的模式或规律等知识的复杂过

---

①刘承水. 基于数据挖掘的客户序位应用研究[D]. 华北电力大学博士学位论文,2006.

②伍平阳. 基于数据挖掘技术的医疗设备绩效预测方法的应用研究[D]. 南方医科大学博士学位论文, 2008.

③U. M. Fayyad, et al. *Advances in Knowledge Discovery and Data Mining*. AAA/MIT Press,1996.

④陈金波. 面向电信CRM的数据挖掘应用研究[D]. 东南大学博士学位论文,2006.

⑤陈京民. 数据仓库与数据挖掘技术(第2版)[M]. 北京:电子工业出版社,2007:29.

⑥黄解军. 贝叶斯网络结构学习及其在数据挖掘中的应用研究[D]. 武汉大学博士学位论文,2005.

⑦R. Groth. *Data Mining: Building Competitive Advantage*. USA: Prentice Hall Press, 1999.

⑧A. Berson, S. Smith, K. Thearling. *Buliding Data Mining Applications for CRM*. McGraw – Hill Companies Inc. , 2000.

程"。① 施伯乐和朱扬勇(2003)认为,数据挖掘本质上就是从大量的、未经加工的数据中,发现那些蕴涵于数据中,必须通过某种方法才能得到的对我们有意义、有潜在价值、新颖的信息与规律等知识。② 郭斯羽(2002)提出,数据挖掘是从存放在数据库、数据仓库或其他信息库中的大量数据中挖掘有趣知识的过程。③ 李仁璞认为,"数据挖掘是一个从大型数据库中抽取隐含的、事先未知的、具有潜在有用的信息或知识的非平凡过程"。④

总之,无论从哪种角度来定义数据挖掘,这些说法都与 Flan 在 2000 年的界定没有大的区别,都不约而同地强调了四点:潜在性、发现性、价值性与理解性。潜在性指挖掘出来的知识是隐藏在数据中的,事先不知道的;发现性是指这些潜在的知识被用某种方式而被发现了;价值性指数据挖掘的结果是发掘者所感兴趣的,有用的知识、规律、模式;理解性指挖掘的结果应该具有可解释性,并且是可以被人们所接受和利用的知识。从这些特点出发,就可以界定出本书所要研究的"数据挖掘概念"了:所谓数据挖掘是指采取某种方法或技术方式从大量不完全的、有噪声的、模糊的、随机的数据中,提取隐含在其中的、有价值的信息和知识的过程,其表现形式为概念(Concepts)、规则(Rules)、模式(Patterns)等形式,它是对数据内在和本质的高度抽象与概括,也是对数据从感性认识到理性认识的升华。实际上,本书的概念也与 Flan 的概念没有本质区别。

数据挖掘在解决金融、电信、DNA 分析、股票市场、网络数据、导弹控制、顾客关系管理、超市货品优化等海量数据问题上具有很大优势。数据挖掘的常用方法和技术有关联规则、决策树、遗传算法、贝叶斯网络、粗糙集理论、神经网络、统计分析、决策树归纳法、聚类法、分类法、证据理论、最近邻技术、规则归纳、可视化、云模型和数据仓库等,复杂的数据挖掘系统通常采用多种数据挖掘技术,或采用有效的、集成的技术,结合若干方法的优点。数据挖掘的经典步骤包括数据选择与采样、数据预处理与清理、数据缩减与变换、数据挖掘、评估挖掘结果、知识固化。本书就是利用数据仓库、聚类、神经网络几种数据挖掘技术,遵从数据挖掘的经典步骤来对拥有浩瀚数据的地方政绩效评估指标进行筛选和设计,从江苏省 4 个市级政府出发做探索性数据挖掘,以求能够设计出较之目前的政府绩效评估指标更为科学、合用的指标体系。

①朱明.数据挖掘[M].合肥:中国科学技术大学出版社,2002.
②施伯乐,汪卫.数据仓库与数据挖掘研究进展[J].计算机软件与应用,2003,(11):10-13.
③郭斯羽.动态数据中的数据挖掘研究[D].浙江大学博士学位论文,2002.
④李仁璞.分类数据挖掘中若干基本问题的研究[D].天津大学博士学位论文,2003.

第三节 文献综述

从可以检索到的文献来看,国外政府绩效评估指标设计的研究并不算特别丰富,有很多研究既属于实践探索,也可以看做是学术创新;国内的研究相对丰富一些。

一、国外文献

国外政府绩效评估指标设计的探索可以从两条线索来进行梳理:其一是实践性指标,这多为政府自身制定的用于日常绩效管理实践中日常性评估指标体系;其二是理论性指标,这多为学者从科学研究角度开发的指标体系,这部分指标体系主要以学术论文、著作的形式发表,但在实践中较少应用或者说在实践中不能完全照搬应用,还需做一些实践性丰富。

1.实践性指标

美国"二战"后的两届"胡佛委员会"(the Hoover Committee)和 1973 年尼克松政府颁布的"联邦政府生产率测定方案"(The Federal Government Produetivity Measurement)最早催生了较为成型的国际政府绩效评估指标体系,在这些方案中,有关部门设计了 3000 多个绩效评估指标。1983 年英国卫生与社会保障部也开发出了较为系统的绩效评估方案,这一方案包括 140 个绩效指标,应用于卫生管理部门和卫生和服务系统的绩效评估。到 1986 年,英国政府各部门为评估拟出的绩效示评估指标大约达到了 1810 个,发展到 1989 年,政府绩效评估指标总数达到了 2327个。美国政府绩效评估委员会(NPR)(1993)根据 1993 出台的《政府绩效与结果法案》,建立了一套较为完整科学的衡量政府部门和个人工作绩效的评估指标,该体系主要包括投入指标、能量指标、产出指标、效率和成本效益指标和生产力指标。在具体实践中,美国俄勒冈州也推出了一套政府绩效评估指标,它包括经济、教育、公共安全、社会支持、社会发展、市民参与、环境保护等。1994 年,美国国家绩效评论(Natconal Performance Review)专门出版了《顾客至上:服务美国民众的标准》和《顾客至上:1995 年服务美国民众的标准》,推出了绩效评估指标体系的标准化形式——政府各部门的服务标准。美国管理和预算办公室(2002)也制定了一套通用指标,包括联邦住房援助项目的对比性指标、职业培训和就业比较指标、荒地火情管理对比性绩效指标、减轻水灾损失项目的效果、参加灾害保险项目、卫生通用指标和环境通用指标等指标。俄勒冈州政府运用标杆管理法,通过广泛征询地方政府、立法机关、普通市民、商业团体、慈善机构和专家学者的意见,设计出了包括经济、教育、环境、市民参与、社会支持、公共安全、社区发展等 7 个领域共 158 个具体指标的俄勒冈州政府绩效评估体系。①

世界政策研究院在对墨西哥政府绩效评估中也开发了一套实践性评估指标，其一级指标包括教育、健康、农业、经济数据、新闻自由度、腐败、小企业注册 7 个方面，在每个一级指标下面还有许多具体指标，包括健康支出占 GDP（国内生产总值）的百分比、每 1000 人病床数、儿童营养不良的比率、婴幼儿死亡率，外资占 GDP 的百分比、外国直接投资占 GDP 的百分比、对私营部门信贷占 GDP 的百分比、每千人拥有的电话门数、每 3 分钟本地电话花费、人均旅游收入指标等。②

日本东京都政策报导室（2002）也根据《政府政策评价法》制定了一套政府绩效评估指标体系，该体系遴选了 229 个政策评价指标，经过实证筛选，最后建立了包括福社、安全、环境能源、劳动消费生活等 11 个领域 99 个指标的东京都政府政策评价体系。③

进入 21 世纪，国际上政府绩效评估指标设计研究逐渐从探索走向了规范化的实践，从 2000 年开始，英国开始推行"最优价值绩效指标"（Best Value Performance Indicators，BVPIS）体系，这是一个比较系统、逐年升级更新、改善的政府绩效评估指标体系。2002 年，英国审计委员会为弥补该指标体系的缺陷，又设计了一套针对单一制议会和郡议会④（Singletier Counties and County Councils）、消防部门（Fire and Rescue Authorities）、地区议会（District Councils）的 CPA（全面绩效评估指标体系）绩效指标框架。从升级到 2005/2006 版的 BVPIS 指标体系来看，共有 94 个指标，包含 173 个亚指标，它们共分为两个部分：其一是"组织健康指标"（Corporate Health Indicators），包括平等服务原则、平等服务标准的制定和落实、税收状况、准时支付状况、电子政府建设 5 个二级指标和性别、种族、残疾人接受服务的平等权利，政府收到企业或个人出具的发票后是否按时支付等 12 个三级指标。其二是"服务提供指标"（Service Delivery Indicators），包括涉及公平原则、教育质量、成本与效率、公众满意度等 8 个二级指标，其下又进一步分为 156 个三级指标。2002 年针对 BVPIS 缺陷提出的对地方议会、群议会等进行评估的 CPA 提出了资源利用、服务评价、发展方向、组织评价（Corporate Assessment）4 个一级指标。⑤

---

①［美］帕特里夏·基利. 公共部门标杆管理［M］. 北京：中国人民大学出版社，2002：5－6.

②Mexico：A Statistical Evaluation of Government Performance，World Policy Institute America's Project，April 2000.

③东京都政策指标. 日本东京都政策报导室，2002.

④ODPM：. Best Value Performance Indieators 2005/2006.

⑤Audit Commission. CPA：the Harder Test Framework for 2006. London，Audit Commission，2006.

2. 理论性指标

哈佛大学教授 Slav、芝加哥大学 Vishny 等人在 1998 年发表的《政府质量》研究报告中,从政府能否促进经济增长的角度,总结了衡量政府质量绩效的 5 类指标,即政府干预程度类指标,包括产权保护支出、商业管制指数和最高边际税率;政府效率指标,包括腐败指数、官僚主义、税收服从和政府平均工资与人均 GNP 的比重;公共物品的提供方面指标,包括婴儿成活率、学校教育、识字率、基础设施质量等;公共部门的规模方面指标,包括转移支付和补贴在 GDP 中的比重、政府消费在 GDP 中的比重、国有企业的规模、公共部门的雇佣量占人口的比重等;政治自由方面指标,包括民主指标和政治权力指标。① 帕特南(2001)在《使民主运转起来:现代意大利的公民传统》一书中也提供了一套衡量意大利地方政府绩效的 12 项指标,分别是内阁的稳定性、预算的及时性、统计和信息服务、立法改革、立法的创造性、日托中心、家庭诊所、产业政策工具、农业开支能力、地方医疗保健单位的支出、住所与城市发展、官僚机构反应的灵敏度。② 世界银行的 Kaufmann、Kraay、Mastruzzi(2002)开发了一套偏重理论性的政府治理绩效评价指标体系,主要从 3 个方面进行评估,共有 6 个指标集:第一个方面是政府的选举、监管及换届过程,包括两个指标集,分别是言论自由与民众监督方面的指标集和政局稳定及暴力消除方面的指标集;第二个方面是政府制定和执行重要政策的能力表现,包括两个指标集,分别是政府效能指标集和规制质量指标集,具体有提供公共服务的质量、各政府部门的工作质量、公务员的胜任程度、政治压力下公共服务的独立性、政府执行政策的诚信度等;第三个方面是公民信仰、经济和社会互动管理中的法律地位,包括两个指标集,分别是法治环境指标集和创造公平和富有预见性的法规指标集。③

除了这些学者和组织的几种专门对政府绩效评估指标进行设计的研究之外,从我们所能检索到的文献资料来看,更多的政府绩效研究都没有对指标设计进行专门研究,尤其是在一些发达国家相继公布政府绩效法律之后,政府绩效评估研究的重点逐渐转向对绩效评估实施中存在问题以及解决出路的探索,和对政府绩效提升的研究,对绩效指标的设计研究隐含或者穿插在这些研究之中。在美国,自GPRA(《政府绩效与结果法案》)实施之后,政府绩效评估逐渐成为了各级政府管理工作的常态。在同际市/县管理协会(International City/County Management Asso-

①陈潮升.政府改革与经济治理[M].成都:四川科学技术出版社,2004.

②吴建南,马亮.政府绩效测量及其解释——兼评罗伯特·帕特南的《使民主运转起来》[J].甘肃行政学院学报,2008,(6):27-34.

③D. Kaufmann, A. Draay, M. Mastruzzi. Governance Matters Ⅲ: Governance Indicators for 1996 - 2002. http:worldbank. org/wbi/governance/.

ciation,ICMA)的不断推动下,比较绩效测量联合体(Comparative Performance Measurement Consortium),收集了40个地方政府在不同工作业务上的数据(Urban Institute and ICMA,1997),将之与绩效指标对照,发现在政府绩效评估实施中存在着层级不对等问题,有的基层政府对绩效评估重视得非常不够,流于形式。① 雪城(Syracuse)大学马克斯韦尔学院(Maxwell)的政府绩效项目组(1996,2000)等对特定政府做了系统调研,在数据分析的基础上提出了绩效管理的 GPP 模型,在 GPP 管理模型中,一个重要环节就是 GPP 绩效指标体系的开发。② Hatry(2002)设计了一套以结果为导向的评估指标体系。③ Ingraham 等(2003)则从管理的视角出发,从财政管理、人力资源管理、信息技术管理、资金管理和结果管理5个维度,分别设计了联邦、州、县和城市政府的绩效评估指标体系。④ 美国的 Holzer 和 Kloby(2004)研究发现,绩效评估程序应包括鉴别要评估的项目、陈述目的并界定所期望的结果、选择衡量标准、设置业绩和结果(完成目标)的标准、监督结果、业绩报告、使用结果和业绩信息7个步骤,其中,"设置业绩和结果(完成目标)的标准"即相当于我们所说的绩效指标设计环节。⑤ Ryzin 等(2004)运用美国顾客满意指标体系(ACSI),以电话访谈的方式研究了纽约市公民满意与政府绩效问题。⑥ Melkers 和 Willoughby(2005)开发了一个整合预算、沟通与持续效果性的地方政府绩效评估模型,实际上该研究的大量工作是对绩效指标的设计。⑦ Yang 和 Hsieh(2007)验证了一个政府管理绩效"中域模型"(Middle - Range Model)体系,其中就有指标问题。⑧ 美国的 Birnerova(2007)利用顾客满意调查技术(CSI)开发了一套城市政府公共服

---

①Urban Institute and ICMA. Comparative Performance Measurement;FY 1995 Data Report, 1997.

②此处内容来自雪城大学网站,http://www. maxwell. syr. edu/gpp/grade/state_2001/financial. asp.

③H. P. Hatry. Performance measurement; Fashions and fallacies. *Public Performance & Management Review*, 2002,25(4):352 -358.

④P. Ingraham, P. Joyce, A. Donahue. *Government Performance*;*Why Management Matters*. Baltimore; The Johns Hopkins University Press, 2003;66 - 86.

⑤M. Holzer, K. Kloby. Public Performance Measurement; An assessment of the State - of - the - art and Models for Citizen Participation. *International Journal of Productivity and Performance Management*,2004,54(7):517 - 532.

⑥G. Ryzin, et al. Drivers and Consequences of Citizen Satisfaction; An Application of the American Customer Satisfaction Index Model to New York City. *Public Administration Review*,2004,64(3):331 -341.

⑦J. Melkers, K. Willoughby. Models of Performance - Measurement Use in Local Governments; Understanding Budgeting, Communication, and Lasting Effects. *Public Administration Review*,2005,65(2):180 -190.

⑧Kaifeng Yang, Jun Yi Hsieh. Managerial Effectiveness of Government Performance Measurement; Testing a Middle - Range Model. *Public Administration Review*,2007,67(5):861 -879.

务绩效评价指标体系,它包括公众满意、公众可介入度、公众售后满意等具体指标。[①] Lao、Liu(2009)将 DEA 与 GIS 技术结合开发出了一种更为优化的政府公共服务效率评价方法,并利用它们构建了一套可以用于评价的粗放新指标体系,包括投入、过程、产出、影响等具体指标。[②] Awasthi、Chauhan、Omrani 等(2011)开发了一个模糊 TOPSIS(近理想排序法)结合 SERVQUAL(服务质量)的综合评价模型,并以蒙特利尔市为对象进行了筛选与评价,该综合评价模型主要使用了指标领域或者指标维度来进行评价,这些指标维度包括预算效益、公众满意、公众参与、社会影响等。[③] 另外,随着美国 2010 年更新了《政府绩效与结果法案》(Government Performance Result Act,GPRA),原来大行其道的 GPP 模型也紧跟着时代进行了更新,其中个别指标也有了变动。[④]

总体来看,国外,特别是 OECD(经济合作组织)国家在相关政府绩效评估法案出台前和出台后一段时间政府部门和其他机构推出了一系列实践性指标体系,学术界也从理论上对设计指标体系进行了探索。此期间的实践性指标开发的主要动因在于贯彻落实各类政府绩效评估法案,使得绩效评估法案能够像帕特南所说的那样“转动起来”;理论性指标从某种程度上来说也以探讨如何从指标上落实、执行这些法案为主。但在这些法案施行几年后,政府绩效评估已经成为政府日常管理的一个基本环节和工具,从我们可以检索到的资料来看,国外对绩效评估各具体环节如绩效战略陈述、绩效目标厘清、绩效指标设计、绩效评估实施、绩效结果应用等进行深入研究的文献已经非常稀少。近 5 年研究的侧重点主要在于从经验上廓清政府绩效评估法案实施之后绩效的实际提升情况,以及探究如何才能更好地提升绩效。对绩效指标设计的专项研究,或者说冠名以“政府绩效指标设计”、“政府绩效指标筛选”、“政府绩效指标体系确定”的研究非常少,对绩效指标设计的研究主要隐含或者穿插、夹杂在政府绩效提升等研究之中。这跟国外政府绩效评估实践起步早,发展水平高是分不开的。

①E. Birnerova. Assessment of Customer Satisfaction in Public Transport Companies. *Promet Traffic – Traffico*, 2007,19(3):163 – 166.

②Y. Lao, L. Liu. Performance Evaluation of Bus Lines with Data Envelopment Analysis and Geographic Information Systems. *Computers, Environment and Urban Systems*,2009, 33(4): 247 – 255.

③A. Awasthi, S. S. Chauhan, H. Omrani, A. Panahi. A Hybrid Approach Based on SERVQUAL and Fuzzy TOPSIS for Evaluating Transportation Service Quality. *Computers & Industrial Engineering*,2011,61(3):637 – 646.

④多纳德·莫尼汉,斯蒂芬·拉沃图著.绩效管理改革的效果:来自美国联邦政府的证据[J].尚虎平,郎玫,马佳铮(编译).公共管理学报,2012(2):98 – 105.

二、国内文献

我国政府绩效评估指标可以说萌生于一系列并未称之为"政府绩效评估"的指标体系中,具体有国家统计局农调总队的《农村全面小康标准》和《全国县域社会经济综合发展指数》、中央文明办和国家统计局城市调查司制定的《全国文明城市测评体系(试行)》、中国科学院可持续发展战略研究组制定的《中国可持续发展指标体系》、中国人民大学竞争力与评价研究中心制定的《中国国际竞争力发展报告》、中国社会科学院财政与贸易经济研究所的《中国城市竞争力报告》、中国城市竞争力研究会(香港)发布的《中国城市竞争力排行榜》等,这些指标体系中有相当部分属于政府绩效评估指标。① 近几年来,真正冠名为"政府绩效评估指标"的研究逐渐丰富了起来,从设计者的源头来看,这些研究可以分为研究者(个人、团体)开发的指标体系、研究生开发的指标体系和政府实践界开发的指标体系3种。

1. 研究者开发的指标体系

研究者大多数是高校的学者,也有个别来自政府中的研究团队,他们开发的指标体系一般都发表在学术期刊上,最具代表性的是中国人事部课题组(2004)在调研分析基础上开发了包含经济、社会、人口与环境等33个二级指标的指标体系。② 卓越教授(2005)在大量的课题实践中,通过实地调研,利用统计技术开发出了一套地方政府绩效评估指标体系,他所开发的指标体系,包括思想建设、组织建设等15个二级指标。③ 唐任伍、唐天伟(2004)结合公共部门绩效评估指标选择思路,设计了一套测度我国省级政府效率的指标体系,该指标体系由政府公共服务、公共物品、政府规模、居民经济福利4个因素及其子因素组成,包含47个指标。④ 彭国甫(2005)确定了公共事业绩效评估指标体系,该指标体系包括教育事业管理、科技事业管理、文化事业管理、卫生事业管理、体育事业管理、社会保障事业管理、人力资源状况等13个二级指标。⑤ 对我国地方政府绩效评估指标体系设计研究最成体系的要算是范柏乃(2005)教授,⑥他在严格遵循统计学理论和社会调研步骤的基础上,通过大样本的调研确定了行政管理、经济发展、社会稳定、教育科技、生活质量和生态环境6个一级指标,政府开支占GDP比重、公务员占总人口比重等37个二

①李锐.基于平衡计分卡思想的政府绩效评估指标设计研究[D].中国海洋大学硕士学位论文,2008.

②国家人事部"中国政府绩效评估研究"课题组.政府绩效评估三级指标体系[EB/OL]. http://www2. qglt. com. cn/wsrmlt/jbzl/s/sangzhulai/040805. html.

③卓越.政府绩效评估的模式建构[J].政治学研究,2005,(2):88-95.

④唐任伍,唐天伟.2002年中国省级地方政府效率测度[J].中国行政管理,2004,(6):65-68.

⑤彭国甫.地方政府公共事业管理绩效评价指标体系研究[J].湘潭大学学报,2005,(5):16-22.

⑥范柏乃,朱华.我国地方政府绩效评价体系的构建和实际测度[J].政治学研究,2005,(1):84-95.

级指标;同时,还确定了一级、二级、三级指标体系的权重,并对指标的信度和效度进行了检验。倪星(2007)通过严格的统计学步骤,确定了人力资源、财政资金、政府行政能力、政府廉洁程度、政府服务能力、经济发展水平、社会稳定与秩序、生态环境、教科文卫等 15 个二级指标,并设定了三个级别指标的权重。① 范迪军(2007)针对县域可持续发展所面临的诸多问题,构建了一个代替现行 GDP 考核体系的可持续性发展评估指标体系,它分为两大类:对经济、社会、环境 3 个子系统要素"群"的结构进行功能描述的"描述性指标"和效率指标、福利指数、效益指数、复合系统指数、协调指数 5 个"综合类评估指标"。② 国家行政学院在研究欧盟成员国使用的多种绩效评估模型的基础上,结合我国国情,构建了中国通用绩效评估框架(CAF),CAF 模型包括了促进和结果两大要素,共 9 大指标,其中,领导力、人力资源管理、战略与规划、伙伴关系和资源、流程与变革管理属于促进要素,员工结果、顾客/公民结果、社会结果和关键绩效结果属于结果要素。零点研究咨询集团以社会大众、企业、政府内部部门为评估主体,对投资环境、政府服务满意度、公众安全感、公众生活满意度、公共项目与公共政策选择、行政首长表现、社会管理与公共服务效果、政府部门公关形象 8 个公共服务领域进行评估,并设计了相应的绩效评估指标体系。③

　　2008 年胡锦涛同志发表讲话强调要将政府绩效评估作为我国一项基本制度之后,政府绩效评估指标设计类的研究益发强调指标的可操作性。柴茂(2008)以平衡计分卡法构建了一套战略性地方政府绩效评估指标体系,它包括人均 GDP 增长率、第三产业增加值占 GDP 比重、原材料消耗水平、举办科普宣传和讲座次数、公务员工资支出占公共财政支出比率、组织的学习与培训时间、腐败案件涉案人数占行政人员比率等 21 个具体指标。④ 孟瑜、朱春旭(2009)也以平衡计分卡为工具,构建了一个包括人均培训时间、公务员对培训的满意程度、外商直接投资、地方财政一般预算收入、规模以上固定资产、人均可以支配收入增长情况、人均道路面积增长率、公众对城市环境污染感受程度等 48 个指标的地方政府绩效评估指标体

　　①倪星.地方政府绩效评估指标的设计与筛选[J].武汉大学学报(哲学社会科学版),2007,(2):157 - 164.
　　②范迪军.县域可持续发展评价体系研究与实证[J].国家行政学院学报,2007,(1):97 - 99.
　　③我国公共部门绩效管理实践模式简介[EB/OL].http://www.hrr.net.cn/Article/ShowArticle.asp?ArticleID=4118.
　　④柴茂.平衡计分卡在地方政府战略管理绩效评估中的应用[J].重庆工学院学报(社会科学版),2008,(6):70 - 73.

系。① 倪星、余琴(2009)综合运用 BSC(平衡计分卡)、KPI(关键绩效指标)与绩效棱柱模型,通过将多个指标模型的优点整合,提炼出了一套价值取向与指标体系紧密结合的地方政府绩效评估指标体系,它包括公务员中各个层次学历的人员比重、35 岁以下年轻公务员所占比例、政府机关办事效率、机关工作作风评议、政府一般财政预算收入、人均耕地面积、贫困人口比例、人均地下排水管道长度等 52 个关键绩效指标。② 吴建南、章磊、李贵宁(2009)从组织绩效内涵分析出发,将情境因素作用下的政府绩效划分为组织性绩效(包括机构绩效和部门绩效)和系统性绩效(整体社会系统绩效),并据此给出不同设计定位的三层政府绩效指标设计框架,最后针对整体社会系统绩效,从人口、社会、经济与环境 4 个关键方面构建了一套适合战略管理的省级政府绩效核心指标体系。③ 倪星、邰琳(2010)从投入、过程、产出、影响 4 个维度构建了一种地方廉洁政府绩效评价指标体系,它包括公职人员平均每人接受廉政教育学习时间、廉政工作经费预算总额、政府公开招标采购件数占比、"一把手"违纪案件总数、行政审批有效投诉率等 61 个具体指标。④ 周亮、王庆蒙、白超、崔雪峰(2010)提出了可促进服务型政府网站建设的绩效评估模型,主要由服务领域、服务目标、服务实践 3 个方面构成,并提出了覆盖公众、企业在线教育、社保、企业开办、信息公开、互动交流等 11 个领域指标。⑤ 林蓉蓉(2011)从总结与批判的角度对 14 个地方政府绩效评估指标体系进行了探究,提出未来可以加强经济管理、环境保护、公共安全、社会保障、科教文卫等指标,这才可以体现政府对效率、经济、效益、公平等多元价值标准的追求。⑥ 秦晓蕾(2011)认为,应该从组织战略、部门战略、个体工作目标"三位一体"来开发德、能、勤、绩、廉方面的关键指标。⑦ 尚虎平(2011)探索性地利用 Microsoft SQL Server2005 软件,以中国统计年鉴、地方统计年鉴、政府及各部门的行政日志等为数据源构建了面向南

①孟瑜,朱春旭.平衡计分卡在地方政府绩效管理中的应用:指标设计与权重计算[J].商业经济,2009,(7):88-90.

②倪星,余琴.基于 BSC、KPI 与绩效棱柱模型的综合运用[J].武汉大学学报(哲学社会科学版),2009,(5):702-710.

③吴建南,章磊,李贵宁.地方政府绩效指标设计框架及其核心指标体系构建[J].管理评论,2009,(11):121-127.

④倪星,邰琳.廉政工作绩效评估指标体系构建研究[J].理论月刊,2010,(12):5-11.

⑤周亮,王庆蒙,白超,崔雪峰.2010 年地方政府网站绩效评估指标设计思路[J].电子政务,2011,(1):30-35.

⑥林蓉蓉.中国地方政府绩效评估指标体系研究现状分析——以 14 个地方政府绩效评估指标体系描述性分析为例[J].辽宁行政学院学报,2011,(7):10-12.

⑦秦晓蕾.地方政府绩效考评指标量化设计创新——基于江苏省 13 个地方政府考评指标体系的实证研究[J].行政论坛,2011,(6):48-52.

京、苏州、盐城、徐州4市的政府绩效评估指标数据仓库,并用 RBF 软聚类、BIRCH 硬聚类相结合的综合聚类挖掘出了一套基于一定支持度的我国市级政府绩效评价的指标体系,它包括10个一级指标、30个二级指标与90个三级指标。① 张明(2011)按照经济绩效、政治绩效、文化绩效、社会绩效的视角设计了一套指标体系,它包括国内生产总值、人均 GDP、民主程度与公民参与度、广播影视文化事业、公民道德水平、社会公平正义、犯罪案件发案率等28个具体指标。② 吴慧芳(2011)以某市职能部门为例,从行政业绩、事务性行政效率、执行力建设、行政成本4个方面构建了称之为"评估子项"的评价指标体系,包括履行职责、完成年度重要工作、政府重大投资项目、行政审批、效能监察、廉洁状况、行政执法、财政绩效检查评价等24项具体指标。③ 宋美、缪世岭(2012)利用层次分析法建立了内外兼具的地方政府绩效评价指标体系,提出了基于模糊综合评价模型的定量化评价方法,对定性指标与定量指标按照不同的隶属度进行了筛选,并通过该模型对政治、经济、文化、社会等指标进行了演算验证。④ 段豫龙、包江山、关峻(2012)比较了美国、瑞士与中国相关研究机构关于行政效能指标的选取,并结合瑞士洛桑国际管理研究院量化的政府效率指标体系,根据我国具体国情和相关统计数据建立指标体系,从公共服务、公共物品、政府规模与居民福利4个方面构建了一套政府绩效评估指标体系。⑤

此外,还有兰州大学地方政府绩效评估课题组(2005)⑥、北京区县经济社会协调发展绩效综合评估小组(2005)⑦、周光辉(2007)⑧、吴建南(2007)⑨等学者与组织开发了政府绩效评估指标体系。

①尚虎平.基于数据挖掘的我国地方政府绩效评估指标设计——面向江苏四市的探索性研究[J].软科学,2011,(12):91-97.
②张明.政府绩效评估的多元主体分析及指标体系构建[J].重庆工商大学学报(社会科学版),2011,(1):54-59.
③吴慧芳.政府绩效评估体系的基本框架与构建方法[J].山东师范大学学报(人文社会科学版),2011,(2):89-92.
④宋美,缪世岭.地方政府绩效评估指标体系的构建及应用方法[J].统计与决策,2012,(14):22-26.
⑤段豫龙,包江山,关峻.区域行政效能的绩效指标选择与评估[J].北京工业大学学报(社会科学版),2012,(2):32-38.
⑥兰州大学中国地方政府绩效评价中心课题组.兰州试验:第三方政府绩效评价新探索[J].上海城市管理职业技术学院学报,2005,(3):22-25.
⑦徐飞鹏.本市首次对区县经济社会协调发展综合评估[EB/OL].http://www.bjpopss.gov.cn/bjpssweb/show.aspx?id=18954&cid=51.
⑧周光辉.构建政府绩效评估体系,推进地方服务型政府建设[EB/OL].http://fw.jl.gov.cn/zcxx/hy/0510fwxzfzth/t20050624_274178.htm.
⑨吴建南,张萌,黄嘉伟.基于 ACSI 的公众满意度测评模型与指标体系研究[J].广州大学学报,2007,(1):13-17.

总体来看,我国学术界所开发的政府绩效评估指标体系呈现4种特征,即指标设计基于某种理论展开、指标权重普遍借助于层次分析法(AHP)确定、缺乏指标的操作性细化、各类指标内容大同小异。从我们厘清的已有研究来看,这些由学者开发的绩效评估指标体系一般都基于某种理论基础展开。比如,有的以平衡计分卡(BSC)作为理论工具,有的以科学发展观作为理论背景,有的以政府责任作为理论凭借。从理论依据来看,各类指标的设计模式较为多样,但从指标权重的确定来看,则是另一番景象:在几乎所有设置了指标权重的指标体系中,这些权重都依赖于层次分析法来进行确定,而众所周知的是,由 Satty 所创立的该方法一直由于没法有效解决主观性过强问题而备受诟病,用此方法难免显得有些单调和主观。几乎所有学术性指标体系都没有对指标如何使用到现实评价中进行操作化说明,这就使得指标体系还仅仅是个初级产品,要真正用到现实政府绩效评价中,还需要将其进行进一步的操作化处理。比如,"失业率"指标,就应该将其操作化为哪类人群的失业率,是否包括待岗、下岗、内退的劳动年龄阶段的人群,且"失业率"获得绩效得分的标准是什么,"失业率"大于1%但小于5%应该获得多少绩效分值,诸如此类问题在学术类指标体系中均未涉及。将所有指标体系对比来看,学界开发的各种指标体系在内容上差距很小,都围绕政治、经济、社会、文化几个方面来构建指标体系。

2. 研究生开发的指标体系

除了学界开发的指标体系,近年来一批博士研究生、硕士研究生也在自己的学位论文中设计了一系列政府绩效评估指标体系。

由博士研究生开发的指标体系数量相对于硕士研究生的成果数量要少一些。吴江(2007)用类似于德尔菲的方法开发了一套包括4个一级指标、9个二级指标、30个三级指标的政府绩效评估指标体系,其一级指标有综合指标、职能指标、政府创新、能力指标,二级指标有经济、社会民生状况、经济调节等,三级指标有人均GDP、劳动生产率、恩格尔系数、公民满意度等。[1] 纪凤兰(2007)提出了一套由影响指标、职能指标、潜力指标为一级指标,经济、社会、人口与环境、市场监管等11个指标为二级指标,人均GDP、劳动生产率、外来投资占GDP的比重、人口自然增长率等33项指标为三级指标的政府绩效评估指标体系。[2] 于秀琴(2011)构建了一套较为繁杂、内涵广泛的县级政府绩效评估指标体系,它包括经济服务的公众满意度测评指标系列、政治服务的公众满意度测评指标系列、文化服务的公众满意度测评指标系列、社会服务的公众满意度测评指标系列,在每个系列中又包含了经济可持续发展的投入、政治文明建设制度健全、文化可持续发展的投入、公众对政府

---

①吴江.基于价值管理的政府绩效评估体系研究[D].吉林大学博士学位论文,2007.
②纪凤兰.政府绩效评估及相关问题研究[D].东北财经大学博士学位论文,2007.

社会服务的信任等数目不等的具体指标。[①]

由硕士研究生开发的政府绩效评估指标体系数量较之博士研究生的成果数量要庞大很多。陈颖(2007)开发了一套大连市市直机关社会评议指标体系,分为目标层、准则层和指标层3个方面,其中,目标层为社会满意度,准则层为工作效能、依法行政、工作作风、服务群众、廉洁自律5项内容,指标层包括政策法规、办事程序、时限、收费标准公开明确等54项内容。[②] 邵莉(2007)开发了一套更为详尽、系统的乡镇政府绩效评估指标体系,共分为4个层次,即一级指标、二级指标、三级指标和指标要素,其中,一级指标有经济建设、公民服务、内部管理、学习与创新4项内容,二级指标有经济发展、经济调剂、市场监管等12项内容,三级指标有规模、结构与质量、最终结果等41项内容,指标要素由地区经济生产总值、地区劳动生产率、乡镇企业占本地区生产总值的比重等52项内容组成。[③] 吴玉芳(2006)提出了一套循环型社会的政府绩效评估指标集,一级指标有职能指标、效益指标、潜力指标,二级指标有职能指标、经济建设、人的全面发展等11项内容,三级指标有公共服务水平、公众参与、人均GDP、科技进步贡献率、人口密度等72项内容。[④] 汤鑫(2008)借助平衡计分卡思想,设计了地方政府绩效评估指标体系,其中,一级指标有业绩指标、成本指标、内部管理指标、学习与成长指标,二级指标有国民经济、人民生活、公共事业、资源节约、环境友好等14项内容,三级指标有地方人均GDP增长率、地方人均可支配收入增长率、地方社会保障覆盖率等65项内容。[⑤] 穆现军(2008)在其学位论文中也提出了一套基于知识管理的地方政府绩效评估指标体系,其一级指标(称为"能力层")为外部影响能力、内部组织管理能力,二级指标分为政策能力、制度创新能力、问题解决能力、组织管理能力、财务控制能力,三级指标有愿景与战略知识及应用能力、社会价值创造知识及应用能力等38项。[⑥] 张琪(2008)设计了一套公共服务型政府绩效评估指标体系,其中,一级指标有职能指标、影响指标、潜力指标,二级指标有经济调节、市场监管、经济、社会等11项,三级指标有GDP增长率、法规的完善程度、贫困人口占人口比例、基础设施建设、人均GDP等33项。[⑦] 戴江维(2006)提出了一套政府部门绩效评估通用指标及指标要素,其中,一级指标为综合评估组织、一票否决、行政相对人、直管领导、行政投诉,

①于秀琴.县级服务型政府绩效评估及能力提升研究[D].天津大学博士学位论文,2011.
②陈颖.美国县级政府绩效评估指标体系构建研究[D].吉林大学硕士学位论文,2007.
③邵莉.我国乡镇政府绩效评估的现状与改进[D].山东大学硕士学位论文,2007.
④吴玉芳.循环型社会政府绩效评估体系的研究与构建[D].厦门大学硕士学位论文,2006.
⑤汤鑫.完善我国地方政府绩效评估的对策研究[D].湖南大学硕士学位论文,2008.
⑥穆现军.基于知识管理的地方政府绩效评估体系研究[D].天津工业大学硕士学位论文,2008.
⑦张琪.地方政府绩效评估的制度短缺及对策选择[D].湘潭大学硕士学位论文,2008.

二级指标为思想建设、计划生育一票否决、依法行政、工作质量等18项,三级指标为学校教育、职业道德、进取意识等18项。吴超(2006)构建了一套地方政府平衡计分卡四维指标体系,共有维度、衡量指标2个级别的指标,其中,维度包括社会公众、内部流程、学习与成长、财务,二级指标包括公众安全感、经济调剂程度、公务员满意度等54项内容。① 张爱妮(2008)提出了一套地方服务型政府绩效评估指标体系,包括评估维度、一级指标、二级指标共3级,其中,维度为经济调节服务、市场监管等5项,二级指标为经济增长、经济效益等14项,三级指标为人均GDP、恩格尔系数等62项。② 张卫东(2006)开发了一套基于资源的市(地)级政府绩效评估指标体系,它包括综合评估指标、分类评估指标、单项评估指标3级,其中,综合评估指标为基于资源、政府内部管理、政府治理目标、利益相关者4项,分类评估指标为本级人大、司法部门、纪委等25项,单项评估指标为财政收入占GDP的比例、公务员平均受教育年数、每万人拥有的社区组织数等25项。③ 甘罗乐(2008)开发了一个包含两级指标体系的地方政府绩效评估指标体系,其中,一类指标取名"大类指标",包括经济发展、社会进步、居民生活、生态环境4项;另一类指标被命名为"具体指标",包括人均GDP、第三产业增长值占GDP比重、GDP增长率等20项。④ 徐军田(2007)总结了一套台州市政府绩效考核指标,它不分级别,共包括国内生产总值和第三产业增加值、国税和地方财政收入、工业性收入等25项内容。⑤ 王琳(2008)提出了一套达县政府绩效评估参考指标体系,它包含两级指标体系,一级指标为政治、经济、社会文化、生态环境4个方面,二级指标包括依法行政、公平公正、廉洁勤政等44项内容。⑥ 蒋海舰(2008)按照平衡计分卡的设计逻辑开发了一套我国地方政府绩效评估指标体系,它包含3级指标:一级指标为工作业绩、行政成本、内部管理流程、学习与创新4项,二级指标为共同愿景、行政效率、廉洁状况等13项,三级指标包括信息管理水平、领导班子团队建设、人均道路面积等53项内容。⑦ 刘莉莉(2008)开发了一套A市政府绩效与经济社会发展绩效评估指标体系,它由三级指标构成,其中,一级指标为经济发展、社会发展、生态环境发展、资源发展、执政能力5项内容,二级指标为发展速度、结构调整、经济效益等18项内容,

①吴超.地方政府绩效评估新思路[D].福建师范大学硕士学位论文,2006.
②张爱妮.我国地方服务型政府绩效评估研究[D].浙江大学硕士学位论文,2008.
③张卫东.市(地)政府绩效评估指标体系研究[D].国防科技大学硕士学位论文,2006.
④甘罗乐.中国地方政府绩效评估指标体系研究[J].东北财经大学学报,2008.
⑤徐军田.地方服务型政府绩效评估指标体系研究[D].大连理工大学硕士学位论文,2007.
⑥王琳.县级政府绩效评估指标研究[D].重庆大学硕士学位论文,2008.
⑦蒋海舰.基于平衡计分卡的我国地方政府绩效评估指标研究[D].山东大学硕士学位论文,2008.

三级指标为办事效率、工作人员素质、政策法规建设等 66 项内容。① 张北顺（2008）提出了一套科学发展观导向下的开发区政府绩效评估指标体系，共包括两级指标：一级指标为行政绩效、经济绩效、文化绩效和社会发展绩效 4 项内容，二级指标包括公民对政府管理的参与度、廉政建设指标、居民就业率等 26 项内容。② 李锐（2008）利用平衡计分卡构建了一套政府绩效评估指标体系，它包括两级指标：一级指标严格依照平衡计分卡的做法，分为学习与成长、内部流程、顾客、财务 4 个方面，二级指标分为预算执行、预算节省率、培训成果利用率等 37 项内容。③ 王义学（2008）开发了一套我国绿色政府绩效评估指标体系，它分为目标层、领域层、指标层，其中，目标层包括影响指标、职能指标和潜力指标 3 个方面，领域层包括经济发展、人口与环境、资源与环境等 11 项内容，指标层包括公民评议状况、机关工作人员作风、行政人员占人口总数的比重等 50 项内容。④ 张磊（2008）按照平衡计分卡的思路，设计了一套包含三级指标的政府绩效评估指标体系，其中，一级指标有业绩指标、成本指标、内部管理流程、学习与发展潜力 4 项内容，二级指标有国民经济、人民生活、公共事业等 12 项内容，三级指标有人均 GDP 增长率、经济集约化指数、利用外资增长率等 46 项内容。⑤ 高瑜（2008）以平衡计分卡为工具，以案例研究的方式构建出了包括辖区企业的忠诚度、新注册企业获得率、绿化面积完成率、残疾人就业率、受资助困难学生数量、违法建设拆除率、办公信息网络的覆盖率等 38 项内容的指标体系。⑥ 胡海宁（2008）也通过平衡计分卡方法构建了面向政府部门的绩效评估体系，它包括新增标准化高中数量、城市居民最低生活保障体系家庭"两免一补"覆盖面、高校能源化工人才培养基地建设、应急处理能力突发性危机事件发生数、公务员违纪人次等 35 个具体指标。⑦ 鞠增玉（2009）按照指标设置的一致性、可测性、可比性原则，设计出了一套适应潍坊市经济社会发展实际的政府绩效评估指标体系，它由经济发展指标、社会发展指标、行政能力指标 3 个一级指标，综合经济指标、产业发展指标、民生状态指标等 12 个二级指标，以及 GDP 增长率、税收增长率、规模以上固定资产增长率、出口总额增长率、城镇登记失业率等 60

①刘莉莉.科学发展观取向下的县级政府绩效评估指标体系优化研究[D].华中师范大学硕士学位论文，2008.

②张北顺.基于科学发展观导向的开发区政府绩效评估研究[D].复旦大学硕士学位论文，2008.

③李锐.基于平衡计分卡思想的政府绩效评估指标设计研究[D].中国海洋大学硕士学位论文，2008.

④王义学.基于绿色政府理念的我国政府绩效评估研究[D].南京理工大学硕士学位论文，2008.

⑤张磊.基于平衡计分卡的地方政府绩效评估指标体系的构建[D].天津师范大学硕士学位论文，2008.

⑥高瑜.基于平衡计分卡的××街道办事处绩效考核体系设计[D].西南财经大学硕士学位论文，2008.

⑦胡海宁.基于平衡计分卡的政府部门绩效评估指标体系研究——以某省教育厅为例[D].西北大学硕士学位论文，2008.

个三级指标组成。① 张磊(2009)采用平衡计分卡方法以白银市为例构建了一套由业绩、成本、政府内部管理流程、政府学习与发展 4 个一级指标、12 个二级指标、46 个三级指标组成的政府绩效评估指标体系。② 李晓楠(2009)在平衡计分卡基础上,以潍坊市人事局为例构建了一套职能部门绩效评估指标体系,它包括社会满意度、社会监督员满意度、引进高层次人才、聘请外国专家人次、专业技术人员职称上诉次数、大中专毕业生就业率等32 项指标。③ 陈永兴(2010)开发了一个基于和谐社会构建的我国地方政府绩效评估指标体系,它共分 3 层,由职能指标、影响指标和潜力指标 3 个一级指标,民主法治指数、公平正义指数、人与自然和谐指数等 11 个二级指标,以及政府自身建设、基尼系数、企业景气指数、垃圾回收再利用率等 33 个三级指标构成。④马倩(2011)以平衡计分卡为导向,开发出了包括 GDP 总量、人均 GDP 增长、地方恩格尔系数、地方社会保障覆盖率、地方人均公共图书馆藏书量、行政人员中不同学历层次的比率等91 个三级指标的地方政府绩效评价指标体系。⑤

研究生开发的政府绩效评估指标体系数量较多,开发过程也相对要完善、科学得多,尤其是几套由博士研究生开发的指标体系在方法的科学性、定性与定量结合的适用性上,较之学术期刊上刊登的由学界开发的指标体系要完善得多。概略而言,由研究生开发的指标体系呈现出了 3 种特点:过程完善、方法单一、缺乏操作性细化。无论是硕士研究生还是博士研究生,在指标设计过程中都遵循了较为严谨的设计过程,这主要体现在对指标池的确定、指标的筛选、隶属度的确定、权重确定等方面,几乎每个指标体系都包含了这些完整的过程,这是研究生开发的指标体系与学界、实践界开发的指标体系差别最大的地方。当然,作为学者们的"徒弟",学界设计指标体系的一些特色也体现在了研究生的身上,这主要表现在指标体系设计中所使用的方法过于单一,几乎都离不开平衡计分卡和层次分析法,这使得指标体系从科学性而言存在着不够完善之处,尤其表现在指标池(草集)过小,指标权重设计的主观性过强上。

3. 政府实践界开发的指标体系

除了学界之外,我国政府部门也通过自身,或者聘请高校、研究部门的专家研发了一系列政府绩效评估的实践性指标。2006 年人事部起草的《关于开展政府绩

①鞠增玉.潍坊市政府绩效评估指标体系设计[D].山东大学硕士学位论文,2009.

②张磊.基于平衡计分卡的政府绩效评估指标体系构建——以白银市政府的应用研究为例[D].天津师范大学硕士学位论文,2009.

③李晓楠.基于平衡计分卡的政府部门绩效评估体系研究——以潍坊市人事局为例[D].山东大学硕士学位论文,2009.

④陈永兴.基于和谐社会的我国地方政府绩效评价指标体系研究[D].重庆工商大学硕士学位论文,2010.

⑤马倩.完善地方政府绩效评估的对策研究[D].郑州大学硕士学位论文,2011.

效评估工作的试行意见》中,对政府工作部门绩效评估设定了综合指标、职能指标、自身建设指标三大评估维度。甘肃省白银市政府在绩效评估与绩效管理方面也进行了大量的实践探索,2002 年白银市通过政府网站公布了一组绩效评估指标,评估内容涵盖了经济增长水平、社会事业发展、精神文明建设等方面共计 9 个一级指标、38 个二级指标。浙江省湖州市出台了《关于完善县区年度综合考核工作的意见》,要求从 2004 年起对干部绩效的考核逐年淡化 GDP 因素,只占整个指标体系的 4%;同时,在评估指标体系中加入了能否增加群众收入,能否改善群众生活水平,能否加快水、电、路、田、通信等基础设施建设,能否完善社会保障体系、切实增强社会保障能力 4 条民生指标。① 甘肃省天水市麦积区 2003 年开始设立绩效考核中心,该中心以“标本兼治、重在治本”为原则,以科学合理的绩效考评机制来综合考评各乡镇及直属机构,从职能履行、依法行政、管理效率、廉政勤政和政府创新方面合理设置评估指标,并按照单位所承担责任的大小制定相应的具体考核标准,坚持阶段性考核与年终考评相结合的方法②,等等。2003 年北京市政府建立了区县经济社会协调发展绩效综合评估小组,确立了经济运作、社会发展、可持续发展和综合评价四大方面 13 项具体指标,包括人均收入水平及增长率、教育卫生事业费支出占财政支出比重及增长率、绿化覆盖率、群众对区县工作的满意度等。在评价过程中,根据北京区县经济与社会发展特点和差异,将 8 个城区与 10 个郊区县的评估指标进行了区分,在评估指标中涉及民意调查的指标包括群众安全感指数、企业对政府工作的满意度指数和居民对政府工作满意度指数。福建省厦门市 2007 年对区级政府设置了参照“可持续发展”、“现代化进程”、“和谐社会构建”、“勤政廉政建设”的指导性指标,由统计局结合实际负责拟定 22 个二级考核指标和 57 个三级考核指标,评估采用指标考核、公众评议和察访核验等三种方法进行,并制定了相应的绩效评估工作方案③。此外,辽宁省开发了一套涉及政治、经济、社会、文化、人民满意、资源环境共 6 个领域 64 项指标的整体性政府绩效评估指标体系;福建省开发了一套包含了 66 个三级指标的政府绩效评价指标体系;百色市开发了一套包括政治、经济、社会、资源环境 4 个一级指标,101 个三级指标的庞大指标体系。④ 还有其他地方政府也开发了一系列指标体系。

---

① 邓聿文. 科学发展观基本内涵、提出及实践[EB/OL]. http://politics. people. com. cn/GB/8198/32784/45495/3258442. html.

② 刘文玉. 县级政府绩效管理的现状与对策[J]. 发展,2005,(12):40.

③ 厦门市人民政府办公厅关于印发《2007 年度厦门市政府部门和区级政府绩效评估的工作方案》的通知[EB/OL]. http://www. lzqz. xm. gov. cn/xnjs/200804/t20080429_207385. htm.

④ 尚虎平,赵盼盼. 绩效评估模式泛滥与绩效不彰困境——基于 42 个案例的分析[J]. 中国行政管理,2012,(12):18 - 24.

实践界开发的指标体系有着鲜明的可操作性,但也存在着鲜明的"领导意志"痕迹。经过对我们收集到的由地方政府开发的指标体系的对比分析,笔者发现这些指标体系比学界和研究生开发的指标要实用的多,每一套指标体系中的每个指标都有详细的指标说明,它界定了指标如何获取数据、如何判断得分高低、如何与其他指标相比较等问题。与操作性相对的是,实务界的指标"一把手专政"的痕迹过于明显,几乎每个政府绩效评估指标的选取都以某个书记、某个"长"的讲话为蓝本编制,这使得指标的体系性、科学性大打折扣。

三、国外文献与国内文献评述

综合国内外资料来看,近年来国外在相关政府绩效评估法案相继出台并实施的情况下,政府绩效评估已经成为政府日常管理的一个基本环节和工具,它已经被作为一种"现实存在"、"隐含前提"所接受,在国外(尤其是 OECD 国家)普遍将"政府绩效评估"看成了一个整体性的工具,很少再有研究去解构政府绩效评估的各个环节,如绩效标准、绩效指标、评估实施、结果应用等。从笔者掌握的文献来看,国外在政府绩效法案实施之后,人们更加关注绩效法案如何有效促进了地方政府绩效提升、究竟有哪些因素在影响着地方政府绩效改进、究竟有哪些因素在影响着绩效法案实施等问题。对绩效指标设计的专项研究,或者说冠名以"政府绩效指标设计"的研究非常少。从已有文献来看,对绩效指标设计的研究主要隐含或者穿插、夹杂在政府绩效提升等研究之中或者通过政府文件的方式表现出来。国内对地方政府绩效指标设计的研究成果较之国外丰富很多,既有著名学者、学术组织开发的影响巨大的指标体系,也有博士研究生、硕士研究生所开发的较为系统的政府绩效评估指标,还有地方政府摸索出的一系列指标体系。然而,尽管这些研究已经取得了很大的成功,但指标设计的不足也是显而易见的。总体来看,最突出的问题在于指标设计的数据来源不够广泛,指标内容存在着一定的片面性;在指标设计过程中,能够遵循所有科学环节的研究相对较少;指标设计中,对一级指标、二级指标设计较多,对三级指标体系的合用性丰富较少;描述指标"是什么"较多,对于"为什么"如此设计研究较少。在这些绩效指标投入绩效评估实践之后,"形象工程"、"面子工程"、"豆腐渣工程"等非绩效行为仍然层出不穷,甚至出现了按目前的评估指标进行评估,越是高绩效的地方政府,越有可能产出非绩效行为(尚虎平,2007;2008)①②。针对这种绩效指标不能解决非绩效行为的现实,近年来我国学术

---

①尚虎平. 绩效晋升下地方政府非绩效行为诱因:一个博弈论的解释[J]. 财经研究,2007,(12):129-140.

②尚虎平. 我国地方政府绩效评估悖论:高绩效下的政治安全隐患[J]. 管理世界,2008,(4):69-79.

界与实务界均加大了对绩效指标设计的研究,但由于地域辽阔,国情复杂,各个地区之间在自然、地理、历史、社会等很多方面千差万别,这种异质性的存在,决定了我国地方政府绩效评估指标的设计是一个噪音很多的系统工程,它会受到各方面因素的影响。与绩效指标设计相关的绩效信息纷繁复杂,难以计量,这对科学地选取绩效指标、确定指标权重带来了极大的挑战,用传统的基于统计理论和社会调研技术的绩效指标设计方法已经很难处理如此大量的数据信息,这就需要引入新的有效处理庞大绩效信息、发现绩效信息与绩效指标内在规律的新理论、新技术来进行地方政府绩效指标设计,以解决目前绩效指标设计的不足,开发出更加科学、合理、合用的绩效指标体系。

目前,数据挖掘技术已经非常成熟,这种方法的最大好处在于不依赖于先验知识,不受数据量的限制,无论多么庞大的信息、数据,它总能进行客观的数据挖掘,并发现信息与数据背后的规律。这正好可以满足我们对客观绩效信息进行采集与选取,从而设计出科学性更强的绩效指标的要求。同时,利用数据挖掘,我们还能找到各种隐藏在纷繁复杂的信息、数据中的各种绩效指标关系,确定指标的权重、相对重要性,等等。本书正是基于这种认识,欲以数据挖掘为工具,以江苏省四市为研究对象做探索性研究,力争开发一套基于海量指标数据源,更为科学、合用的地方政府绩效评估指标体系。

第四节　研究思路与方法

研究思路与研究方法是研究展开的基础和研究深度的保证,本书的研究思路、研究方法首先基于研究目标展开。

一、研究目标

概括来说,本探索性研究主要欲达到四个目标:其一,通过梳理各种绩效指标设计理论和数据挖掘理论,厘清数据挖掘理论中的具体技术和算法,寻求绩效指标设计与数据挖掘技术的最佳结合点;其二,以我国地方政府绩效指标设计的各种成就为基础,借鉴国外学术界地方政府绩效评估研究的最新成果,运用数据挖掘技术,以苏州、南京、盐城、徐州为研究对象,探索性地设计出一套行之有效的绩效评估指标设计方法;其三,运用数据挖掘技术,历经数据清洗、指标数据仓库构建、指标设计、技术指标处理等一系列环节,以四市为对象,建构出一套完整的通用指标体系;其四,对设计出的指标体系进行实践性丰富,也就是明确界定三级指标的内涵、评估时的计算方式、评分标准、评估数据收集的来源等。

二、研究思路与技术路线

本研究展开的思路是基于背景分析→数据挖掘基本原理、政府绩效评估基本原理梳理→概念界定与文献梳理→四市绩效评估指标的数据清理和数据仓库建构→确定挖掘工具→挖掘政府绩效评估指标草集→政府绩效评估指标草集的正则化→政府绩效评估技术指标的确定→指标的合用性丰富。在此思路指导下,我们在第一章对本书所涉及的一些基本问题,如研究的背景、意义、目标以及研究所用的主要方法、技术路线和本研究的特色、创新点、关键概念、国内外已有研究现状等做了交代,这是本书的绪论。第二章对数据挖掘理论在政府绩效评估指标设计中的合用性进行了探讨,并确定了本书的研究对象、研究层级,在此基础上,我们进一步探究了指标设计中的分层赋权聚类问题,并利用二态变量做中介,综合运用集合理论和数据挖掘理论证明了海量数据挖掘中指标的可加性。第三章介绍了数据仓库的基本原理以及构建苏州、南京、盐城、徐州四市政府绩效评估指标数据仓库的基本路径。第四章利用零散数据、统计年鉴数据、行政记录、现有数据库数据、国内已有指标数据、国外已有指标数据构建了"南京、苏州、盐城、徐州政府绩效评估指标数据库"。在第四章建成的数据仓库基础上,第五章介绍了在该数据仓库中挖掘绩效评估指标体系的过程。第六章对挖掘的结果进行了一级指标、二级指标、三级指标以及指标体系的总体性呈现,并对三级指标进行了合用性丰富。第七章是本研究的结论与展望。在贯彻这些内容的过程中,我们遵循了图1-4所示的技术路线。

三、研究方法

本书在展开过程中,既要进行资料分析,也要进行数据验证;既要进行对比分析,也要进行系统探索;既要进行定性研究,也要进行定量运算。为了完成这些目标,我们主要采用了四种研究方法。

第一,比较分析的方法。主要是对目前理论界、实务界的各种绩效评估指标设计的方法进行比较分析,在同中之异和异中之同中发现特点、寻求规律,从而找到数据挖掘技术与绩效指标设计的契合点。本书在概念界定的过程中,广泛收集了40种关于"绩效"、28种关于"政府绩效"、74种关于"政府绩效评估"的概念,并对其"聚焦点"词汇进行了比较,对其核心词汇进行了对比和抽取,最终形成了界定这些概念的"原子图谱",这些都是典型的比较分析的方法。在梳理各种已有研究的过程中,笔者也采用对比分析方法广泛对比了国内外政府绩效评估指标设计研究的各种做法,发现国外在OECD发达国家相继推出绩效评估的相关法律之后,绩效指标的设计研究主要穿插在其他类型的研究中,而国内政府绩效评估指标设计的研究数量丰富,从不同方面、用不同方法做了各种探索。在其他部分的研究中,

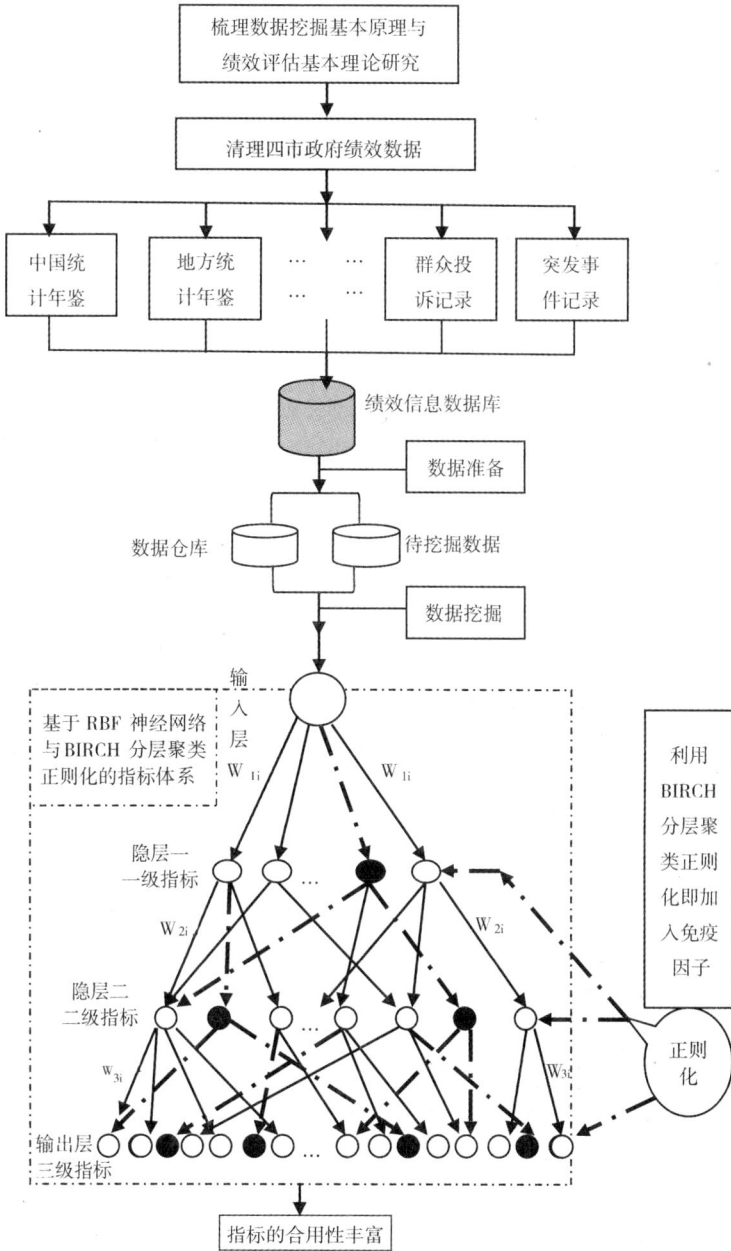

图 1-4 技术路线

如指标数据库仓库建设、RBF神经网络聚类、BIRCH硬聚类,甚至是指标的合用性丰富中也内含着丰富的比较思想,潜在地应用了比较分析方法。

第二,定量分析的方法。由于本书是以数据挖掘理论为工具的定量研究,因而定量分析方法在所有方法中扮演着关键角色。即使在传统上不采用定量方法的概念界定部分,本书也将收集到的概念按照文本数据挖掘的思路,对"聚焦点词汇"进行了统计分析,并与比较分析方法结合最终确定了本研究的几个关键概念。在此后的指标可加性解决中,我们将集合理论与数据挖掘理论结合,用二态变量、聚中向量、聚中度等方式解决了海量高维数据中指标体系的可加性难题。在数据库、数据仓库、数据集市构建部分,我们将零散数据、行政记录、统计年鉴、已有指标体系等利用 Microsoft SQL Server 2005 软件的"表"处理成了软件可以识别、查询、计算的定量数据,贯彻了定量方法。在数据仓库和数据集市建成之后,我们又利用RBF神经网络、BIRCH分层聚类进行了指标域(一级指标)、指标域值(一级指标权重)和二级指标、二级指标权重、三级指标、三级指标权重的聚类挖掘,这些工具本身就属于定量化工具,是定量方法与计算机模拟的结合。在指标的合用化研究中,我们对不同的指标体系的评分标准进行了5分制处理、3分制处理,甚至还有对某个指标的0分化处理,也就是政府中经常讲的"一票否决",这些都属于定量研究方法在研究中的应用。

第三,系统分析的方法。系统分析方法表现在两方面:首先,因为政府管理与其他任何一种管理一样,是一种系统过程,而作为对政府绩效管理进行评价的绩效评估必然是个系统过程,这个系统过程的评价工具——指标体系也必然是个系统过程,需要考虑一级指标、二级指标、三级指标的系统嵌套性、协同性、互补性,这些方面的实现都是基于系统分析方法。其次,政府绩效评估指标挖掘是一个系统过程,需要确定挖掘的对象,然后对所有的指标数据进行 ETL(抽取、转化、加载)处理,然后将它们开发为政府绩效评估指标数据库、数据仓库和数据集市,进而挖掘出一级、二级、三级指标和权重,在此过程中还要解决指标的可加性问题、过拟合问题、合用性问题,任何一个步骤的落实,都需要其他步骤的有力支持,这是一种典型的"牵一发而动全身"的系统分析方法。具体来说,本书立论的基础在于——政府管理是个复杂的系统工程,设计评估政府绩效的指标体系必须考虑到政府的系统性,考虑到它既受周围自然环境、社会环境的影响,又受内部人力资源、物力资源、财力资源、组织文化等的影响,设计的指标体系必须在数据源上充分考虑到这些方面;在指标挖掘的过程中,我们首先按照与全国情况的系统相似性选择了江苏作为研究对象,然后又用相同逻辑将研究对象具体化到了苏州、南京、盐城、徐州四市上,并利用与这些对象相关的中国统计年鉴、江苏统计年鉴、各市统计年鉴、零散数据等进行了指标数据库和数据仓库的系统性构建,进而基于系统整合、相互协同、相互支持的原理进行了指标挖掘、消解过拟合和指标的合用性丰富。

第四,计算机模拟方法。本书立足于数据挖掘理论,运用数据挖掘工具进行基于海量绩效信息的绩效评估指标设计研究,所有工作的开展都必须在计算机软件上完成。我们所说的计算机"模拟"并非仅仅指模拟部分,还包括指标数据的 ETL、数据库、数据仓库、数据集市的构建这些必须在计算机上操作的步骤。实际上,如果从"模拟"的角度来看,它主要指在利用 RBF 神经网络、BIRCH 聚类时的训练过程。具体到本书来说,我们应用了技术相对成熟、占用系统内存较少的 Microsoft SQL Server 2005 软件进行计算机模拟,这包括利用 Microsoft SQL Server 的"表"功能建立各种指标表,并进而将其开发为四市数据库、数据仓库和数据集市;在此基础上,我们利用 Microsoft SQL Server 2005 软件的 Microsoft Visual Studio 2005 数据挖掘平台进行神经网络分析、聚类挖掘,经过反复地训练和模拟,尤其是挖掘指标过程中的指标训练,经历搜寻一级、二级、三级指标的过程,最终形成了我们的研究结果:一套包括三个级别指标和三个级别指标权重的指标体系。

四、研究特色

本书较早地将数据挖掘理论、方法、工具应用到了我国地方政府绩效评估指标设计研究中,相对于其他类型的绩效评估指标设计,本研究在五个方面较有特色:

第一,在绩效指标的数据源方面,利用数据挖掘技术处理海量数据,为实现客观、全面、公正的绩效指标设计提供了较为坚实的基础。

第二,在绩效指标体系方面,利用全国性、全省性的共性数据库设计出了四市通用的绩效指标;同时,利用地方特色数据库、部门特色数据库设计出地方、部门绩效指标,形成了较为完整的层级和类型指标体系,避免了传统上绩效指标设计中各自为政、体系单一的局限。

第三,在绩效指标设计方面,开发并使用 RBF(径向基函数)神经网络,利用神经网络的优势设计绩效指标,与目前比较流行的平衡计分卡、关键指标法、目标管理法等相比,更具客观性和操作性。

第四,在绩效指标筛选方法上,利用 BIRCH 分层聚类规则来对神经网络产生的指标体系进行"过拟合"处理和噪音、误差消除,比之目前普遍运用的相关度、隶属度分析方法,在方法体系上凸显了整体相通性和逻辑一致性。

第五,在绩效指标权重产生方法上,通过 RBF 和 BIRCH 分层赋权聚类的自优化功能,避免了传统上采用 AHP、德尔菲法、模糊灰色关联技术等方法确定权重时主观性过强的缺点。

第二章　研究设计

上文对本书所赖以展开的工具——数据挖掘进行了概念界定,但仅此还不能阐明数据挖掘理论的内涵和它在地方政府绩效评估指标挖掘中的用法,还不能解决数据挖掘技术的合用性、挖掘对象的确定性、挖掘思路等问题,本章就是针对这些问题而展开的。

第一节　分析工具

要真正解决我国地方政府绩效评估指标设计中数据源广度问题、数据异质性问题、高属性维问题,需要立足于信息社会的现实,充分利用目前信息科学、系统科学以及管理科学领域所开发的各种科学理论与工具,设计、筛选出科学、客观的指标体系。数据挖掘由于其自身的特点和功能正好契合将其用于我国地方政府绩效评估指标设计,适合作为本研究的分析工具。

一、数据挖掘的特点

实际上,数据挖掘的特点从第一章对数据挖掘的概念界定中就可见一斑,笔者立足于刘文军(2004)[①]、Fayyad(1996)[②]、Cios、Pedrycz、Swiniarski(1998)[③]等人的论述,同时结合上文概念界定中对于数据挖掘核心聚焦点的把握,将其特点总结为五个方面。

第一,可以处理规模庞大的海量数据。用信息学的术语来说,可以达到GB,TB

---

①刘文军. 基于粗糙集的数据挖掘算法研究[D]. 北京师范大学博士学位论文,2004.

②U. Fayyad,G. Piatetsky - Shaprio,P. Smyth. *Knowledge Discovery and Data Mining:Towards a Unifying Framework*. In:Proc. KDD - 96,Portland,OR,AAAI Press,Menlo Park,CA,1996, pp. 82 - 88.

③K. Cios, W. Pedrycz, R. Swiniarski. *Data Mining Methods for Knowledge Diseovery*. Boston:Kluwer Aeademic Publishers, 1998.

甚至更大①,数据处理能力不像传统数据库技术那样受信息量的限制。

第二,可以处理高属性维对象数据。按照焦李成(2004)②、武森、高学东(2005)③、Han(2001)④、Guha(1999)⑤等学者的研究发现来说,所谓高属性维对象就是不能明确区分个体数量,很难进行层级分类、聚类的对象,类似于语言学上所研究的"不可数名词"或者"模糊名词"等。传统数据库对于这类数据很难处理,而数据挖掘可以通过降维的方式,将高属性维对象转化为低属性维对象处理,这样,既可以分类,更可以聚类。

第三,数据挖掘可以实现精确、实时查询。数据挖掘可以帮助用户提出即时、较为精确的随机查询,找到潜在和隐含的知识、规律和模式。

第四,在数据挖掘中,规则发现基于数学、信息学、统计学上的残缺数据数理规律,故此,所发现的规则不必适用于所有数据,而是当达到某一定"界限"时,即认为具有规律性。⑥ 所以,利用数据挖掘技术可以在数据库数据残缺、未完全建成的情况下发现大量的规则,为一些很难建立"海量数据"的行业、用户提供了方便。

第五,数据挖掘可以发现动态的规则。只要数据库维持及时更新,数据挖掘就可以及时发现数据库所最新隐含的规则、知识、模式,这也是数据挖掘最有价值的一方面。

二、数据挖掘的功能

数据挖掘的功能是指它可以扮演的角色和所具有的功能、所起的作用,也就是数据挖掘所能够解决的现实问题,或者说数据挖掘可被用来处理哪些难题。按照黄解军(2005)⑦、陈京民(2007)⑧、苏新宁(2006)⑨、王宏(2006)等人对于数据挖掘功能的概括,数据挖掘技术在政府管理决策、科学研究、金融投资、医疗保健、宏观

①TB 是 tera bytes 的缩写,1TB = 1024GB.

②周永权,焦李成.高属性维稀疏数据聚类回归逻辑神经网络模型及学习算法[J].电子学报,2004,(8):1342 - 1345.

③高学东,武森,高俊山.高属性维对象类内聚性的度量[A].马庆国.2005中国管理科学与工程发展报告[C].北京:电子工业出版社,2005:29 - 31.

④Jiawei Han, M. Kamber. *Data Mining Concepts and Techniques*. New York: Academic Press, 2001: 335 - 393.

⑤S. Guha, et al. A Robust Clustering Algorithm for Categorical Attributes[A]. Proc. of the 15th IEEE Int'l Conf on data Engineering[C]. Sydney, Australia, 1999:512 - 521.

⑥这类似于统计学上所说的置信度。

⑦黄解军.贝叶斯网络结构学习及其在数据挖掘中的应用研究[D].武汉大学博士学位论文,2005.

⑧陈京民.数据仓库与数据挖掘技术[M].北京:电子工业出版社,2007:183 - 219.

⑨苏新宁等.数据仓库和数据挖掘[M].北京:清华大学出版社,2006:140 - 148.

经济管理、经营预测等方面发挥着重要作用,有着重要功能。概而言之,可以总结为如下几个方面:

其一,概化。概化(Generalization)也可以叫做概念化,即将某种、某类事物的特征概念化的过程。数据挖掘可以对选择的数据进行简洁明了的描述和表达,可以对两个或两个以上的数据进行对比得出一般化的概念,这个过程就是评估学中的概化过程。① 概化后的名词(概念)是认识客观世界的基础,它是对物质、运动和能量等客观现实的表达和描述。这些文字、图形或符号化的表达有利于更好地认识、理解和判别客观世界中的物质与现象。数据挖掘的最基本功能就是通过对大量数据实例的分析、对比与综合,总结和归纳出简洁、准确、易于理解的具体描述,为用户提供数据对象的有趣的概化特征,这是对数据集合中特征或本质的提炼。

其二,分类。分类就是根据已知的训练集形成一定的规则或模型,将每个组和实体根据分类信息准确地进行归类。不同的实体具有不同的性质和特征,这是将实体划分成不同类别的依据。数据挖掘将大量的数据系统化和条理化,从而建立数据的分类规则和模型,对其他的数据进行分类。

其三,聚类。聚类分析是针对一个数据对象的集合,将具有相同特征的实体聚合成为一个类,使得同一类别中的数据对象具有尽可能多的相似度,并用一定的规则来描述该类的共同属性,而不同类别中的对象差异较大。聚类实质上是一种无监督的学习方法,其目的就是找出数据集中的共性与差异,并将具有共性的数据对象聚合在同一类别中,每一聚类的特性通常是可以分析解释的。与分类分析的不同之处在于,数据记录在事先没有确定类别归属,而是通过归纳数据之间的特征和差异,形成聚类规则。聚类常用于图像处理、客户识别、市场销售和市场分割等方面。

其四,关联分析。数据挖掘的关联分析功能就是发现数据集中的依赖关系、时序关系和因果关系等,其实质是通过分析数据之间的内在联系,揭示事件或实体之间的依赖性和相关性。关联分析可以发现事件发生的重复性与周期性或数据之间的先后与因果关系,也可以在决策管理和故障诊断中发现特有的因果关系及其潜在的规则。关联分析最著名的案例就是"啤酒与尿布"的故事。某购物超市的统计数据显示,购买婴儿尿布的顾客中,有35%的顾客同时还购买了啤酒,这表明两种商品之间具有一定的关联性。根据这一有趣的发现,超市调整了货架的存放,把尿布和啤酒摆放在一起,这样,不仅方便了顾客,货物的销售额也得到明显增

①此处给了杨志明、张雷、李怀祖的研究成果。杨志明、张雷.测评的概化理论及其应用[M].北京:教育科学出版社,2002:4-5;李怀祖.管理研究方法论[M].西安:西安交通大学出版社,2000:115-120.

加。① 数据挖掘中关联分析的目的就是要发现数据之间隐藏的各种关联规则,从而为决策、行动服务。

其五,异常侦测。在特定的应用领域,数据库中的异常数据可能具有特殊的意义。例如,信用卡显示的数据异常可能意味着客户欺诈行为的发生,上万次民航飞行记录中某次偏离航线一公里可能意味着发动机存在潜在安全隐患,等等。异常分析就是针对给定的数据集,通过相关技术描述和分析数据的异常或极端现象,包括不规则数据、类别中的反常实例、模式的例外、观测值与期望值的偏离等。异常侦测的数据模式有极值点、断点、拐点等不同的偏离现象,主要用于分析客户异常行为、信用欺诈甄别、数据质量控制、网络安全管理和故障检测等领域。

其六,预测。预测就是通过对历史数据的综合分析挖掘,找出数据分布的规律性,对给定样本的未来趋势或可能的属性值进行预测与评估。预测主要用于推断和预测事件未来发生的概率或趋势、商业收益性评价和客户关系管理、股票走势分析和市场动态预测等。

目前,数据挖掘的这些功能逐渐都派上了用场,应用领域遍及科研、银行、电信、保险、交通、证券、超市、政府等行业。比较著名的应用案例,如加拿大Simon Fraser 大学 KDD 研究组根据加拿大 BC 省电话公司拥有的十多年的客户数据,总结、分析并提出新的电话收费和管理办法,制定出了既有利于公司又有利于客户的优惠政策。美国 NBA 球队的教练,利用 IBM 公司开发的数据挖掘软件 Alvanced Scout 系统来优化他们的战术组合。美国 Mellon 银行使用 Intelligent Agent 数据挖掘软件提高销售和定价金融产品的精确度。美国 Firstar 银行使用 Marksnan 数据挖掘工具,根据客户的消费模式预测出了何时为客户提供何种产品,后来证明具有相当高的可信度。德国科学院计算机图形学研究所与德国气象局合作开发了一个气象数据可视化软件 TRITON,目前已应用于日常的天气预报中,该软件具有观察当前气象状态、分析过去气象现象、根据模拟计算数据产生预报气象的录像带功能,这些录像带已用于德国几个电视台的气象预报中。墨西哥对地震多发地区进行管理,记录大型地震(5级以上)的数据,通过 MapInfo 数据挖掘软件,工作人员可以在同一张地图上显示约 360 个震区的地理位置,并且可以对这些震区进行海拔、影响范围、经纬度、地震强度、日期等属性的查询,从而帮助工作人员预测哪些地方可能发生地震,以便于高速、快捷地制定抢救措施,有效保护桥梁、通信设施等重要建筑,将地震所带来的灾害程度减至最低。目前,我国正在探索如何将数据挖掘的各项功能有效地发挥在各行各业,但特别典型的案例还不多见,稍有起色的案例以

① 陈安等.数据挖掘技术应用[M].北京:科学出版社,2006:51.

科研机构的科学研究为主。如北京系统工程研究所对模糊方法在知识发现中的应用进行了较为深入的研究,北京大学在开发数据立方体算法方面取得了一些进展,华中科技大学、中国科技大学、中国科学院数学研究所在关联规则的改造方面有所进步,南京大学、四川大学和上海交通大学在非结构化数据的知识发现和基于 Web 数据挖掘研究上取得了较为明显的进展。总体来看,复旦大学开发的国产数据挖掘工具德门(DMine)、民营企业天律公司开发的具有自主知识产权的马克威(Mkarwya)软件代表了我国数据挖掘应用的最高成就。

三、数据挖掘的合用性

从上文我们总结的数据挖掘的特点和功能来看,数据挖掘无疑是适合地方政府绩效评估指标设计的,它能够满足本研究分析的需要,符合分析工具的基本要求。

第一,数据挖掘正好可以解决信息社会政府数据剧增,却时时陷入数据鸿沟、刻刻缺乏有用信息的难题。随着我国改革开放的深入,工业化程度逐渐提高,根据中国社会科学院专家的估算,我国目前已经处于工业社会的中晚期①,开始具备后工业社会、信息社会的各种特征。在这种管理情境下,与地方政府绩效相关的各种零散数据、数据库大量涌现,要找到评估地方政府绩效的有效指标,就必须面对这些数据、数据库,并从它们之中筛选出有效、科学、合用的指标。数据挖掘的首要特点就在于它最善于处理海量数据,能在海量数据中找到隐含的规律、关系、模式与知识,这正好适合在政府数据的"大海"中寻找绩效评估指标的"金针",设计出科学、合用的我国地方政府绩效评估指标体系。

第二,政府所面临的政治、经济、社会、文化、生态、内部管理等管理情境均属于高属性维对象,它们都不能明确区分个体数量,很难进行层级分类、聚类,而数据挖掘正是为处理高属性维对象而开发出的科学理论和科学工具,它正好可以满足政府绩效指标设计过程中需要从这些模糊的高属性维对象中找到评估"代表"——绩效评估指标的要求。

第三,数据挖掘的精确、实时查询特征适合于我们设计出可以与时俱进、每隔一段时间就"升级"一次的地方政府绩效评估指标体系。数据挖掘可以帮助用户提出即时、精确的随机查询,找到可能感兴趣的东西、隐含的知识、规律和模式,这一点在时效性非常强的地方政府绩效评估指标设计中具有特别突出的作用。

第四,数据挖掘中基于统计规律发现规则也适合于地方政府绩效评估指标设

---

① 陈佳贵. 如何实现工业化是我国经济发展核心的问题[EB/OL]. http://business. sohu. com/20081011/n259965530. shtml.

计。实际上,传统的地方政府绩效评估指标设计都依赖于统计学知识。比如著名的平衡计分卡、绩效棱柱都来源于大样本的统计。上文述及的在我国具有较大影响力的一些政府绩效评估指标体系,如范伯乃、卓越、唐任伍、倪星、吴建南、兰州大学地方政府绩效评价中心、人事部课题组等学者与组织开发的政府绩效评估指标体系都依赖于某种统计学理论。可以说,依据统计学知识设计地方政府绩效评估指标体系,是一种"天然符合"的"原方法"。数据挖掘依靠统计规律发现知识、规则、模式的特征更加扩大了"原方法"的范畴。

第五,数据挖掘及时发现动态规则的特点可以随时更新指标库,这是"升级"问题的不同侧面。数据挖掘强调,只要数据库维持及时更新,数据挖掘就可以及时发现数据库所最新隐含的规则、知识、模式,这也是解决政府绩效评估指标脱离实际的一种有效方式,在政府绩效评估指标设计中具有独到作用。

第二节　研究对象

尽管我们的长远目标是开发出我国地方政府绩效评估的通用指标,但"罗马并非一天建成","再高大的宫殿也来自小小的砖块",宏大的目标还需从细小的地方探索。正是基于这种逻辑,笔者发现,要基于海量数据设计我国地方政府绩效评估指标体系,需要先从具有操作性的小地方进行探索性研究,以便为如此宏大的工程打下基础,探索出一条可行之路。

本研究之所以选择苏州市、南京市、盐城市、徐州市作为我们探索性研究的对象,是因为这些城市满足如下的研究点选取要求:

一、研究层级

本书的最终目标是基于海量数据设计一套我国地方政府绩效评估的通用指标、业绩指标,但这样宏大的目标需要分步实施。《2007 年中华人民共和国行政区划统计表》显示,至 2007 年底,全国共有 34 个省级行政区,其中:4 个直辖市、23 个省、5 个自治区、2 个特别行政区;共有 333 个地级行政区划单位,其中:283 个地级市、17 个地区、30 个自治州、3 个盟;共有 2860 个县级行政区划单位,其中:856 个市辖区、369 个县级市、1463 个县、117 个自治县、49 个旗、3 个自治旗、2 个特区、1 个林区。① 而《二零零六年全国行政区划统计表》也表明,截至 2006 年底,全国共

---

① 2007 年中华人民共和国行政区划[EB/OL]. http://www.xzqh.org/quhua/01yg/y07.htm.

有 41040 个乡镇级政府,其中有 10 个区公所、19369 个镇、14119 个乡、98 个苏木、1088 个民族乡、1 个民族苏木、6355 个街道。①② 面对全国范围内的 4 级地方政府,以省级政府作为研究对象层次太高,数量太少;乡镇级政府处于基层,但数量庞大,而且各地差异很大,仅名称就有乡、镇、街道、区公所、苏木等,不适合作为探索性研究的研究对象;县级政府和地(市)级政府数量较为适中,而且处于我国政府层级中层和中下层,符合组织学破解"中层黑洞"的研究习惯③,而在这两级政府中,地(市)级政府是真正的"中层",因为在我国中央、省、地(市)、县、乡(镇)的体制设计中,地(市)级政府是真正的中层政府,它既不属于过于宏观的层面,又不属于过于微观的层面,但又是典型的地方政府;它既包含市区部分,也有广大的农村地带。鉴于此,笔者选择了这一层政府作为总体研究对象,用统计学术语来讲,是本书研究的"抽样框"。但由于地(市)级政府数量也较多,同时它分布于全国各地,进行研究的操作性、各种研究的交易成本都很高,因而从这方面考虑,我们选择了与全国情况具有相似性的江苏省作为研究选点的省份。

二、研究区域

为了找到一个能够与我国总体发展趋势、总体地理特征相符的省份,笔者查阅了"中国省区地图"、"江苏省地图"和维基百科关于"江苏省"的内容,发现从以下几个方面来考量,江苏省都是较为理想的地域。

1. 地理条件

江苏省的地理条件与我国整体情况有很大的类似之处。"中国省区地图"清楚地表明了长江跨江苏而过,呈东西向横穿江苏省,省境内长度 400 多公里,将江苏省分割为南北两部分,与我国整体情况一样,出现了"南方"与"北方"的区别。维基百科的地理资料也正好证明了这一点。④ 从维基百科来看,江苏省位于中国东部,介于东经 116°18′ ~ 121°57′,北纬 30°45′ ~ 35°20′之间。同时,作为中国气候南北分界线的淮河由洪泽湖、高邮湖、京杭大运河注入长江,从气候上也奠定了其类似于我国的整体情况。江苏省全省都属于典型的季风气候类型,气候四季分明,雨量较多。绝大部分地区属于北亚热带湿润季风气候,北部边缘地区(徐州、连云港)属于向暖温带湿润季风气候过渡地带。

①二零零六年全国行政区划统计表[EB/OL]. http://www.xzqh.org/yange/2006.htm#tj.

②此处之所以用 2006 年数据,是因为 2007 年统计表中并未统计乡镇级的政府数量。

③郝继涛. 提高中层执行力,弥补管理黑洞[EB/OL]. http://www.ce.cn/books/ztjc/hzym/huazhang/pljx/200503/16/t20050316_3340290.btk.

④江苏省[EB/OL] http://zh.wikipedia.org/wiki/%E6%B1%9F%E8%8B%8F%E7%9C%81#.E5.9C.B0.E7.90.86.

2. 文化因素

江苏省的文化区域划分与我国的整体情况更为相像。江苏在文化上有"吴韵汉风"之说,江南苏锡常地区属于吴文化圈,而徐州、宿迁等地区则属中原文化和北方方言地带,两者之间的南京、扬州、淮安为主的城市为吴韵汉风两相浸润的、具有过渡特征的江淮地区。江淮方言的地区包括扬州、淮安、盐城三市全部、南京(除溧水南部地区和高淳)、镇江(除丹阳大部)、泰州(除靖江大部)、宿迁(沭阳、泗阳、泗洪三县)四市大部;南通市区(除南部)及如皋市、海安县全部与如东县大部、通州市一部分;连云港市区及灌云、灌南两县;常州代管的金坛西部。吴语区主要为吴越国时期包含在两浙十三州的苏锡常地区,包括:苏州、无锡两市全部;常州市区(包括武进区和新北区)、金坛东部、溧阳;镇江丹阳市大部;南京溧水南部地区、高淳县;南通市区南部小部、海门、启东两市全部,通州市小部、如东县小部;泰州靖江市大部。中原官话区包括徐州市全部、宿迁市区、连云港东海一县。这种情况,俨然是一个全息图式的中国,非常适合将其作为我国的代表来做探索性研究。

3. 经济发展情况

近年来江苏省经济飞速发展,这一点也与我国近年来实现了经济腾飞的整体情况类似。更相似的一点在于,与我国总体情况一样,江苏省在发展中也出现了南北差距和贫富分化,政府面临一系列艰难的任务需要完成。江苏是中国经济发展最快的几个省份之一,但江苏东西南北经济结构、贸易类型、发展状况相差巨大。首先,位于苏南地区的苏州、无锡、南京、常州四市经济位于江苏省前四位,世界五百强企业在苏南地区投资的有352家,该地区也属于江苏经济发达地区,其中,常州人均收入稍低,但整体经济依然较好。其次,以南通、扬州、镇江为主的较发达地区,目前已经基本实现了城镇化和小康化,一些企业也具有较强竞争力,整体经济发展情况处于全国较前列的位置。然而,江苏亦有经济欠发达地区,诸如盐城市滨海、阜宁、响水,宿迁市沭阳、宿豫、泗阳、泗洪,淮安市涟水、淮阴,连云港市灌南、灌云,徐州市睢宁等地城市居民收入依然偏低,在全国平均水平以下,低于湖南、湖北、河南、四川,约与江西、安徽等省居民收入平均水平相当,属于经济欠发达地区。江苏省自2003年以来便积极发展苏北地区经济,如在盐城兴建汽车城、在淮安修建台资企业工业区等。缩短南北经济差距是江苏省一项主要经济任务,这也与我国整体情况异曲同工。

4. 政府层级设置情况

为了选取研究区域,笔者专门对《2006年全国行政区划统计表》中的各种数据进行了统计分析。在统计过程中,我们将全国情况,即"省级合计34、地级合计333、县级合计2860、乡级合计41040"通过比例原理化简为一个"标准比"——省级政府:地级政府:县级政府:乡级政府 = 1:9.8:84.1:1207.1,在此基础上,我们用国家总体的"标准比"作为标准,将每个省的数据也处理成与"标准比"的比值,作为每个省省级政府:地级政府:县级政府:乡级政府的值。其标准值的计算方式为:每个省(包括自治区,但不包括直辖市、特区)省级政府的标准值＝每个省省级政府数量:1＝1①;每个省地级政府的标准值＝每个省地级政府的数量:9.8;每个省县级政府的标准值＝每个省县级政府的数量:84.1;每个省乡级政府的标准值＝每个省乡级政府的数量:1207.1,这样,就会得到每一个省的省级政府:地级政府:县级政府:乡级政府的标准值,具体见表2－1。在表2－1中我们既统计了每个省每个层级政府的数量,还将其做成了比例的形式,在此基础上依照前文所述的标准化方式,计算出了每个省的政府比例标准化值,在此基础上,我们绘制了"各省各级政府相对于全国情况的标准化分布图"(见图2－1),从其上能够看出每个省与我国整体情况的相似度。这是一个聚中趋势图,离国家总体标准越近,其相似度越高。在图2－1的基础上,我们在表2－1的最后一列对相似度进行了排序。②

表2－1　我国各省各级政府比例与全国总体情况比较

编号	单位	政府机构比例	标准化后结果	相似度排序
0	全国	1:9.8:84.1:1207.1	1.0:1.0:1.0:1.0	—
1	河北	1:11:172:2233	1.0:1.1:2.0:1.9	23
2	山西	1:11:119:1389	1.0:1.1:1.4:1.2	11
3	内蒙古	1:12:101:861	1.0:1.2:1.2:0.7	1
4	辽宁	1:14:100:1522	1.0:1.4:1.2:1.3	14
5	吉林	1:9:60:887	1.0:0.9:0.7:0.7	12
6	黑龙江	1:13:128:1270	1.0:1.3:1.5:1.1	16
7	江苏	1:13:106:1388	1.0:1.3:1.3:1.1	10
8	浙江	1:11:90:1519	1.0:1.1:1.1:1.3	4
9	安徽	1:17:105:1625	1.0:1.7:1.2:1.3	18
10	福建	1:9:85:1104	1.0:0.9:1.0:0.9	3
11	江西	1:11:99:1526	1.0:1.1:1.2:1.3	8
12	山东	1:17:140:1932	1.0:1.7:1.7:1.6	22
13	河南	1:17:159:2355	1.0:1.7:1.9::2.0	26
14	湖北	1:12:102:1219	1.0:1.2:1.2:1.0	5
15	湖南	1:14:122:2407	1.0:1.4:1.5:2.0	21

①每个省的省级政府当然只有1个,所以其标准值均为1。
②该排序经过概略计算,并非完全精确化的计算结果。

续表

编号	单位	政府机构比例	标准化后结果	相似度排序
16	广东	1:21:121:1579	1.0:2.1:1.4:1.3	20
17	广西	1:14:109:1230	1.0:1.4:1.3:1.0	13
18	海南	1:2:20:220	1.0:0.2:0.2:0.2	25
19	四川	1:21:181:4660	1.0:2.1:2.2:3.9	27
20	贵州	1:9:88:1543	1.0:0.9:1.0:1.3	2
21	云南	1:16:129::1368	1.0:1.6:1.5:1.3	19
22	西藏	1:7:73:691	1.0:0.7:0.9:0.6	15
23	陕西	1:10:107:1745	1.0:1.0:1.3:1.3	9
24	甘肃	1:14:86:1342	1.0:1.4:1.0:1.1	6
25	青海	1:8:43:396	1.0:0.8:0.5:0.3	17
26	宁夏	1:5:21:229	1.0:0.5:0.2:0.2	24
27	新疆	1:14:99:1009	1.0:1.4:1.2:0.9	7

注:由于直辖市、香港特别行政区、澳门特别行政区政府层级设置与省、自治区差距过大,本表中未对其进行统计。限于资料关系,本表中也未对台湾省进行统计。

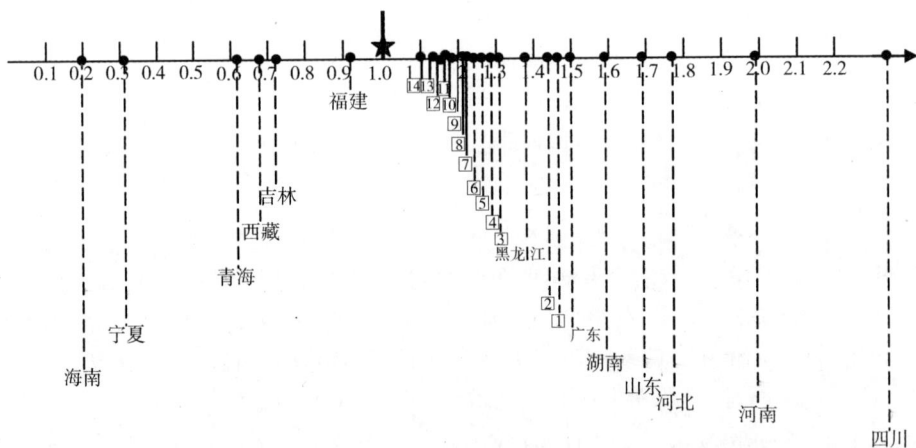

图2-1 各省各级政府相对于全国情况的标准化分布图

说明:1.云南;2.安徽;3.辽宁;4.广西;5.山西;6.江苏;7.陕西;8.江西;9.新疆;10.甘肃;11.湖北;12.浙江;13.贵州;14.内蒙古

★:国家总体标准

　　相似程度揭示了这些省份单独代替我国整体作为研究对象的强度,相似度程度越高,说明从政府层级设置的比例方面来考察,代表我国整体性的代表度就越高。

从相似度表和标准化分布图可以看出,内蒙古、浙江、福建、江西、湖北、贵州、陕西、甘肃、新疆、江苏是和我国政府层级设置情况最为相似的 10 个省、区,但在这些省、区中,陕西、甘肃、新疆属于西北地区,贵州属于西南地区,内蒙古属于华北地区,江西、福建、浙江属于纯粹的华东地区,只有湖北和江苏两省横跨长江,兼具南北方特色,适宜于作为我国整体情况进行研究的区域性。然而,考虑到文化、经济社会发展、地理条件,湖北省内的亚文化没有江苏省显著,尤其没有像江苏省那样的明显的中原文化、江淮文化、吴越文化的显著对比。更重要的一点是,湖北省各地的经济发展情况也不像我国整体情况那样南北差距很大,而这些条件江苏都具备,因此我们选择了江苏作为研究区域,这也符合本研究在设计中就提出的,在基于数据挖掘理论设计我国地方政府绩效评估指标体系过程中,可能会挖掘出绩效与气候、绩效与文化的关联关系来。需要说明的是,如果做其他方面的研究,湖北也是非常适宜于作为我国整体情况的"课代表"的。

三、操作性研究对象

确定了江苏省作为本研究的着力区域之后,在江苏省选择地级市作为研究对象就成了首先需要解决的问题。笔者以为,研究江苏省情况,也并非要采用"普查"式的做法,也可以采取像全国范围内选择代表省的"课代表"那样的相同方式来选取科学研究的代表性城市,它们是本研究的操作性对象,也就是在资源、时间限制下具有操作性的研究对象。最终,我们选择了苏州、南京、盐城、徐州四市作为研究对象,这是出于如下的原因:

第一,地理区域的代表性好。从区域分布来说,徐州位于江苏的最北面,苏州位于江苏的最南面,盐城位于江苏的中部偏东北,南京位于江苏的中部偏西南,从地域分布的角度来说,东西南北的城市都有,可以较好地反映江苏省的整体情况。

第二,气候条件代表性好。徐州处于江苏省北部边缘地带,属于向暖温带湿润季风气候过渡地带,而苏州常年温度都是江苏最高的地带。2006 年,全省各市 1 月平均气温都在 1 摄氏度以上,其中,苏州市平均高达 5.3 摄氏度,徐州市平均气温最低,为 1.3 摄氏度,这两个城市在气候条件上具有很大的代表性。长江跨南京而过,这使得南京的气候也有自身的特色。盐城偏北,具有典型的江淮气候特色。这几方面正好可以代表江苏省的各种气候特征。①

第三,地域文化代表性好。在四个城市中,徐州位于中原官话地区,盐城、南京

①数据来自江苏省[EB/L]:http://zh.wikipedia.org/wiki/%E6%B1%9F%E8%8B%8F%E7%9C%81#.E5.9C.B0.E7.90.86.

（除溧水南部地区和高淳）属于江淮文化区，南京的溧水南部地区和高淳、苏州市属于吴文化区域，正好代表了江苏省的三种文化区域。

第四，四市的面积、人口代表性强。在四市中，苏州面积为 8487.83 平方公里，南京面积为 6582.31 平方公里，它们是江苏省面积较小的苏南、苏中城市的代表；盐城面积为 16972.42 平方公里，徐州面积为 11142.33 平方公里，它们是江苏省面积最大的两个市，可以作为苏北面积较广的市的代表。从人口分布来看，苏州市户籍人口 6244311 人、南京市户籍人口 6171667 人、盐城户籍人口 8097884 人、徐州户籍人口 9409468 人，在四市中，苏州、南京代表了苏南（中）较为发达城市户籍人口较少，但常住人口较多的现实（南京常住人口为 7413000 人，苏州常住人口为 8821200 人，均远远高于户籍人口）；盐城、徐州代表了苏北欠发达城市户籍人口多而常住人口少的现实（盐城常住人口为 7579200 人，徐州常住人口为 8711200 人，均远少于户籍人口）。

第五，四市的政府层级设置情况也具有很强的代表性。我们用上文处理全国政府层级结构的方式研究了能代表江苏省的几个城市，发现苏州、南京、盐城、徐州四市在政府层级结构设置上与江苏省的整体情况的一致度较高，拥有金阊区、平江区、沧浪区、吴中区、相城区、虎丘区、张家港市、常熟市、太仓市、昆山市、吴江市的苏州，拥有玄武区、白下区、秦淮区、建邺区、鼓楼区、下关区、栖霞区、雨花台区、浦口区、江宁区、六合区、溧水县、高淳县的南京，拥有亭湖区、盐都区、大丰市、东台市、建湖县、射阳县、阜宁县、滨海县、响水县的盐城，和拥有云龙区、鼓楼区、九里区、泉山区、贾汪区、邳州市、新沂市、铜山县、睢宁县、沛县、丰县的徐州完全符合作为江苏省"课代表"的资格，是具有操作性的研究对象。①

第三节　研究思路

将数据挖掘应用于我国地方政府绩效评估指标设计，也就是发挥数据挖掘的概化、分类、聚类、关联分析、异常侦测功能；同时，在基于统计学的工具、基于系统工程理论的工具、基于数学理论的工具、基于生物学理论的工具和图形、图像挖掘工具中选择适合的工具进行行政数据挖掘，寻找能够反映我国地方政府整体绩效的指标，其应用思路主要在于明确政府绩效指标设计的原理→在两类指标筛选源中保证指标的可加性→数据准备→模式选择→工具选择→指标挖掘（筛选）→结

---

①为了避免过多重复性的描述，此处省略了具体的分析步骤，它与上文分析江苏作为全国性代表的步骤相同。

果评估(正则化,去噪音)→指标体系确定。

一、逐层赋权聚类

从本质上来说,政府绩效评估指标设计实际上是个逐层赋权聚类问题。研究者或者实践者一般都需要在政府行政投入、行政行为、完成行政行为的时间(正常行政行为期、时限、拖拉推诿等)3 个变量空间选择显性、半显性、隐性的行政现象、行政行为结果、行政行为伴生现象、行政行为伴生结果等并对其进行逐层聚类,并将其用某种属性名词概括为指标名称,如图 2 - 2 所示。

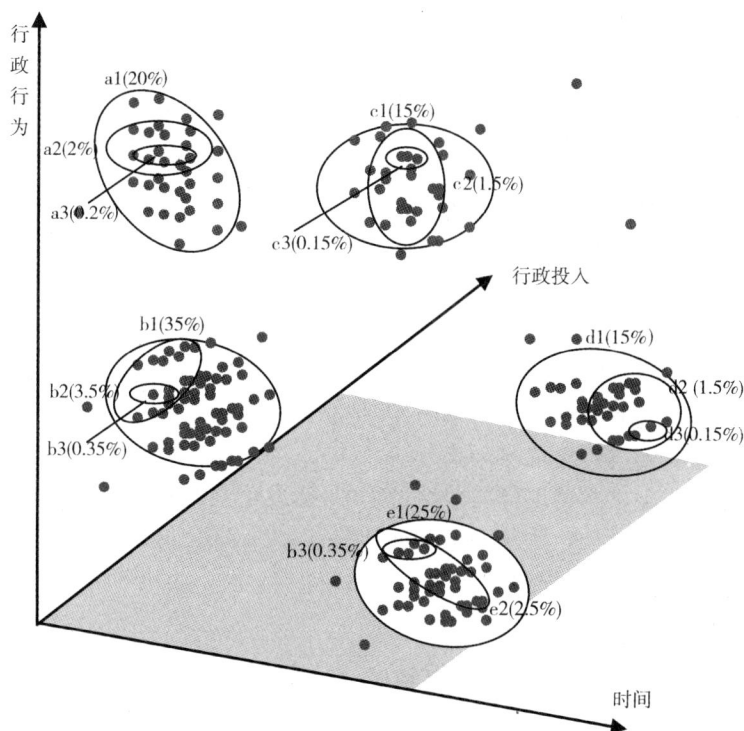

图 2 - 2　政府绩效评估指标逐层赋权聚类示意

在政府绩效评估指标设计过程中,一般都将政府的绩效依据显性、半显性、隐性的行政现象、行政行为结果、行政行为伴生现象、行政行为伴生结果(见图 2 - 2 中的散点)聚类为某几个一级指标来考察,如图 2 - 2 中的 a1、b1、c1、d1、e1,然后对其赋权。所有一级指标的权重之和为 1,意味着通过聚类,将政府的所有需要考核的方面抽象、约简为了 5 个方面,并以其代表政府的所有行政行为,对其的评价大致等同于对政府的总体绩效评价。在一级聚类之后,根据绩效评估所需要的精确度,还会继续在一级指标内继续进行二级、三级聚类,甚至有的评估需要聚类到四级、五级指标,所有级别的指标都需要在一级指标赋权作为总和的情况下,逐级分解赋权。可以说,分级聚类没有尽头,但现实中一般只需要聚类到三级指标即可,图 2-2 也只标示到二级、三级指标,即 a2、b2……a3、b3……

二、可加性实现

所有的政府绩效评估指标体系构建的最终意图都是想将其用来评估政府的绩效,可以说,指标体系就是绩效评估的考卷,不用来考试的试卷是没有任何价值的。但是,任何一份想考核考生的考卷都必须能够加和出一个总分,否则,就不能起到评判作用。政府绩效评估指标体系作为一份考核地方政府绩效的试卷,自然也必须解决"加和"的问题,也就是每级指标内的次级指标可以加和出一个"总分"成为该级指标的"总分",而所有一级指标的总分要能够加和起来等于这份评价"考卷"的总分。在政府绩效评估指标设计中,通常采用两种方式来解决可加性问题:第一种是普通的,即依据统计学原理在进行绩效评估指标设计过程中利用归一化,或称标准化的方式来解决可加性问题,即把所有的不同单位的指标全部归一化为无量纲的"中性"指标体系,从而实现可加性;第二种是采用数据挖掘理论、集合理论,引入二态变量的方式来解决可加性问题。这两种方式在利用数据挖掘设计政府绩效评估指标体系过程中均能派上用场,因此都是必须采纳的步骤。

1. 利用标准化模式实现可加性

在利用标准化方式实现可加性的过程中,假设建立的数据仓库中的变量(可能被选指标)i_x 为原始值,δ_x 为该变量的标准差,$i_x{}'$ 为标准化值,则有:

$$i_x{}' = \frac{i_x - \bar{i}_x}{\delta_x} \qquad\qquad (2-1)$$

其中,$\bar{i}_x = \frac{1}{m}\sum_{}^{m} i_x,(m \in R^+);\delta_x = \sqrt{\frac{1}{m}\sum_{}^{m}(i_x - \bar{i}_x)^2},(m \in R^+)$

通过这样的方式,凡是被我们在指标设计过程中选择的绩效评估指标体系,不管它属于政治类、经济类,还是属于社会类、文化类,甚至人类灵魂类别,只要通过了这样的标准化处理,它就具有了可加性。

标准化方法具有很大的优越性,它能将所有不可相加的、不同量纲的指标体系标准化为一个无量纲的、可加和、可比较大小,甚至可以进行量比的数据形式,即统计学和研究方法上所讲的数据的"最高形式",也就是定比数据,它可以进行加、减、乘、除四则运算,还可以取 0。[①]

但利用标准化方式实现可加性在政府绩效评估指标设计研究中也有明显的缺陷:它不能处理数据过多、指标过多、高属性维对象的情况,尤其当面对海量数据的政府各类数据库时,就更勉为其难。从已有的研究来看,它主要用于对已经筛选出的某些指标体系进行标准化处理,然后进一步筛选,直到产生最后的绩效评估指标体系。目前,由范柏乃、倪星、人事部课题组、兰州大学课题组、卓越、唐任伍等学者与组织编制的最具影响力的几种指标体系,在实现可加性上就是用了标准化方式。但在面对海量数据、高属性维数据,且这些数据都存在于数据库、数据仓库、数据集市,并未被筛选出来,只不过存在着备选的可能性时,利用标准化方式实现可加性就变得困难起来,这时候就需要用一种新的方式来实现可加性。

2.通过数据挖掘和集合理论结合实现可加性

一旦需要从海量数据中筛选、设计政府绩效评估指标体系,就面临利用标准化的方式实现可加性力所不逮的窘境,对此,笔者设想利用数据挖掘中的关联规则原理和集合理论中的加和性原理、数学中的向量原理来解决在海量数据中挖掘政府绩效评估指标时的可加性问题。

按照数据挖掘、集合理论来说,在政府绩效评估指标设计过程中逐层赋权聚类,是一个由高属性维逐渐向低属性维降维、赋权、聚类的过程。海量高属型维对象的聚类是聚类研究的难点之一,而政府绩效评估指标设计正好属于海量高属性维对象的聚类问题。在政府绩效评估指标设计中,许多聚类方法在属性维数比较低的情况下能够生成高质量的聚类结果,却难以应用于高属性维的情况(Guha 等,1999;[②]周永权、焦李成,2004;[③]高学东、武森、高俊山,2005[④])。造成这种情况的主要原因是低属性维数据对象间的指标聚中度的计算方法不宜直接应用于高属性指标性维聚类问题(Ester 等,1996;[⑤]王实、高文,2000;[⑥]高学东、武森、高俊山,

①需要说明的是,严格来说,在政府绩效评估中出现 0 绩效的可能几乎没有。

②S. Guha, et al. CURE: An Efficient Clustering Algorithm for Large Databases. *Proc. of the ACMSIGMOD Int'l Conf on Management of Data*[C]. Seattle:ACM Press,1998:73 - 84.

③周永权,焦李成.高属性维稀疏数据聚类回归逻辑神经网络模型及学习算法[J].电子学报,2004,(8):1342 - 1345.

④高学东,武森,高俊山.高属性维对象类内聚性的度量[A].马庆国.2005 中国管理科学与工程发展报告[C].北京:电子工业出版社,2005:29 - 31.

⑤M. Ester, et al. A Density - based Algorithm for Discovering Clusters in Large Spatial Database with Noise. *Proc. of 2ndInt'l Conf on KDD'96*. Portland:AAAI Press,1996: 226 - 231.

⑥王实,高文.数据挖掘中的聚类方法[J].计算机科学,2000,27(4):42 - 45.

2005①)。在许多情况下,传统的应用于低属性维指标差异度的计算方法并不能真正反映高属性维指标的聚中度,无法精确反映指标间的相似程度,有时甚至反映错误,而将这种不准确,关联性很弱甚至错误的指标进行相加,则会"差之毫厘,谬以千里",必然难以避免将"增收1000个茶叶蛋"与"1个核导弹"相加的荒谬行为,完全不能反映政府行政行为所产生的真实绩效结果,这样,就可能会"奖懒罚勤"、"扬庸抑能",从而使政府管理陷入恶性循环。要解决此问题,我们可以采用数据挖掘和集合理论,在绩效评估指标设计中,采用二态变量方式,对"又好又快发展"、"社会和谐"、"人民富足"等非常模糊的高属性维指标按照指标的内聚度进行分层降维,从而解决用标准化方法所不能解决的可加性难题。

(1)政府绩效评估的指标聚中度及聚中向量。借助于数据挖掘理论实现指标的可加性首先需要从指标的聚中度着手。政府绩效评估指标的内聚度是指指标特征的聚中性,如对于"经济运行"这个一级指标来说,二级指标"人均收入水平增长率"、"教育卫生事业费支出占财政支出比重及增长率"明显具有聚中性,"绿化覆盖率"、"扫盲率"、"上访率"明显没有聚中性,"群众对县区工作满意度"、"万人评议满意度"可能具有某种聚中度,也可能没有聚中度。聚中度是衡量指标体系设计科学与否的重要度量标准,只有高聚中度的指标,才能实现其可加性,否则,就将出现30个土豆 + 8个原子弹 =? 的难题。而要实现聚中度,则首先需要数据挖掘的关联规则和二态变量。

第一,政府绩效评估指标设计中关联规则下的二态变量问题。在政府绩效评估指标设计过程中,我们假设某一级指标为 i,在数据挖掘理论中可以看做一个事务(集),i_a、i_b 是两个次级指标,在数据挖掘中称作项(集),且 $i_a \cap i_b \neq \Phi$,此时要判断 i_a、i_b 是否具有聚中度,即 $i_a \rightarrow i_b$,$i_a \in i$、$i_b \in i$ 或者 $i_a \subseteq i$、$i_b \subseteq i$(如果 i_a、i_b 是次级指标集)。如果具有聚中度,则需要满足支持度和置信度的要求。

1)支持度(Support)。规则 $i_a \rightarrow i_b$ 在事务数据库 i 中的支持度是事务集中包含 i_a 和 i_b 与所有事务之比,记为 Support($i_a \rightarrow i_b$),即 Support($i_a \rightarrow i_b$) = $\frac{|\{i': (i_a \cup i_b) \subseteq i', i' \in i\}|}{|i|}$。支持度描述了 i_a 和 i_b 两个次级指标(集),也就是数据挖掘中所说的项(集)在所有事务中出现的概率。② 比如,在"社会和谐"指标(事务)集下,次级指标"辖区内18岁以上有意愿人口就业率"和"辖区内每百平方米

---

①高学东,武森,高俊山.高属性维对象类内聚性的度量[A].马庆国.2005中国管理科学与工程发展报告[C].北京:电子工业出版社,2005:29–31.

②此处参考了苏新宁、杨建林、江念南、粟湘等人的研究成果。苏新宁等.数据仓库与数据挖掘[M].北京:清华大学出版社,2006:150.

乞丐数量"同时出现的概率就是支持度。

2）置信度（Confidence）。规则 $i_a \rightarrow i_b$ 在事务集中的置信度是包含 i_a 的事务数与包含 i_b 的事务数之比，记为 Confidence（$i_a \rightarrow i_b$），即 Confidence（$i_a \rightarrow i_b$）= $\dfrac{|\{i': (i_a \cup i_b \subseteq i, i' \in i\}|}{|\{i': i_a \subseteq i, i' \in i\}|}$。置信度表达的是在出现指标（集）/项（集）$i_a$ 事务集 i 中，指标（集）i_b 也同时出现的概率。比如，某一个次级指标"辖区内 18 岁以上有意愿人口就业率"出现在了上一级指标集（事务集）"社会和谐"中了，而此时另一个次级指标"辖区内每百平方米乞丐数量"同时出现的概率就是置信度。

一般来说，一个完整的关联规则必须表明是多少置信度下的关联关系。比如，"篮球,刮胡刀→'大宝'洗面奶[0.65, 0.80]"是从一个零售数据中挖掘出来的关联规则，它的支持度为 0.65，置信度为 0.80。该规则的意思是"在购买篮球和刮胡刀的顾客中,有 65% 的人购买了'大宝'牌洗面奶,这种情况的概率为 80%"。但是在地方政府绩效评估指标设计中,并非单纯挖掘某几个项或者项集之间出现的关联关系,而是要挖掘出具有关联、聚中性、可加性的至少三级指标体系,并将其应用到现实的政府绩效评估中去,为测量现实政府的真实绩效,并找到改进绩效的途径而服务,这就需要对传统的关联规则原理进行改进,以适应现实需要。在具体做法上,笔者按照"如果每一个体都有很大一部分属性的取值为零,那么我们称该信息系统为高属性维稀疏信息系统,该系统所对应的聚类问题为高属性维稀疏聚类问题"[1][2],来考虑问题。政府绩效评估指标挖掘本身也属于高属性维对象聚类问题,因为,如果某个次级指标属于一个特定的上级指标,那么它必然就不属于另外的一个上级指标,它的值必然很大一部分为 0,由此来看,我们可以充分利用高属性维对象的这种特征,并将其与关联规则结合起来。在利用关联规则的过程中,笔者引入了二态变量（1/0）来在海量数据中实现政府绩效评估指标的挖掘,具体做法是,我们假设如果 $i_a \in i$、$i_b \in i$ 或者 $i_a \subseteq i$、$i_b \subseteq i$,则我们就用 1 表示,否则,用 0 表示。在第一步聚类中,我们都按照取值为 1 的方式在软件中自动聚类,这样,无疑产生了"过拟合"（Overfitting）问题,需要在正则化的过程中指出 0 值。

但是这样的处理对关联规则的两个考量标准支持度、置信度都做了很大的牺牲,这就需要在进一步指标设计中对其予以修正,也就是要进行后续研究需要做的几次"正则化"处理。如果在关联规则上没有牺牲支持度与置信度,那就不需要再

①周永权,焦李成. 高属性维稀疏数据聚类回归逻辑神经网络模型及学习算法[J]. 电子学报,2004,（8）：1342 – 1345.

②需要说明的是,笔者经过查阅,该概念界定属于目前比较权威的界定,它立足于 Zhang、Ester、Guha、焦李成等同领域国内外该领域权威专家的研究成果,是具有科学性的。

进行正则化处理。本研究在"数据准备"阶段的"数据仓库构建"过程中,对于二态变量处理采取了这样的做法:假设有 x 级指标,描述每级指标(Index)的属性(次级指标)为 y 个二态变量。如在"社会和谐"指标下有"辖区内 18 岁以上有意愿人口就业率(1/0)"、"辖区内每百平方米乞丐数量(1/0)"、"辖区内每月上访次数(1/0)"、"辖区内每月群体性事件数量(1/0)"等次级指标,用数据挖掘的聚类术语来说,这些次级指标也可叫做"属性"。在指标设计过程中,我们统一用"1"或者"0"来作为其是否属于该级指标的二态变量值,如果这个属性真正地描述了"社会和谐",那就属于它之下的次级指标,就应该选"1",否则,就为"0"。通过这样处理,我们可以在聚类完成之后进一步进行正则化检验。①

　　第二,政府绩效评估指标聚中度问题。本书立足于数据挖掘与集合理论,结合国际上 Zhang 等(1996)②、Guha 等(1998③;1999④)、Ester M. 等(1996)⑤、Zhang 等(1997)⑥、Kolatch(2001)⑦、Han 和 Kamber(2001),以及国内周水庚等(2000)⑧,王实、高文(2000)⑨,武森、高学东、巴斯蒂安(2003)⑩和高学东、武森、高俊山(2005)⑪在聚类、集合研究领域的新发展,并将其应用到政府绩效评估指标内聚度表达和加和性计算中来,形成了政府绩效评估指标内聚度的一般表达式与加和

---

①此处所举例子仅是为了论证而根据一般情况列举的,它并非本研究数据挖掘出的结果。在后文的研究中,还需要构建数据仓库,然后按此处的原理进行挖掘,但不一定产生此处所列举的这些指标,因为我们依据收集来的数据所构建的指标数据库、数据仓库中未必有这些原始数据,倘若没有,自然挖掘不出这样的指标来。

②T. Zhang, et al. . BIRCH:An Efficient Data Clustering Method for Very Large Databases. *Proc. of the ACM-SIGMOD Int' l Conf on Management of Data*. Montreal:ACM Press, 1996: 73 - 84.

③S. Guha, et al. . CURE: An Efficient Clustering Algorithm for Large Databases.*Proc. of the ACMSIGMOD Int 'l Conf on Management of Data* . Seattle:ACMPress,1998: 73 - 84.

④S. Guha, et al. . A Robust Clustering Algorithm for Categorical Attributes. *Proc. of the 15th IEEE Int' l Conf on data Engineering*. Sydney,Australia,1999: 512 - 521.

⑤M. Ester, et al. . A Density - based Algorithm for Discovering Clusters in Large Spatial Database with Noise. *Proc. of 2ndInt' l Conf on KDD' 96Portland*:AAAI Press,1996: 226 - 231.

⑥W. Zhang, et al. . STING: A Statistical Information Grid Approach to Spatial Data Mining. *Proc. of the 23thVLDB Conf.* Athens:Morgan Kaufmann,1997: 186 - 195.

⑦E. Kolatch. Clustering Algorithms for Spatial Databases: A Survey[EB/OL]. http://citeseerx. ist. psu. edu/viewdoc/summary? doi = 10. 1. 1. 28. 1145.

⑧周水庚,周傲英,曹晶,胡运发. 一种基于密度的快速聚类算法[J]. 计算机研究与发展,2000,37(11): 1287 - 1292.

⑨王实,高文. 数据挖掘中的聚类方法[J]. 计算机科学,2000,27(4):42 - 45.

⑩武森,高学东,M. 巴斯蒂安. 高维稀疏聚类知识发现[M]. 北京:冶金工业出版社,2003: 67 - 70.

⑪高学东,武森,高俊山. 高属性维对象类内聚性的度量[A]. 马庆国. 2005 中国管理科学与工程发展报告[C]. 北京:电子工业出版社,2005:29 - 31.

规律。

在政府绩效评估指标设计过程中,上文已经交代了我们按照二态变量处理,假设有 x 级指标,描述每级指标(Index)的属性(次级指标)为 y 个二态变量。在指标设计过程中,我们统一用"1"或者"0"来作为其是否属于该级指标的二态变量值,如果这个属性真正地描述了"社会和谐",那就属于它之下的次级指标,就应该取值为"1",否则,就取值为"0"。此处利用二态变量的做法,是为了将数据挖掘理论的关联规则与集合合并原理相结合。"1"意味着它具有"聚中度"。用计算机语言来表示,在 SPSS、STATA、SASS 等统计软件中可以将其设置为虚拟变量,取值也为1 和 0。假设 I 中有一个次级指标子集 Φ,其中的属性个数(次级指标数)记为 $|\Phi|$,在该子集所有选择"1",即用二态变量或者计算机语言表述为值为 1 的属性个数为 β,取值不完全相同的属性个数为 β,指标集合 Φ 的聚中度 AD(Aggregate Degree)记为:

$$AD(\Phi) = \frac{\beta}{|\Phi| \times \alpha} \tag{2-2}$$

聚中度 AD 度量了该指标集合内部各对象间的内部一致性和内部聚中性,用通俗语言描述,就是它确保了其下的次级指标都真正属于该级指标,次级指标都具有它的某方面属性,是对它的进一步描述和细化。例如,"辖区内每年入党人数"、"辖区内每年变相退党人数"(不交党费、连续三年不参加党组织活动、加入非法党派或团体等)、"每年在辖区内开展'三个代表'实事入户次数"真正属于"党风建设"这个上级指标,它们具有聚中性和聚中度。

第三,政府绩效评估指标聚中度的衡量器——聚中向量。无论是数据挖掘理论还是集合理论,都特别强调以向量作为整个集合、聚类对象聚中度的标尺。对于政府绩效评估指标聚中度的度量我们采用指标聚中向量 AV(Aggregate Vector)来表示。

在政府绩效评估指标设计中,假设有 x 级指标,描述每级指标 I(Index)的属性(次级指标)为 y 个二态变量(具体如上文所述),Φ 为其中一个对象集(次级指标集合),其中的次级指标对象个数为 $|\Phi|$,在该子集中所有次级指标对象取值皆为"是",数学语言值为 1 的次级指标个数为 α,对应的属性序号为 $i_{a1}, i_{a2}, i_{a\alpha}$,取值不同的属性个数为 β,对应的属性序号为 $i_{n1a1}, i_{n2a2}, \cdots i_{n\beta a\beta}$,这样,聚中向量便可记为式(2-3):

$$AV(\Phi) = (|\Phi|, T(\Phi), NA(\Phi), AD(\Phi)) \tag{2-3}$$

式(2-3)即为政府绩效评估指标指标集合 Φ 的聚中度向量,其中,$|\Phi|$ 为 Φ 中对象(次级指标)的个数,T 为 Φ 中所有对象取值为"1"的属性,即数学语言值皆为 1 的属性集合 $\{i_{a1}, i_{a2}, \cdots, i_{a\alpha}\}$;NA 为取值不全相同的属性序号集合 $\{i_{n1a1},$

$i_{n2\alpha2}, \cdots, i_{n\beta\alpha\beta}$;$AD(\Phi)$ 为指标集合 Φ 的聚中度。

聚中向量概括了一个对象(次级指标)集合内对象间(更次级指标)聚中度情况。这样,要把握、储存、分析、挖掘,甚至联机处理一个政府绩效评估指标集合,只需存储其聚中向量就可以描述该集合的聚中情况,而不必保存该集合中所有对象(次级指标和更次级指标)的信息。聚中向量不仅减少了数据量,而且它还具有优越的数学性质,即在两个指标集合合并时聚中向量具有可加性,这正好可以弥补目前我国政府绩效评估指标体系研究中对于指标可加性的欠缺。

(2)政府绩效评估聚中向量的可加性特征。从设计一套政府绩效评估指标的角度来看,聚中向量最有价值的特点在于其加和性。假设在政府绩效评估指标设计中有 x 级指标,每级指标下面有 y 个进一步描述其属性的次级指标,Φ 和 Δ 为其中不相交的次级指标子集,那么它们的聚中向量分别为:

$AV(\Phi) = (|\Phi|, T(\Phi), NA(\Phi), AD(\Phi)$ 和 $AV(\Delta) = (|\Delta|, T(\Delta), NA(\Delta), AD(\Delta))$,按照集合理论,它们的加法法则为:

$$AV(\Phi) + AV(\Delta) = (\Omega, T, NA, AD) \qquad (2-4)$$

其中,$\Omega = |\Phi| + |\Delta|$;$T = T(\Phi) \cap T(\Delta)$;

$$NA = \frac{NA(\Phi) \cup NA(\Delta) \cup T(\Phi) \cup T(\Delta)}{T(\Phi) \cap T(\Delta)};$$

$$AD = \frac{|NA|}{\Omega \times |T|}$$

在式(2-4)聚中向量加法基础上,进一步可以实现政府绩效评估指标设计中的同级指标可加性,也就是两个同级指标集合合并时具有可加性特征。

(3)政府绩效评估指标设计中的可加性实现。在政府绩效评估指标设计中,聚中向量的可加性为指标设计中同级指标中不同指标集合的合并、可加提供了现实基础,在此基础上,就可以解决指标设计中的可加性问题,从而使得指标设计研究流程更加完整和科学。具体实现过程如下:

在聚中向量可加基础上,我们假设在政府绩效评估指标设计中有 x 级指标,每级指标下面有 y 个进一步描述其属性的次级指标,Φ 和 Δ 为其中不相交的次级指标子集,Φ 和 Δ 合并后的次级指标集合为 $\Phi \cup \Delta$,这样,根据集合理论和聚类法则,就有 $AV(\Phi \cup \Delta) = AV(\Phi) + AV(\Delta)$ 可加性原则的存在,这很容易被证明:

因为次级指标集合 Φ 和 Δ 不相交,且其中的元素(更次一级指标)个数分别为 $|\Phi|$ 和 $|\Delta|$,所以次级指标集合 $\Phi \cup \Delta$ 中的元素(更次级指标)个数为 $|\Phi| + |\Delta|$,即 $|\Phi \cup \Delta| = |\Phi| + |\Delta| = \Omega$。在此基础上,只要证明 $T(\Phi \cup \Delta) \subseteq T(\Phi) \cap T(\Delta)$ 和 $T(\Phi \cup \Delta) \cup NA(\Phi \cup \Delta) = NA(\Phi) \cup NA(\Delta) \cup T(\Phi) \cup T(\Delta)$,就可以证明可加性特征。

首先,对于任意次级指标 $i \in T(\Phi \cup \Delta)$,集合 $\Phi \cup \Delta$ 中所有对象(更次级指标)

的第 i 个聚中值都是二态变量中的 1,因为 $\Phi\subseteq\Phi\cup\Delta$,所以次级指标集合 Φ 中所有对象(更次级指标)的第 i 个属性稀疏特征皆为 1,故 $i\in T(\Phi)$,因此得出:$T(\Phi\cup\Delta)\subseteq T(\Phi)\cap T(\Delta)$。另一方面,对于任意 $i\in T(\Phi)\cap T(\Delta)$,因为次级指标集合 Φ 中所有对象(更次级指标)的第 i 个聚中值都是 1,而且集合 Δ 中所有对象的第 i 个聚中值也都是 1,故 $i\in T(\Phi\cup\Delta)$,那么指标集合 $\Phi\cup\Delta$ 中所有更次级指标的第 i 个聚中值也一定皆为 1,即 $i\in T(\Phi\cup\Delta)$,所以 $T(\Phi)\cap T(\Delta)\subseteq T(\Phi\cup\Delta)$,这样也会有 $T(\Phi\cup\Delta)\subseteq T(\Phi)\cap T(\Delta)=T$。

其次,根据上文所述的聚中向量性质,$T(\Phi\cup\Delta)$ 同 $NA(\Phi\cup\Delta)$ 不相交,以 $NA(\Phi)\cup NA(\Delta)\cup T(\Phi)\cup T(\Delta)$ 为指标全集,则 $T(\Phi\cup\Delta)$ 同 $NA(\Phi\cup\Delta)$ 互为补集,这样便有 $NA(\Phi\cup\Delta)=\dfrac{NA(\Phi)\cup NA(\Delta)\cup T(\Phi)\cup T(\Delta)}{T(\Phi\cup\Delta)}$。又由于 $T(\Phi\cup\Delta)=T(\Phi)\cap T(\Delta)$,便有 $NA(\Phi\cup\Delta)=\dfrac{NA(\Phi)\cup NA(\Delta)\cup T(\Phi)\cup T(\Delta)}{T(\Phi)\cap T(\Delta)}=T$。根据政府绩效评估指标聚中度的定义及 $T(\Phi\cup\Delta)=T$,$NA(\Phi\cup\Delta)=T$,就有 $AD(\Phi\cup\Delta)=\dfrac{|NA(\Phi\cup\Delta)|}{|\Omega(\Phi\cup\Delta)|\times|T(\Phi\cup\Delta)|}=\dfrac{|NA|}{\Omega\times|T|}=AD$ 成立,根据前文聚中向量的特征,显然有:

$$AV(\Phi\cup\Delta)=(|\Phi\cup\Delta|,T(\Phi\cup\Delta),NA(\Phi\cup\Delta),AD(\Phi\cup\Delta))$$
$$=(\Omega,T,NA,AD)$$
$$=AV(\Phi)+AV(\Delta)$$

这就是海量数据挖掘中政府绩效评估指标设计中的同级指标可加性,它从理论上解决了指标的彼此相加问题,它表明,两个同级指标中不相交的次级指标集合合并时聚中向量具有可加性。根据指标聚中向量的这种可加性,可以解决同级政府绩效评估指标在实践中进行精确的加减计算的问题,得到运用绩效评估指标所评估出的最终绩效和,实现了理论与实践的紧密联系。而从指标设计本身来说,加和性保证了指标聚类时既可以降低数据存储量和计算量,同时又可以保证聚中度计算的精确性。

三、数据准备

在政府绩效评估指标设计中,数据准备阶段需要完成 5 个方面的工作。①进行挖掘任务廓清,要弄清楚数据挖掘的任务是进行赋权聚类的指标挖掘。②进行数据准备,了解政府绩效评估指标设计相关领域的有关情况,熟悉与挖掘任务有关的背景知识,比如,已经开发出来的各种指标体系,进一步细化挖掘任务。③进行数据选择,这需要根据任务要求从各种相关数据库、零散数据,如统计年鉴、已有各类零散指标、公民评议政府记录、网络民意记录群众上访记录、国外地方政府绩效评估指标体系之中提取与数据挖掘相关的数据，形成任务数据草库。④进行数据预处理，也就是对数据选择过程产生的地方政府绩效评估数据进行甄别和再加工，检查数据的完整性、数据的一致性，对明显有逻辑矛盾、记录错误、打印错误、输入错误、翻译错误、计算错误的噪音数据进行处理，对丢失的数据利用经验方法、统计方法进行填补，并能够根据挖掘任务，在不损害代表性、科学性的情况下对巨量数据进行尽可能的约简，使挖掘工作更高效。⑤开发数据仓库。按照上文对于数据挖掘步骤的总结，在数据预处理完成之后，需要开发数据仓库和数据集市，但鉴于数据集市是数据仓库中的"细库"，也就是对数据仓库的更进一步精确化，在地方政府绩效评估指标设计中，这两步可以合并为开发数据仓库一个步骤，在开发过程中，可以尽量将数据仓库开发得精确一些，从而使其达到数据集市的效果。在具体做法上，可以通过清理、清洗目前与地方政府相关的各种数据，包括国家统计年鉴、地方统计年鉴、部门统计年鉴、政府台账、政府办公日志、群众投诉记录、上访记录、政府网站资料等，建立地方政府绩效数据仓库。

四、挖掘模式选择

假设建立的数据仓库中的变量数目为 n，绩效指标样本总数为 m（由于本研究的聚类分析中需要将样本分成 2 个子样本，因而我们选取 m 为偶数），即有某个可测指标数据样本 $I^T = (i_1, i_2, i_3 \cdots, i_t)$（$I$ 指 Index，即指标），其中，$i_t = (i_{t1}, i_{t2}, \cdots, i_{tn})$。可写出样本矩阵为：

$$I = \begin{bmatrix} i_{11} & i_{12} & \cdots & i_{1n} \\ i_{21} & i_{22} & \cdots & i_{2n} \\ \cdots & \cdots & \cdots & \cdots \\ i_{m1} & i_{m2} & \cdots & i_{mn} \end{bmatrix}_{m \times n}$$

由于变量之间量纲和数量级可能不同，应对初始数据进行变换，这可以根据上文所述的运用二态变量实现海量数据可加性，从而进行指标挖掘的做法进行处理。经过处理之后的数据样本仍然为 I，确定指标 i_x 与 i_y 的距离 D。若把任何两个对象的距离都算出来，可排成如下的矩阵：

$$D = \begin{bmatrix} d_{11} & d_{12} & \cdots & d_{1m} \\ d_{21} & d_{22} & \cdots & d_{2m} \\ \cdots & \cdots & \cdots & \cdots \\ d_{m1} & d_{m2} & \cdots & d_{mm} \end{bmatrix}$$

其中，$d_{11} = d_{22} = \cdots d_{mm} = 0$。$D$ 是一个实对称阵，这样，利用人工神经网络即可

以进行聚类挖掘。①

五、挖掘工具选择

在地方政府绩效评估指标设计中,可以采用人工神经网络来进行聚类挖掘。人工神经网络通过不断学习,能够从未知模式的大量的复杂数据中发现其规律,能够从数据样本中自动学习以前的经验,不需要繁复的查询和表述过程,并且能够自动地逼近那些最佳刻画了样本数据规律的函数,不论这些函数具有怎样的形式。在聚类分析方面,人工神经网络能够自优化级别并确定权重。对于那些影响因素越复杂,非线性程度越高的情况,人工神经网络的这种优势越明显。本研究拟根据人工神经网络的思想精髓,利用 RBF 人工神经网络挖掘技术进行指标数据挖掘。

六、"过拟合"处理

由于人工神经网络特有的"神经过敏"问题,因而在指标挖掘的过程中会将许多本来不该确定为"1"的指标按照"1"来聚类,这样就会产生在同一个指标级别中夹杂着许多"异类"指标的问题,于是就需要将其剔除,用数据挖掘的术语来说,就是"正则化",就是将"歪"的都消除掉的意思。本研究根据人工神经网络是"软"聚类的特征,采用了 BIRCH 分层聚类的"硬"聚类技术来对其进行两次分层聚类,从而硬化它的软问题,消除"过度包装"的指标,去除指标中的"噪音",从而分层赋权聚类出三级指标体系。通过"过拟合"处理之后便可以最终挖掘出一套政府绩效评估指标体系。②

---

①本书根据研究需要,采用的是 RBF 人工神经网络,后文会详细介绍。
②三、四、五、六的内容在第五章将会详细阐述,此处从略。

第三章　地方政府绩效评估指标数据仓库构建路径

在第二章的"数据准备"阶段已经提及,在解决了指标设计中的可加性问题之后,需要准备数据构建数据仓库,本章是在此基础上的展开和丰富,进一步解决数据挖掘的"库"问题,并为第四章构建苏州、南京、盐城、徐州四市的绩效评估指标数据仓库打下理论基础。

第一节　数据仓库

作为商务智能三大核心技术的数据仓库起源于处理日常业务的数据库。尽管传统数据库在日常的业务处理中取得了巨大的成功,但是随着信息量的激增,它却越来越不能满足管理人员的决策分析要求了。因为,管理人员常常希望能通过对组织中的大量数据进行深入分析,了解各种业务发展趋势、各种信息内部之间的深层次关系、人员与组织目标的匹配情况等。传统的数据库只保留了当前的业务处理信息,缺乏决策分析所需的大量历史信息。为了满足各种组织的管理人员的决策分析需求,在数据库的基础上产生了适应决策分析的数据仓库,它是管理者进一步进行深层分析——数据挖掘的载体。综合陈京民(2007)[1]、周丽娟(2004)[2]、韩秋明、李微、李华锋等(2009)[3]、苏新宁等(2006)[4]、陈湘涛(2004)[5]、李泽海(2005)[6]等人的研究来看,数据仓库是在对传统数据库的扬弃的基础上发展起来的。

①陈京民.数据仓库与数据挖掘技术[M].北京:电子工业出版社,2007:7-19.

②周丽娟.数据仓库中实视图的选择与维护技术的研究[D].哈尔滨工程大学博士学位论文,2004.

③韩秋明,李微,李华锋.数据挖掘技术应用实例[M].北京:机械工业出版社,2009:12-13.

④苏新宁等.数据仓库和数据挖掘[M].北京:清华大学出版社,2006:16-17.

⑤陈湘涛.数据仓库与数据挖掘技术在新型铝电解控制系统中的应用研究[D].中南大学博士学位论文,2004.

⑥李泽海.数据仓库中多维数据处理与查询相关技术的研究[D].吉林大学博士学位论文,2005.

一、数据仓库的概念

数据仓库产品最初是以"企业数据库"的概念出现的,企业的所有数据都按条目以统一的数据格式保存,并被所有用户和应用程序共享。因此,IBM 公司在 20 世纪 80 年代首先提出"信息仓库"的概念,其含义是指一种从实际系统中提炼,并专门为支持信息处理而设计的数据库[1][2][3]。之后,随着信息业的发展和对数据库研究的深入,Devlin 第一次提出了"数据仓库(DataWarehouse,DW)"这一术语[4],但公认的"数据仓库之父"却是 Prism Solutions 公司副总裁,美国著名工程学家 Inmon 博士,他在 1992 年出版的《建立数据仓库》(*Building the Data Warehouse*)一书中提出:"数据仓库是支持管理决策过程的、面向主题的、集成的、稳定的、随时间不断变化的数据集合"[5]随着时间的推移,"数据仓库"这一术语逐渐为世人所接受。数据仓库逐渐走向前台,成为信息科学、控制科学、决策科学、营销科学等不同学科的前沿、热点研究领域。据马刚博士(2000)统计,在 1997 年,"数据仓库"就已经成为了我国计算机系统领域最热门的两个词汇了;1999 年美国《财富》杂志所统计的世界 2000 家商务公司中,已有 90% 应用数据仓库。[6]

确切地讲,数据仓库这一概念起源于 20 世纪 80 年代初期。Inmon 曾在《记录系统》(*Record System*)、《原子数据》(*Atomic Data*)和《决策支持数据库》(*Decision Support Database*)等论文中提出数据仓库的概念,他认为,"数据仓库是一个面向主题的、集成的、时变的、非易失的数据集合,支持管理部门的决策过程"。[7] 比 Inmon 稍晚,Hubel(1986)[8]、Devilin 和 Murphy(1988)[9]又在 *Data Base and Data Warehousing Concept* 和 *An Architecture for A Business and Information System* 两篇论文中对数据仓库概念进行了进一步的阐释。总体来看,目前,代表性的概念主要有以下几个:

最经典的,也是公认度最高的是"数据仓库之父"Inmon 在《建立数据仓库》一

①IBM Corporation. Information Warehouse:An Introduction. IBM Document Order Number:GC26－4876.

②IBM White Paper. IBM Information Warehouse Solution:A Data Warehouse－Plus.

③IBM Corporation. Information Warehouse:Architecture I. IBM Document Order Number:SC26－3244.

④周丽娟. 数据仓库中实视图的选择与维护技术的研究[D]. 哈尔滨工程大学博士学位论文,2004.

⑤W. H. Inmon. *Building the Data Warehouse*. John Wiley & Sons, Inec.,1993.

⑥马刚. 采用数据仓库技术实现贷款管理 DSS[D]. 大连理工大学博士学位论文,2000.

⑦总结自 W. H. Immon. Dawn of A New Age:*Why Is Everyone Building A Datahouse*?. Database Programming and Design,1992:Dec.

⑧M. Ester, H. P. Kriegel. Knowledge Discovery In Large Spatial Databases:Focusing Techniques for Efficient Class Identification. *Proc. 4th In Int. Symp*. Large Spatial databases(SSD'95),1995:67－82.

⑨B. A. Devlin, P. T. Murphy. An Architecture for a Business and Information System. *IBM Systems Journal*. Volume 27, No. 1, 1988. http://www.research.ibm.com/journal/sj/271/ibmsj2701G.pdf.

书中定义了数据仓库的概念,又给出的更为精确的定义:数据仓库是在企业管理和决策中面向主题的、集成的、与时间相关的、不可修改的数据集合。实际上,包括Inmon在内的所有数据仓库的先驱和研究的领先者主要都是一些IT公司的管理人员或者研发人员,他们的贡献经常以组织法人的方式出现,这些组织法人(公司)也提出了一系列关于"数据仓库"的概念。Informix认为,所谓数据仓库,就是把分布在企业网络中不同信息岛上的商业数据集成到一起,存储在一个单一的集成关系型数据库中。利用这种集成信息,可方便用户对信息的访问,更可使决策人员对一段时间内的历史数据进行分析,研究事务发展趋势。[①] SSC公司则认为,数据仓库是一种可扩展的结构化数据环境,用于分析不再变化的数据,这些数据来自与企业有关的各种信息,经过逻辑上或物理上的转换后,能够保持很长时间,具有简单的事务表示形式以及快速分析汇总功能。[②] 著名的SAS公司的软件研究所提出,数据仓库是一种管理技术,旨在通过通畅、合理、全面的信息管理,达到有效的决策支持。[③]

从这些最具有影响力的概念来看,它们都强调了数据挖掘的方法论性质。正如王文铭(2000)博士所指出的,"数据仓库不是一种现成的软件或硬件产品,而应该称之为一种解决方案,它以传统的关系数据库和并行分布处理技术为基础,目的是对企业中存在的大量原始操作数据进行各种处理并转换成有用的信息,用户通过分析这些信息从而做出策略性的决策"[④]。结合已有研究的界定,并将其从企业组织推广到所有类型的组织,数据仓库可以界定为各类组织在管理和决策中搜集、整理、创建的面向主题的、集成的、与时间相关的、不可修改的数据集合。数据仓库中的数据可以来自组织的方方面面,包括现用数据库、应用程序以及外部环境;数据类型既可包括传统意义的数据,又可包括文本信息和声音、图像等多媒体信息,本书将要构建的数据仓库就包括与四市政府绩效评估相关的各种数据。

二、数据仓库的特征

数据仓库作为传统数据库的继承、发展物,首先它当然具备传统数据库的共享性、完整性、数据独立性,在笔者看来,这不能算做是数据仓库的"独特个性",真正属于数据仓库的特征可以从两方面来理解,其一为较为公认的数据仓库自身的概

---

①White Paper. Data Warehousing for Enterprisewide Decision making. Informix Software, Inc.. Document Identification Number 000 - 20716 - 70.

②V. R. Gupta. An Introduction to Data Warehousing, System Services Corporation White Paper, August 1997.

③B. Brown. Building a Data Warehouse for User Data Access and Reporting. SAS Institute White Paper, April 1995.

④王文铭. 基于数据仓库的矿山企业信息系统及其应用研究[D]. 东北大学博士学位论文,2000.

括性特征;其二为本书结合已有研究自己总结的数据仓库相对于传统数据库(事务处理数据库)的特征。

从我们查阅的涉及数据仓库研究的28篇博士学位论文、266篇硕士学位论文和6071篇[①]期刊论文来看,它们对于数据仓库特征的概括几乎都沿用了Inmon博士的经典性说法,本书也以它为蓝本,同时结合其他各种说法以及笔者的研究发现,将数据仓库的概括性特征总结为SMITE特征:S性特征,即面向主题性(Subject – oriented);M性特征,即多维性(Multi – dimension);I性特征,即集成性(Integration);T性特征,即时变性、历史性(Time – variant);E性特征,即稳定性(Ever – lasting),这是不同于已有研究的一种概括方式。

按照李学锋博士(2005)[②]、韩秋明、李微、李华锋(2009)[③]、苏新宁等(2006)[④],陈安(2006)等[⑤]、陈细谦(2005)[⑥]等人的总结,数据仓库与传统数据库的比较特征有多方面不同,笔者综合各种说法,结合自己的研究发现,将其总结为表3 – 1。表3 – 1也可以从一个侧面说明,本书构建四市的绩效评估指标数据仓库更有利于挖掘一套较为科学的绩效评估指标体系。

表3 –1 数据仓库较之于传统数据库的特征

编号	比较内容	数据库	数据仓库
1	总体特征	围绕高效的事务处理展开	以提供决策支持为目标
2	数据内容	当前值	历史的、归纳的、计算的数据
3	面向用户	普通的业务处理人员	高级的决策管理人员
4	数据目标	面向业务操作程序、注重事实性	面向主题域、面向分析应用
5	数据特征	动态更新、按字段变化	不能直接更新,只能定时添加、更新
6	数据结构	高度结构化,结构复杂,适合操作计算	简单、清晰,适合分析
7	使用频率	较高	相对较低
8	数据访问量	只访问少量记录	有可能需要访问大量记录
9	响应要求	要求很高的实时性(秒级)	对实时性要求不高
10	汇总情况	原始数据,不做汇总	多层次汇总、数据细节有损失

①检索时间为2009年8月17日下午4点32分。
②李学锋. 矿山企业数据仓库的应用研究[D]. 昆明理工大学博士学位论文,2005.
③韩秋明,李微,李华锋. 数据挖掘技术应用实例[M]. 北京:机械工业出版社,2009:12 – 13.
④苏新宁等. 数据仓库和数据挖掘[M]. 北京:清华大学出版社,2006:16 – 17.
⑤陈安. 数据挖掘技术及应用[M]. 北京:科学出版社,2006:18 – 19.
⑥陈细谦. 空间数据仓库关键技术的研究与实现[D]. 大连理工大学博士学位论文,2005.

11	视图情况	视图简单、内容详细	多维视图,概括性强
12	操作方式	数据库在主键上得散列/索引	大量的扫描
13	访问特征	读取/写入并重	以读取为主,较少写入
14	数据规模	较小(100MB－1GB 量级)	较大(10GB 量级以上)
15	数据模型	关系的、层次的或索引的	关系的/多维的
16	负载程度	事务处理量大,但每次操作数据量少	查询量少,但每次查询操作的数据量大
17	事务输出量	一般很少	可能非常大
18	操作需求	事先可知道	事先不知道
19	更新频度	非常频繁	几乎不更新
20	操作过程	面向应用的事务驱动	面相分析的分析驱动
21	数据性质	原始数据	导出数据
22	数据层次	细节型数据	综合型、提炼型数据
23	操作强度	每个时刻操作一个单元	每个时刻操作一个集合

三、数据仓库的功用

数据仓库作为为数据挖掘准备好了数据来源的平台,它在数据挖掘和联机分析中扮演着重要的角色,笔者将其主要功用概括为如下几点:

第一,数据仓库凝练了组织的信息方向。数据仓库通过 S 性、I 性将各种分散的信息、数据和原来各种分散的数据库按照主题整合成为了新的数据仓库,在整合过程中,往往要通过标准化、归一化等方式实现各种信息和数据的口径统一并使其具有可加性,这样,就使得数据仓库提供了标准的文件、资料、报表和图表功能,尽管其中的数据来源于不同的多个原有数据库或者零散数据,但是它们却是凝练了整个组织各种管理主题的文件、资料、报表和图表,这使得组织中的信息凝练、聚焦到了组织所必须关心的主题上面。

第二,数据仓库支持了组织的多向度决策。数据仓库的 M 性保证了组织中的数据库提供了不同维度的数据,这为组织进行多向度(Multi - orintation)决策提供了物质支持。多向度分析功能使得组织中的决策者可以通过把一个实体的多项重要的属性定义为多个向度(如企业可以定位为顾客、采购商、所在地方的相关政府部门等多种向度,政府可以定位为市民、上级政府、内部公务员、平面媒体、电子媒体等多种向度),然后根据不同向度的不同信息、特征、诉求来汇总数据集,这样,就简化了数据的分析处理逻辑,并能对不同向度的数据进行比较。

第三,数据仓库联通了组织中的"信息孤岛"。在传统的数据库思想影响下,各种组织的数据查询和分析局限于计算站内的小型数据库,而这些数据库大多是孤立的数据库,很少提供联机处理功能,数据只能存储在控制系统工作的接口机中。这种计算模式,产生了自动化孤岛,所有的数据查询、报表管理、图形分析、参数修改等操作,都必须在接口机上进行。决策者、管理员等需要了解详细信息时,不得不分别操作,这就形成了"信息孤岛"。此外,在数据库分离的基础上,还存在着分离的数据库中的数据存储方式、存储口径、存储单位五花八门的问题,在不同数据库的数据之间,甚至在相同的数据库中的数据之间形成了多种"隔离墙",形成了数据间的"信息孤岛"。数据仓库通过 SMITE 的五性解决了这些难题,使得数据仓库中的数据口径一致,甚至达到了标准化的地步。在不同的数据库之间、不同的存储机之间都形成了联库、联机处理,较好地解决了"信息孤岛"的难题。

第四,数据仓库为组织数据挖掘奠定了基础。尽管已有的不少研究在探讨数据仓库与数据挖掘的关系时并未严格区分两者的区别,甚至认为数据仓库(DW)、数据挖掘(DM)和联机分析(OLAP)没有本质区别,在广泛意义上都属于"数据挖掘"或者"联机分析",但是,笔者在研究已有文献,同时在构思本课题研究中发现,实际上三者还是有明显区别的,对于联机分析本书并不研究,此处暂且不论,就数据仓库和数据挖掘来说,实际上区别很明显。从流程的继起关系来说,数据仓库是将各种传统的数据库、各种零散数据、各种潜在的信息通过主题聚焦、标准化、归一化等方式开发为面向主题的、集中的、稳定的、随时间不断变化的管理决策数据集合,它本身还不是数据挖掘,仅仅是"有向数据",它能发挥多大价值,还需要通过数据挖掘来实现;而数据挖掘也就是在已有数据仓库的基础上,利用各种数据挖掘技术来发掘数据仓库中的数据所隐含的知识、规则、模式等,因此,数据仓库实际上是为数据挖掘提供了基础。可以说,"库之不存,挖将焉附",正是在这个意义上,本书将政府绩效评估数据仓库的构建作为研究的一个重点、难点来深入展开。

四、数据仓库的内容结构

作为组织实施决策的支持工具,数据仓库的内容结构在理论上并没有固定的、严格的规定,而是随组织规模、决策类型、数据特点的不同而改变。尽管如此,但对于着眼于体系部件功能的"三层结构"理论却基本上取得了广泛的认可,只是人们尚对三层的名称稍有争议。著名的数据挖掘理论家 Jiawei Han 和 Kamber 认为,三层的内容是指仓库数据库服务器层、OLAP 服务器层和客户层,但是有的数据挖掘大师,如 Hugh 与 Watson 则认为,数据仓库的三层是指数据与数据管理软件层、数据仓库层以及决策支持引擎/客户端层等。尽管说法看似不同,但实际上这些说法只是对三层究竟如何命名有分歧,对于三层中所应该包含的内容并无大的冲突,从各层的功能来分析,三个层次从低到高分为数据获取管理层、数据存储层、数据分析/应用层,笔者将其简单命名为输入层、构建层和输出层,如图 3-1 所示。

1. 输入层

输入层就是将各种数据输入,以便构建数据仓库的基层,它处于数据仓库内容结构的最基层。

数据仓库中保存的业务数据内容来自多个数据源,它们既有目前已经存在的各种传统数据库中的数据,也有各种分散的、零散的记录在各种纸质材料、电子材料上的数据。这些数据源提供的数据并非都是理想状态,存在各种缺陷,必须经过适当的处理后,才能导入数据仓库;同时,对于数据仓库所存储的内容,也必须进行维护,以保护系统的正常运行,这些都属于输入层所需要完成的任务。归纳起来,该层主要负责以下工作:

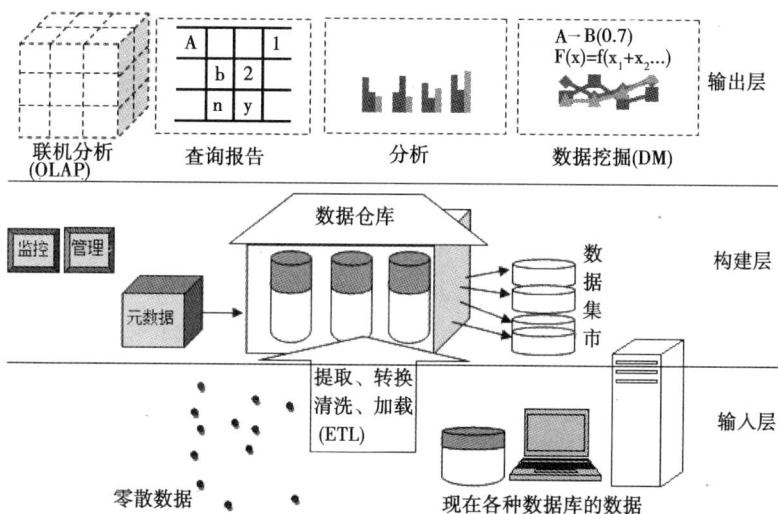

图 3-1 数据仓库的内容结构

第一,数据仓库的定义与修改。定义数据仓库的数据来源、数据的组织方式,并根据决策的需要与环境的变化对这些内容进行修改,同时对数据仓库的元数据进行管理。

第二,数据的获取。根据已制定的规则,定期从指定的数据源中抽取源数据,并按规则对数据进行清洗、转换和集成,对数据仓库的内容定期进行校验和清理,核查数据的完整性和有效性,处理因数据追加所造成的数据不一致现象,并清除失效数据。

第三,数据仓库系统的管理。根据既定的规则和实际工作情况,实施数据仓库的维护、安全管理、备份、恢复和日志记录等工作。

输入层在完成这三个步骤之后,还有一个重要的过渡性步骤,就是连接起输入层与构建层,它就是著名的 ETL,即数据抽取(Extract)、转换(Transfrom)和加载(Load)。通过 ETL,就进入了构建层。

总体来说,输入层对于保证数据仓库的安全性、稳定性和有效性而言,具有十分重要的作用,但该层并不面向数据仓库的一般用户,其使用者是数据仓库的设计者和维护者。该层功能的实现,可以采用专门设计程序的方法,也可以部分借用一些通用的工具来完成。

2. 构建层

对于数据仓库的从业者来说,构建层是数据仓库的核心工作,它是数据仓库的主体,需要对输入层输入的各种数据进行适合数据仓库逻辑的构建,这包括三部分:其一是对从外部数据源抽取的零散数据、已有数据库的数据进行清洗、转换处理,并按主题组织存放的业务数据;其二是对数据仓库的元数据进行梳理;其三是针对不同的数据挖掘和分析主题构建生成数据集市。

对于不同规模和应用目的的数据仓库而言,数据仓库构建层的构造方式不尽相同。但无论如何,都是为了满足数据仓库用户的灵活性和高效性的要求的。为了兼顾这两点,数据仓库发展的趋势是倾向于在构建层中设置元数据和数据集市。

元数据在我们身边是很常见的,如传统的图书馆目录卡片、案卷目录、图书的版权说明、磁盘的标签,以及人名册、记账本、药典等都是种种元数据的表现形式。数据仓库中的元数据也类同于日常生活中的这些元数据。数据仓库中的数据容量巨大,尽管其具有面向主题性,但任何主题都可以细分为更多的次级主题,进而还可以继续细分到更细小的层级;为了使用户能够快速、全面、准确地使用资源,以促进数据资源的共享、交换和整合,促进数据资源的有效利用,在数据仓库的构建层中就很有必要建立一个目录式的"元数据"集,它描述了数据的结构、内容、码和索引等内容,它的内容比传统的数据库中的数据字典更丰富,更复杂。构建层的元数据主要应用于数据仓库内的数据编目、资源描述、资源标识等。在构建层中,元数据的内容主要有对数据仓库中数据的描述、显示程序员和决策支持系统的分析员所熟知的数据结构、显示数据仓库的数据源、数据加入数据仓库时的转换原则、数据质量信息、实体属性信息、数据模型、数据模型和数据仓库的关系、ETL 的历史记录等。

为了使得数据仓库中的数据有更明确的次级主题,数据仓库构建层中也经常开发数据集市。这源于两种缘由:首先,由于数据仓库是面向全局的,需要容纳各种不同来源、不同结构、不同部门的数据,在设计数据仓库时必须考虑到全局的功能需求,因而建立数据仓库的数据覆盖范围和构建成本常常是很巨大的,而且建设周期会非常长,这对于公共组织、小型企业来说往往是很难接受的,因此它们期待出现一种可以在部门级应用,支持决策分析的"小数据仓库"。其次,数据仓库主要负责获取并存储分析所需的数据,但是每个组织的每个部门的业务情况各不相同,分析的目标不同,所需要的数据也就会不同,而且进行分析所需要的数据往往较稳定,如果每个部门为了自己做分析每次都从中央数据仓库中取得数据,那么时间、精力等代价会很大,也会造成数据仓库不堪重负,为了满足部门级的数据分析需求,数据集市应运而生。一般来说,一个数据集市是按照某一特定部门的决策支持需求而组织起来的、针对一组主题的应用系统。例如,各类组织中的财务部拥有自己的数据集市,用来进行财务方面的报表和分析;企业中的市场销售部也拥有自己的数据集市,用来为本部门的决策支持提供辅助手段。总体来看,数据集市建立在统一数据存储模型的数据仓库上,各级业务人员按照各部门特定的需求把数据进行复制、处理、加工,并最终统一展现为有部门特点的数据集合,数据集市的应用是对数据仓库应用的补充;在数据仓库的构建层中,数据集市并非仅仅是简单的、以满足部门级需求而构建的简单数据集合,而是数据仓库的一个子集,它与数据仓库所服务的某个主题相对应,是数据仓库中针对该主题的数据在逻辑上或物理上的分离。包含有数据集市的数据仓库,在处理针对某个特定主题的查询时,只需在对应的数据集市中检索,而不必检索整个数据仓库,这样可以明显提高系统的使用性能。

3. 输出层

输出层是大多数人所能直观接触到的数据仓库的唯一层级,因此在大多数非专业人士眼里,"数据仓库"无疑就是输出层。它是面向系统的一般用户层,满足用户查询需要,并以适当的方式向用户展示查询、分析的结果。输出层主要包括如下功能:

第一,查询/统计服务。为用户提供常规的查询检索、简单统计和报表等服务,这是数据仓库最基本的功能,可以说,在这项功能上,数据仓库与数据库的区别不大。

第二,联机分析(OLAP)服务。对于以多维数据库方式进行数据组织的数据仓库,OLAP 是一种极为有效的分析方法,它通过上卷、下钻、切片、切块和旋转等操作,对多维数据库进行深入的分析。

第三,数据挖掘服务。数据挖掘服务是数据仓库系统的一种深层次应用,它是从大量的、不完全的、有噪声的、模糊的、随机的数据中,提取出隐含在其中的,不为人们所知的,但又是十分有用的信息和知识的过程,按 Jiawei Han 和 Micheline Kamber 的说法,就是从大量数据中"挖掘"出知识的过程。本书就是利用数据挖掘功能挖掘我国地方政府绩效评估指标体系的研究。

第二节　数据仓库构造过程与软件的选取

　　构造一个完善的数据仓库,是一个十分复杂的过程。设计者不仅需要高超的专业水平和编程能力,还应对所涉及的行业有深入的了解。自从数据挖掘、数据仓库技术逐渐走向成熟之后,各种数据挖掘与数据仓库构建软件竞相上市,有了这些软件,就不需要每个人都像数据系统工程师一样去自己开发数据仓库的模型、算法、结构了。人们只要根据自己的数据挖掘任务和数据仓库构建的过程,选用合适的数据挖掘软件即可完成自己的数据仓库构建使命。

一、数据仓库的构造过程

　　构造完善的数据仓库是一个十分复杂的过程。从数据的获取、清洗、组织、存储、管理方法,到为满足决策要求而必须实施的操作流程与分析算法,都应进行全面的、妥善的规划设计。一般而言,构造过程根据数据仓库中构建数据集市的向上和向下顺序可以分为自顶向下、自底向上、平行开发三种模式。[①]

　　1. 自顶向下模式

　　自顶向下模式最早由 Inmon 提出,是一种由整体到局部、逐步细化的构造模式。在这种数据仓库构造过程中,首先需要对分散在各业务数据库中的数据的特征进行分析,然后实施数据仓库的总体设计和规划,准备元数据,随后,对源自外部的数据进行 ETL 处理,并将处理后的数据导入数据仓库,元数据也同时导入,从而建立起一个完整的数据仓库。在数据仓库内,进一步(向下)建立起了针对各主题的数据集市,以满足决策的需求(见图 3-2)的模式。

　　以自顶向下模式建立的数据仓库中,数据集市是数据仓库的真子集,数据由数据仓库流向数据集市,这也是"自顶向下"说法的源头。自顶向下的设计过程直观,概念清晰,易于理解,只要对外部数据源和所支持的决策目标有较深的理解,保证各数据集市都是数据仓库的真子集,就可以完全消除信息之间的"蛛网"现象。这种模式的不足之处在于,它要求设计者对业务有深入的理解,系统设计规模偏大,实施周期较长。

---

　　①尽管学界还有其他分法,但笔者以为都是对这三种模式的具体化或者细化,并不能算新模式。需要说明的是,本部分参阅并吸收了苏新宁等人(2006)的说法。

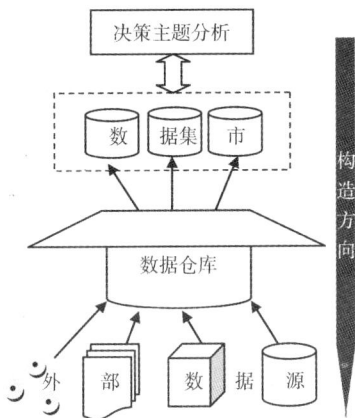

图 3-2　自顶向下模式

2. 自底向上模式

一般组织在构建数据库的过程中,准备的数据规模往往偏小,决策目标也不甚清晰,甚至模糊;同时,也抱有很强的功利幻想,力图能够使数据仓库在数据偏小、决策目标不清楚的情况下仍然较快地发挥作用,产生效益。在这种情况下,自顶向下的模式显得勉为其难,于是便有了自底向上模式,如图 3-3 所示。

和自顶向下模式相反,自底向上模式的设计思路是先具体,后综合。首先需要将组织内各部门的要求看做分解后的决策子目标,并针对这些子目标建立起各自的数据集市,从而获得最快的回报。在此基础上,对系统不断进行扩充,逐步形成完善的数据仓库,以实现对组织决策的支持。数据集市由于结构简单,数据的综合度较低,因而不需要准备创建数据仓库所必需的元数据部件。正是由于先有"底层"的数据库,然后才有数据仓库,因而这种模式便被命名为"自底向上"模式。

采用自底向上模式建立灵敏数据仓库,具有投资小、见效快的特点。由于部门级的数据结构简单,决策需求明确,因而易于实现。但是,由于数据集市缺少元数据,因而最终构造数据仓库的过程具有相当的难度,并有可能影响数据仓库整体结构的合理性以及系统的运行效率。本研究所构建的苏州、南京、盐城、徐州四市政府绩效评估指标数据仓库就采用了自底向上的模式。

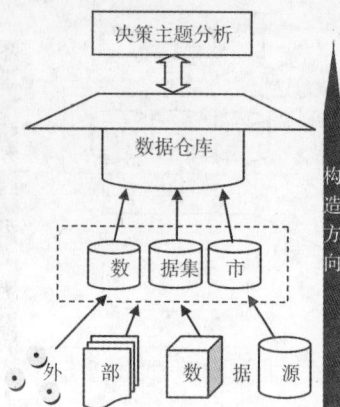

图 3-3   自底向上模式

3. 平行开发模式

平行开发模式,又称特定组织级数据集市模式,是指在同一个系统模型的指导下,在建立数据仓库的同时,平行地建立起若干数据集市。这种模式是在自顶向下模式的基础上(见图 3-4),吸收了自底向上模式的优点发展而成的,我们甚至可以认为它是两种模式的有机结合。

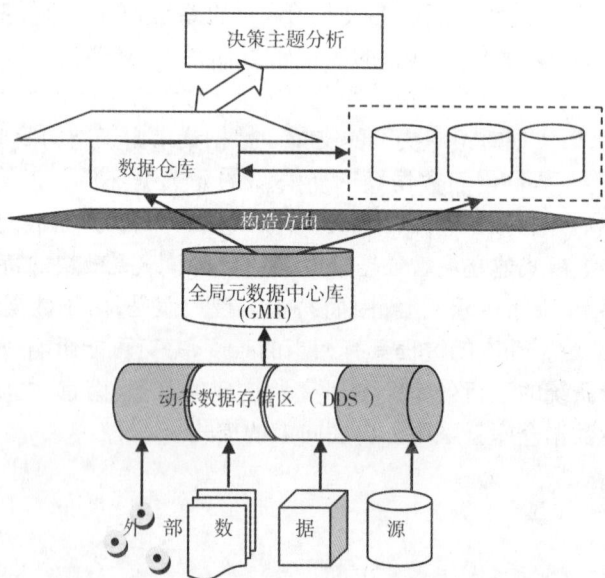

图 3-4   平行开发模式

在平行开发模式中,数据仓库和数据集市遵从统一的数据模型指导,它们同时建立,这就是"平行"的含义。通过这样的构建方式,就可以避免建立相互独立的数据集市时所难以避免的盲目性,有效减少数据的不一致和冗余。这种模式的核心有两部分:其一是统一的"全局元数据中心库"(GMR),用以记录数据仓库的主题域、通用维、业务规则和其他各种元数据;其二是"动态数据存储区"(DDS),用于存储从外部数据源中抽取的数据,并为进一步处理做准备。GMR 和 DDS 不是一成不变的,它们都随着外部数据源以及决策需求的变化而改变。

二、数据仓库软件选择

由于目前已经开发了各种构建数据仓库的应用软件,再不需要像先驱者那样自己构造模型、发掘算法等才能进行输入。本研究采用了微软公司开发的集数据库管理、数据仓库与数据挖掘于一身的 Microsoft SQL 2005 软件进行输入、构建、挖掘。之所以选择 Microsoft SQL 2005 软件,是基于 SQL 的发展历程与 Microsoft SQL 2005 的各种优点与特性而定。

1. 从 SQL 到 Microsoft SQL 2005

Microsoft SQL 是从 SQL 发展而来,甚至可以说是 SQL 的一种较为有效的软件系统,因此,需要从 SQL 的发展简史追述,方能理解 Microsoft SQL 和 Microsoft SQL 2005。

SQL 的历史是与关系数据库的历史并行的。1969 年,Edar F. Codd 博士发表了一篇题为"Derivability, Redundancy, and Consistency of Relations Stored in Large Data Banks"的 IBM 公司的调查报告。这篇调查报告描述了一种使用关系表构造数据库的方法,它和当时数据库中采用的平面文件方法有很大不同。IBM 公司严格限制此文用于内部交流,因此没有引起广泛传阅。1970 年,Codd 对一些概念做了重要修正,并在 *Association of Computer Machinery* 杂志上发表了题为"*A Relational Model of Data for Large Shared Data Banks*"的论文。1974 年,Codd 的理论被应用到了一个名为 System R 的原型关系数据库管理系统(RDBMS)之中。1976 年 11 月,在 *IBM Journal of R & D* 刊登了一篇介绍"Structured English Query Language"(SQL,结构化查询语言)的论文,鉴于 SQL 发音为"Sequel"或者"S－Q－L",至此,"结构化查询语言"逐渐以"Sequel"和"S－Q－L"名世。SQL 的第一个可用的商业版本是 Oracle 公司(当时名称是 Relational Software 公司)在 1979 年发布的。1986 年,美国国家标准化组织(ANSI)介入其中,它发表了正式的 SQL 标准,编号为 AN-SIX3.135－1986。一年后,国际标准化组织(ISO)获得这个标准并发布,命名为 ISO9075－1987。这个规范在 1992 年、1999 年和 2001 年得到扩充。目前,这个规范分为九个部分,分别名为 ANSI/ISO/IEC9075 至 9075－9－2001,在 www. iso. org

中可以获得相关信息。[①]

简而言之,经过 ISO 组织确认、推广的 SQL 是一个查询数据库的业界标准语言,很多数据库公司都根据自己的需要进行适当的修改,但是核心的 SQL 功能基本没变。对于经常使用数据库的人来说,SQL 是一个通用的和必需的工具。

Microsoft SQL Server 起源于 Sybase SQL Server,它的第一个版本产生于 1988 年,这个版本主要是为 OS/2 平台设计的。Microsoft 公司于 1992 年将 SQL Server 移植到了 Windows NT 平台上。Microsoft 为自己的操作系统开发的 SQL Server 与相应的操作系统之间紧密结合,并且很快获得了巨大成功,逐渐成为了数据库管理方面的主流产品之一。与此同时,微软公司在 SQL Server 7.0 版本中所做的数据存储和数据库引擎方面的根本性改变,更加确立了 SQL Server 在数据库管理工具中的主导地位。Microsoft 公司于 2000 年 9 月发布了 SQL Server 2000,其中包括企业版、标准版、开发板、个人版 4 个版本。SQL Server 2000 在 SQL Server7.0 基础上在数据库性能、数据可靠性、易用性方面做了重大改进。[②] 在 SQL Server 2000 已经具备了一些数据仓库功能、数据挖掘功能的基础上,微软公司于 2005 年 12 月 2 日发布了新一代企业级应用平台 Microsoft SQL 2005、Visual Studio 2005。

在 Microsoft SQL 2005 中,SQL Server 2005 Analysis Services(SSAS)可以很方便地创建复杂的数据挖掘解决方案。SSAS 工具提供了设计、创建和管理数据挖掘模型的功能,并且使客户端能够访问数据及挖掘数据。与 Microsoft SQL 2005 集成为一体的 Business Intelligence Development Studio(BIDS)是进行结果语言查询数据挖掘(SQL Server Data Mining)的工作环境。这个环境整合在微软公司的 Visual Studio(VS)里面,用以提供商业信息运作的完整开发经验。在 Visual Studio 里提供了一套商业信息解决方案,数据挖掘方案只是整套解决方案中的一部分。这样,BIDS 便具备了强大的数据挖掘功能。比如,一个数据库管理员(DBA)可以创建一个 Intergration Services 方案,用来从 OLTP(联机事务处理)系统中提取数据,并将其转换为适合数据挖掘的形式;一个分析员可以创建一个 Analysis Services 方案,用来浏览并检查前面梳理的数据模型;一个开发人员可以创建一个 Web 服务和一个网站,把这些模型嵌入终端用户的应用程序,将这些服务商业化。用于解决这些协同性工作所使用的这些方案都能够包含在一个单独的解决方案中。

正是由于我们掌握了结构化查询语言(SQL)查询理论的发展演变以及与之相

---

①A. Christopher, C. Simon, A. C. Catherine. 关系数据库和 SQL 编程[M]. 皮人杰等译. 北京:清华大学出版社,2005:1-5.

②王欣,徐腾飞,唐连章等. SQL Server 2005 数据挖掘实例分析[M]. 北京:中国水利水电出版社,2009:37-60.

应的应用软件的更新换代,本书决定以综合了 SQL 各种优点,并集成了 Business Intelligence Development Studio 结构语言查询数据挖掘工作环境的 Microsoft SQL 2005 作为本研究的支持性软件。当然,除了综合了 SQL 发展过程中的各种优点之外,它本身的特点也非常适合进行政府绩效评估指标挖掘。

2. Microsoft SQL 2005 构建政府绩效评估指标数据仓库的优势

微软公司为自己的操作系统开发的 SQL Server 与相应的操作系统之间紧密结合,逐渐成为数据库管理方面的主流产品之一。与此同时,微软公司在 SQL Server 7.0 版本中所做的数据存储和数据库引擎方面的根本性改变,更进一步确立了 SQL Server 在数据库管理工具中的主导地位。[①] 2005 年,微软公司推出了 Microsoft SQL Server 2005,该版本可以为各类用户提供完整的数据库解决方案,还可以帮助用户建立自己的电子商务体系,增强用户对外界变化的敏捷反应能力,提高用户的市场竞争力。Microsoft SQL Server 2005 基于 SQL Server 2000 的强大功能之上,提供了一个完整的数据管理和分析解决方案,为小型、中型和大型的机构建立起下一代 IT 基础结构提供了基石。在使用 SQL Server 2005 之后,将简化构建、部署和管理企业应用程序的过程,并且使其更加安全、伸缩性更强和更为可靠。此外,能够在多个平台、应用程序和设备之间共享数据是 SQL Server 2005 的另一个优势,可轻松胜任手机、PDA(个人数字助理)、触摸屏和 Web 以及其他方式的数据构建需求,这些都非常适合本研究政府绩效评估指标设计的需要。概而言之,SQL Server 2005 是一个"三位一体、以库为本"的融合了数据库、数据仓库、OLAP、数据挖掘技术与功能的完整体系。SQL Server 2005 数据平台如图 3 - 5 所示,从中可以看出 SQL Server 2005 的核心内容主要包含如下几项[②]:

第一,复制服务。通过复制跨越多个数据库分发数据,提高了数据的可用性,允许用户跨越指定的数据库服务器扩大读取的数据量。

第二,通知服务。包括一个通知引擎和客户端组件,当一个触发事件发生的时候,产生和发生人性化、实时的信息给用户。通过(通文口引擎)能够将信息发送到无线设备(如手机)、Windows Message 账户和电子账户上。

第三,集成服务。从多个数据源提取和转换数据,并移动它到一个或多个目标数据源,提供企业数据转换和集成解决方案。允许开发人员从不同的数据源合并数据,载入到数据仓库等。

第四,分析服务。为商业智能应用程序提供联机分析处理(OLAP)和数据挖掘功能。

---

①②赵喜来,崔程,夏素广. SQL Server 2005 从入门到精通[M]. 北京:电子工业出版社,2007:2 - 3.

图 3－5　SQL Server 2005 三位一体

说明:此图部发吸收了赵喜来、崔程、夏素广的思想。

第五,报表服务。包括报表管理器和报表服务器提供创建、管理和分发报表的服务平台。

第六,管理工具。SQL Server 2005 包含的集成管理工具可用于高级数据库管理和对数据库中的数据进行各种操作。

第七,开发工具。SQL Server 为数据库引擎、数据抽取、转换和装载(ETL)、数据挖掘(DM)、OLAP 和报表提供了和 Microsoft Visual Studio 相集成的开发工具,以实现端到端的应用程序开发能力。

在"三位一体"的 SQL Server 2005 中包括了许多新的和改进的功能,以帮助用户更有效率地工作,这也使得它成为了大规模联机事务处理、数据仓库和电子商务应用程序的优秀数据库平台,也更适合从海量数据中构建政府绩效评估指标数据仓库,并在此基础上挖掘绩效指标体系。具体来说,它突出了数据挖掘过程的可编程性、分布式查询能力、可用性、XML、可伸缩性,而这些都是构建政府绩效评估指标数据仓库和进行指标挖掘所必不可少的功能。

(1)增强的可编程性有利于编写突出政府绩效评估指标体系的数据仓库对象。数据仓库对象(如触发器、存储过程、函数和用户定义类型)可以用. NET 语言(像 Visual C#)编写。在 SQL Server 2005 的 Microsoft Visual Studio 环境中集成了这些对象的开发和调试功能,这使得开发人员能够使用开发. NET 组建和服务时所用的工具来开发政府指标数据库对象。同时,Transact － SQL 语言也得到了扩展,这有利于在我们进一步的分层赋权聚类中挖掘三级,甚至四级指标体系。

(2)增强的分布式查询有利于构建完整的绩效指标数据仓库和在指标聚类挖掘中编写精确的查询语言。SQL Server 2005 为分布式查询提供了增强的 EXE-CUTE 语句,同时支持 CONTAINS 全文谓词,支持 varchar(max),支持 CLR 用户定义类型和 XML 数据类型并新增了 SQL 跟踪事件。这些功能有利于我们先通过表的方式构建数据仓库,然后构建数据仓库模型,进而挖掘绩效指标体系。

(3)增强的可用性适合地方政府绩效评估指标数据仓库构建过程中的临时删改、升级、转换和补充。SQL Server 2005 通过联机索引操作提高了 SQL Server 数据库的可用性;通过允许数据库在撤销操作阶段的可用性,以及在还原操作、数据库页校验和备份媒体镜像过程中的部分可用性,实现了在崩溃恢复和数据库镜像故障转移过程中的快速修复。可以使用数据库镜像创建热备用服务器,从而在已提交的事务不丢失数据的情况下快速转移。这些功能在探索性地构建政府绩效评估指标数据仓库、挖掘指标的过程中可以反复试验、即时补充删改、升级、转换数据表。

(4)增强的 XML 功能,可以实现 XML 和 Transact – SQL 语句的通用和共享,编写出更适合绩效指标数据仓库构建、指标挖掘的程序语言。SQL Server 2005 数据库引擎现在支持 XML 数据类型,用于将 XML 文档存储在表列或 Transact – SQL 变量中。它还支持 X – query 语言,包括 XML 数据操作语言(XML DML)。新增的 XML 数据类型支持 XML 文档和片断的存储。XML 数据类型可用于列、变量或存储过程参数及函数参数中。以 XML 数据类型存储的 XML 实例可以与对该实例进行验证并确定其类型的 XML 架构(XSD)相关联。

(5)增强的可伸缩性可以构建并行的绩效指标数据仓库中的数据集市,并在指标的分层赋权聚类中并行挖掘指标,而不需逐一实施。数据分区的功能得到了增强,现在可以对本机表和索引进行分区。通过使用新的快照隔离级别以及在单个连接中传递多个活动结果集的功能,改进了应用程序的并发性能。

(6)集成服务有利于整合政府已有的各种数据库于绩效评估指标数据仓库中。在 SQL Server 2005 中,Business Intelligence Development Studio(BIDS)已经集成到了 Microsoft Visual Studio(VS)框架中,为商务智能操作提供了完整的开发环境。在使用 Visual Studio 时,绩效评估指标体系挖掘项目是一组项目中的一部分,这组项目也称为解决方案。指标体系挖掘项目与应用程序所要求的其他项目可以分组到一个解决方案中。例如,我们可以创建一个 Integration Services 绩效指标挖掘项目,这个项目从已有数据库、数据仓库系统中提取数据,并且把这些数据转换为适合于用来进行数据挖掘的形式。然后,可以创建一个 Analysis Services 绩效指标挖掘项目,这个项目包含浏览事物数据和分析事物数据模型,从而实现政府绩效评估指标体系的挖掘。当然,我们甚至可以创建一个 Web 服务和 Web 站点,在终端用户应用程序和商业化的服务中嵌入这些模型。①

———————————

① ZhaoHui Tang, Jamie Maclennan. 数据挖掘原理与应用——SQL Server 2005 数据库[M]. 邝祝芳,焦贤龙,高升译. 北京:清华大学出版社,2007;65 – 66.

正是由于 Microsoft SQL Server 2005 实现了从一般 SQL 到集成分析、OLAP、数据挖掘的飞跃,而且具有易操作、易掌握等特点,本研究决定选用它作为我们构建南京、苏州、盐城、徐州四市政府绩效评估指标数据仓库并进行指标体挖掘的工具。

第三节 数据仓库构建路径

在探索数据挖掘理论、数据挖掘理论在政府绩效评估指标设计中的应用、数据仓库构建路径和数据挖掘软件 Microsoft SQL Server 2005 的基础上,笔者发现,要将零散收集的数据、统计年鉴数据、已有数据库数据、国内外已有指标体系数据等众多的数据建成数据仓库,需要采用次级面向主题的做法,首先建立零散数据集市、统计年鉴数据集市、已有数据集市等指标数据集市,这样可以较好地保证数据的次级聚焦和进一步聚焦成数据仓库,这就需要构建一个自底向上的绩效评估指标数据仓库模式(见图 3 - 6)。构建政府绩效评估指标数据仓库,需要完成 5 个步骤:

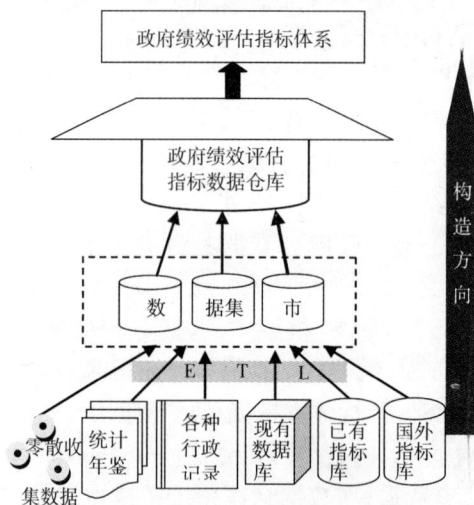

3 - 6 政府绩效评估指标数据仓库构建模式

步骤 1:确定构建模式前文已提及,适合本研究的构建模式是自底向上模式。

步骤 2:整合出输入层需要按照数据仓库三层次的要求,将输入层的各项数据收集、完善起来。如图 3 - 6 所反映的,在本书的探索性研究中这主要包括对零散数据的收集、对各种统计年鉴的处理、对各种行政记录的采用、对现有传统数据库的整合和对已有政府绩效评估指标数据库的采用。

（1）零散数据收集。这些数据包括国家法律、政策中与政府绩效评估指标相关的部分，国家领导人的讲话中与政府绩效评估指标有关联的部分，报刊等平面媒体上与政府绩效评估指标相关的内容，网络等电子媒体上与政府绩效评估指标相关的内容。还有一些比较另类的零散内容也值得关注，比如，笔者所收集到的Google - Eearth上的地区夜晚亮度图、网民在"强国论坛"、"人民网论坛"的网络聊天记录等。

（2）统计年鉴数据转换。在我国，与政府关系最密切、最具有权威性的要算是各种由政府或者政府部门颁行的统计年鉴了。统计年鉴既有国家统计局颁布的国家统计年鉴，它涉及国家宏观经济运行情况、全国财政、税收、公共支出等各项数据，也有分门别类的行业数据、部门数据，这些数据几乎都与各地方政府有着密切关系。所谓的"官出数字、数字出官"，说的就是地方政府层级填报最终送呈国家统计局的各种数据。国家统计年鉴是本研究设计地方政府绩效评估指标体系"通用指标"的关键性来源，因为通用指标必然是面向全国各地政府的普遍性指标。在国家统计局编制的全国统计年鉴之外，中央各个部门还编制全国范围内的部门统计年鉴，如国家教育统计年鉴、国家人事编制年鉴、工商管理统计年鉴等，这些也是指标数据仓库的输入层的重要来源。在国家层面的各种统计年鉴之外，各省、市、县，甚至连乡镇一级政府也有统计年鉴。所有国家层面与地方层面的统计年鉴都是本研究中构建地方政府绩效评估指标数据仓库的重要资料，也是输入层所需要输入的数据。

（3）各种行政记录收集。除了利用统计年鉴之外，政府中还有一个非常重要的数据来源，即各种行政记录。行政记录包括日常的工作日志，月度、季度、年度工作总结，"特事特办"的记录，接待人民来访、咨询、反馈、投诉记录，等等，这些也是构建政府绩效评估指标数据仓库的重要数据源。

（4）现有数据库的利用。实际上，自从计算机、网络开始投入使用，政府就开始构建了很多数据库，也就是上文提到的"传统数据库"。除了"金卡"、"金财"、"金关"、"金税"工程之外，我国在20世纪80～90年代初还在全国范围内开展了办公自动化、电子政务的普及工作，在此过程中形成了一系列的传统数据库，如每个单位的财务数据库、人事数据库、考核数据库等，这些也是构建政府绩效评估指标数据仓库输入层的有机数据源。

（5）已有指标库的完善与输入。已有指标库是指笔者所收集的各种已经开发出来的地方政府绩效评估指标体系，这包括学术界开发的各种指标，如第二章所介绍的倪星（2007）、范柏乃（2005）、卓越（2005）、彭国甫（2005）、唐任伍（2005）、周光辉（2007）等人开发的指标体系，也包括地方政府在实践中所开发的各种指标体系,如厦门思明区、苏州市、青岛市所开发的通用指标体系。可以说,这部分数据才是最符合数据仓库需求的,有着鲜明的"面向主题性"——它们都是为了评估地方政府绩效而专门开发出来的指标体系,聚焦性、面向主题性、集中性更强。

(6)国外已有地方政府绩效评估指标体系的收集与输入。笔者与西蒙持有相同的观点,即行政应该是一门科学。[①] 作为科学,它必然无国界、无民族、无种族的区分,国外行之有效的行政规律在国内也应该有效。正是基于此种价值判断,本研究也尽可能多地搜集到了国际上的一些地方政府绩效评估指标体系,并将其作为我们构建政府绩效评估指标数据仓库的有机源头。

步骤3:ETL 处理也就是抽取(Extract)、转换(Transfrom)和加载(Load)零散收集的数据、统计年鉴数据、各种行政记录、现有数据库的数据、已有指标库的数据,使其进入数据仓库的第二个层次,即"构建层",这样,就可以开始构建政府绩效评估指标数据仓库了。

步骤4:数据集市建设正如前文述及,数据集市是次一级具有"面向主题性"的数据集合,有研究称其为次一级的数据仓库[②],这种说法也是成立的。本研究拟在数据源的基础上建立零散数据集市、年鉴数据集市、行政记录集市、已有系统数据集市、已有指标数据集市和国外地方政府绩效评估指标数据集市,然后根据自底向上的构建模式,将6个数据集市建设成为数据仓库,这是下一个步骤的工作。在零散数据集市和行政记录集市建立过程中,本研究特别强调了对有关公民满意(行政相对人满意)的数据收集。因为自新中国成立以来,我国政府的最高宗旨就是为人民服务。2006年国家在《体现科学发展观要求的地方党政领导班子综合考核评价方法》中再一次强调了人民满意的重要性。从2008年7月起,中央组织部委托国家统计局每年在全国31个省、区、市以及中央和国家机关、中央企事业单位开展组织工作满意度调查。这标志着在绩效评价中引入民众满意的改革思路从局部试验正式走向全国范围内的推广。民意调查的主要内容包括干部群众对组织工作、组织干部形象、干部选拔任用工作的满意度以及组织工作的具体建议。调查采用抽样问卷的方式,在中央机关、省、市、县、乡、村各层次的干部群众中抽取8万人开展调查,2008年7月已经组织实施了第一次问卷调查。中组部选择国家统计局作为第三方进行问卷调查是为了保证民意的客观性、中立性和代表性。在如此大范围内进行民众满意度的调查在新中国历史上还是第一次,它旨在改革过去单纯由组

---

①H. Simon. *Administrative Behavior: A Study of Decision—Making Processes in Administrative Organizations* (*Fourth Edition*). NY: The Free Press, 1997:356 – 357.

②数据仓库技术在水平井设计系统应用中的初探[EB/OL]. http://www.dwway.com/html/84/n – 3784. html.

织部门进行干部评估和选拔任用的方式,增加干部任命过程的公众参与度。这标志着我国干部人事制度的重大变革,随着民众满意度在地方官员升迁中发挥的作用逐渐增大,"为人民服务"、"服务型政府"理念逐渐投入行政实践。这使得地方政府官员将不仅仅要对上级负责,还必须同时对辖区内的民众负责,其施政理念和行为必将发生重大变化。胡锦涛同志反复强调:"人民满意不满意,拥护不拥护、同意不同意,才是决定改革开放大政方针和具体政策最终决定因素。"①鉴于公民满意对于我国政府的决定性意义,我们特意在零散数据集市、行政记录数据集市中收集了各种民意信息。

步骤5:地方政府绩效评估指标数据仓库构建。在数据集市建设好之后,便可以利用 Microsoft SQL server 软件来构建数据仓库了。实际上,从确定构建模式、整合出输入层开始的所有工作也都可以由 SQL server 软件来完成。在构建过程中,本研究使用了 Microsoft SQL server 2005^{SP4} 简体中文标准版来进行模型确定、数据清洗、输入数据、ETL、构建数据仓库的工作。

需要说明的是,在地方政府绩效评估指标数据库构建中,还不需要进行数据仓库的第三层,即输出层的构建,因为输出层实际上是为了解决数据查询、联机分析和数据挖掘而特设的一个"挖掘层",这需要进一步运用 SQL server 来进行数据挖掘,然后产生指标集域(一级指标),进而进行正则化,这是我们数据挖掘阶段的工作,故此在数据仓库构建中略去。

---

①转引自强国论坛,胡锦涛同志反复强调:人民满意不满意,拥护不拥护、同意不同意,才是决定改革开放大政方针和具体政策最终决定因素。

第四章 四市政府绩效评估
指标数据仓库构建

在选取了研究点,厘清了数据挖掘和数据仓库构建的基本理论、基本步骤之后,就进入了本研究的两个核心研究内容:四个探索性研究点(苏州、南京、盐城、徐州四市)的绩效指标数据仓库的构建、进行数据挖掘产生指标集(为了叙述方便,后文以及标题中对苏州、南京、盐城、徐州四市一般简称为"四市")。前文在叙述数据挖掘流程的时候已经阐述了构建数据仓库对于数据挖掘的关键意义。实际上,有个日常生活中浅显的例子可以说明数据仓库对于数据挖掘的重要性:要做花卷、馒头、面包或烙饼,首先需要将各种粮食磨成面粉装进面缸,然后才可以将这些面粉做成花卷、馒头、面包或烙饼。如果要进行形象的比喻,那就是,在我们挖掘政府绩效评估指标的过程中,要将各种零散的粮食——行政信息、行政数据、行政记录等磨成面粉,只有构建起来了面缸——数据仓库,才可以进步一挖掘出所需要的面包和馒头——绩效评估指标体系。

我们按照上文所述及的政府绩效评估指标数据仓库构建的路径,首先整理出了构建数据仓库输入层的来源数据;然后将其输入 SQL Server 2005 软件,构建出了本书运用数据挖掘工具挖掘政府绩效评估指标的"指标库"——绩效数据仓库和数据集市。可以说,本章是本书赖以展开的根基。

第一节 数据源采集

笔者收集数据的顺序就是上文所列举的顺序,即零散数据收集、统计年鉴数据收集、行政记录收集、现有数据库数据收集、已有指标库的收集和国内外已有地方政府绩效评估指标体系的收集。

一、零散数据

在本书中,零散收集的数据包括三部分:全国性的零散资料、江苏省的零散资料和苏州、南京、盐城、徐州四市的零散资料。由于时间、人员、物质保障有限,本书更多地从探索性的角度来收集资料,因而资料的广泛性尚不能完全保证。

我们搜集了《人民日报》(http://paper.people.com.cn/rmrb/html/2009 – 11/13/node_1922.htm)2008~2009 年、《光明日报》(http://www.gmw.cn/01gmrb/2009 – 11/13/default.htm)2008~2009 年的所有网络版,对其中与政府绩效评估相关的情况进行收集,如《人民日报》2009 年 11 月 13 日第 10 版《沈阳政府信用纳入绩效考核》中提到"沈阳将把'信用'纳入绩效考核指标,建立完善行政行为失信的惩戒机制和责任追究制度,及时处置损害政府信用的行为",而网页上也对该做法进行了网民评分,该文得分为"3"(总分为 7)。① 这些都属于本研究构建数据仓库的资料来源。在此之外,全国性的数据来源还有人民网(http://www.people.com.cn/)、人民网"强国论坛"(http://bbs1.people.com.cn/boardList.do? action = postList&boardId = 1)、新浪网的"新闻"中的"国内"板块(http://news.sina.com.cn/china/)等。"天涯社区"的"社会民生"中的"天涯杂谈"、"法律论坛"板块上 2009 年 1 月 31 日至 2010 年 1 月 31 日的与政府绩效相关的资料,如《湖南规定警方自用扣留车辆领导将被免职》、《环保部:今年未批复环评项目 47 个涉及 2000 亿》等资料中就有涉及政府绩效评估的内容。

江苏省省级范围的零散资料来源主要是《新华日报》、《扬子晚报》2008~2009 年所有报纸的网络版,江苏省政府网、新华报业网、龙虎网,我们对其中与政府绩效评估相关的情况进行收集。如新华报业的信息"《四川省人民政府部门绩效管理办法(试行)》在 66 个省政府部门率先试点。《办法》以'民评官'方式变革实施了 16 年的目标管理办法,首度以制度形式保障社会公众成为政府部门绩效的评估主体。根据《办法》,部门绩效管理评价权重为省长 10%、副省长 10%、省政府绩效委 60%、社会公众 20%"②就属于我们要收集的零散信息。

苏州、南京、盐城、徐州四市的零散资料主要有《苏州日报》、苏州政府网(http://www.suzhou.gov.cn/)、《南京日报》、南京政府网(http://www.nanjing.gov.cn)、《盐城日报》、盐城政府网(http://www.yancheng.gov.cn)、《徐州日报》、徐州政府网(http://www.xuzhou.gov.cn)之中与政府绩效评估相关的资料。

除了这些资料之外,笔者还在日常生活中积累了一些零散的与政府绩效评估指标相关的资料,如从 Google – earth 得到的"地区夜晚亮度图",在西安交通大学、厦门大学、南京大学听讲座所做的记录,参加"中国行政管理学会政府绩效管理研究会年会"、"全国政府绩效管理与行政文化创新研讨会"、"首届政府绩效管理与绩效领导国际学术研讨会"所做的记录和所收集的会议论文,这些也是重要的"零散收集的资料"。

---

①沈阳政府信用纳入绩效考核[EB/OL]. http://paper.people.com.cn/rmrb/html/2009 – 11/13/content_382065.htm.

②四川试点民评官[EB/OL].http://policy.xhby.net/system/2009/11/13/010625848.shtml.

二、统计年鉴数据

本书收集的国家层面统计年鉴为《中国统计年鉴》(2009)、《国家统计年鉴》(2008)和《国家统计年鉴》(2007)。由于国家统计局网站目前取消了统计年鉴的下载功能,本研究所用的《国家统计年鉴》来自西安交通大学管理学院"管理资源库",其网址为 http://som.xjtu.edu.cn/somlab/zhonguotongjinianjian/2009/indexch.htm,本书只将其用于科学研究,并无商业目的。国家统计年鉴中几乎每个方面都符合我们构建政府绩效评估指标数据仓库的标准。比如,"国内生产总值"、"国内生产总值构成"、"不变价国内生产总值"、"三次产业对国内生产总值增长的拉动"、"每万人口执业(助理)医师数"、"公路网密度(公里/万平方公里)"、"化学需氧量排放量"等。在《国家统计年鉴》之外,笔者还收集到了国家统计局网站的其他专业性统计资料,如《2008 年各省、自治区、直辖市单位 GDP 能耗等指标公报》、《2008 年度人力资源和社会保障事业发展统计公报》、《2007 年全国水利发展统计公报》、《2006 年全国教育事业发展统计公报》、《2006 年全国群众安全感调查主要数据公报》、《2007 年各省、自治区、直辖市单位 GDP 能耗等指标公报》等。

本书收集的江苏省省级层面的统计年鉴为《江苏统计年鉴(电子版)》(2008、2007、2006),其网址为 http://www.jssb.gov.cn/jstj/jsnj/2008/nj02.htm。与《国家统计年鉴》一样,江苏统计年鉴中几乎每个方面都符合我们构建政府绩效评估指标数据仓库,如"三次产业贡献率"、"三次产业拉动率"、"按支出法计算的地区生产总值指数"、"全省分年龄育龄妇女生育情况"、"城镇失业人数及失业率"、"城乡居民家庭人均收入及恩格尔系数"、"分细行业在岗职工平均工资"、"农民家庭平均每人总收入和纯收入"、"农民家庭平均每人生活消费支出"、"房地产开发投资主要指标"、"各种物价总指数"、"三种专利申请受理量"、"群众艺术馆、文化馆(站)业务活动及经费情况"、"医疗机构住院服务、病床使用情况"等,这些都是不可多得的政府绩效评估指标。

在市级统计年鉴中,我们选取了苏州、南京、盐城、徐州四市的统计年鉴,其中,《南京市统计年鉴》(1949~2008)均可在统计局网站 http://www.njtj.gov.cn/2004/上查到,而另外三市的统计年鉴网上并不提供电子版,笔者购买了纸质版本。在这些统计年鉴中,"企业家信心指数"、"居民消费价格指数(%)"、"商品零售价格指数(%)"、"人均地区生产总值(元)"、"人均固定资产投资(元)"、"人均地方财政一般预算支出"、"人均财政收入(元)"、"人均日生活用水量(升)"、"年末每万人拥有医疗床位(张)"、"年末每万人拥有执业医师、助理医师(人)"、"城市居民人均可支配收入(元)"、"城市居民人均消费支出(元)"、"职工年平均工资(元)"、"农村居民人均纯收入(元)"、"农村居民人均生活消费支出(元)"、"每万人拥有公共交通车辆(标台)"、"人均拥有道路面积(平方米)"、"人均公园绿地面积(平方米)"等,都是非常可贵的政府绩效评估指标仓库的输入层数据。

三、行政记录

由于零散收集的资料可能过于分散,不够系统,而统计年鉴上的资料又过于"系统",可能会存在"系统误差",因而要得到更加全面、更具有代表性的数据,还需要对政府日常行政过程中的行政记录进行收集,并将其反映在地方政府绩效评估指标数据仓库中,这样开发出来的绩效评估指标体系才会更加科学、合理。

本书所选取的行政记录来源于两部分,第一部分是每个市政府网站上的行政记录,另一部分为每个市政府的行政记录、台账。在政府网站的行政记录中,存在着大量非常有意义、有新意的政府绩效评估指标数据仓库资料。如在"中国南京"网的"南京市政府为民服务窗口"中的咨询记录中,有一封咨询信,时间为2009年11月10日20:19,标题为《浦口区桥林工业园拆迁》的行政咨询信中提到"浦口区桥林工业园新园拆迁补偿标准怎么定的? 哪里可以查询到本次拆迁补偿涉及的文件? 南京市政府此次拨付拆迁款项多少。农户房屋拆迁补偿封顶。"而政府工作人员在2009年11月12日09:33的回答中指出,"您好,有关拆迁补偿方面的问题请咨询浦口区拆迁管理中心,联系电话:58112692,联系人:王磊,浦口区纠风办(电话:58188110)"。① 这个行政记录就可以作为政府绩效数据仓库的输入数据,它包含了三层含义:第一,行政行为的时间限度;第二,行政行为的结果;第三,行政行为的救济方式(电话、责任人),而这些方面都是政府绩效评估指标所不可或缺的内容。书面行政记录相对简单,很多行政台账都是真正意义上的"流水账",它的价值主要在于,能看出每桩行政行为的时限、物资消耗状况,这也是政府绩效评估指标的重要内容。

四、现有数据库

经过我们初步在四市的实地调研和电话调研②,我们发现政府中已有数据库主要有三种,即财务数据库、OA办公系统和门户网站,也有设置有"绩效评估数据系统"的,比如南京市。总体来看,这些数据库中的数据并非都符合用在政府绩效评估指标数据仓库中,仅仅是很小一部分适合研究需要。当然,像"绩效评估数据系统"这样的数据库则可以直接用之于构建数据仓库。财务数据库中的数据,更多地只能用来分析投入成本,然后转换成效率指标。比如,预算拨款数据等。门户网站上的资料在前文中的零散数据收集中已经采集了大部分,在现有数据库利用中,

---

①http://218.94.6.189:8081/gup_zx/nj/show.do? rowid=2d165f8896044e109baa0b089ff4312c&pid=1&ref=nj

②此处包括了课题组的其他成员调研成果,特此说明。

这部分数据采用得不多。

五、我国已有指标体系

我国在政府绩效评估研究与实践中,取得了非常丰硕的成果,这些是非常珍贵的"面向主题、集中的"数据,完全符合数据仓库、数据挖掘倡导者 Feyyad、Inmmon 等人的要求,对于构建政府绩效数据仓库有着直接意义。我们收集了 86 套学术研究性指标和 106 套政府实践操作界的指标作为"我国已有指标"的源数据。

在已有的由学术界开发的政府绩效评估指标体系中,我们收集到了中国人事部课题组(2004)、卓越(2005)、唐任伍(2004)、彭国甫(2005)、范柏乃(2005)、倪星(2007)、周光辉(2007)、吴江(2007)、纪凤兰(2007)、陈颖(2007)、邵莉(2007)、吴玉芳(2006)、汤鑫(2008)、穆现军(2008)、张琪(2008)、戴江维(2006)、吴超(2006)、张爱妮(2008)、甘罗乐(2008)①、徐军田(2007)、王琳(2008)、蒋海舰(2008)、刘莉莉(2008)、张北顺(2008)、李锐(2008)、王义学(2008)、张磊(2008)等 86 套运用不同方法开发出来的指标体系。

在已有的由政府实践操作界开发的指标体系中,我们收集到了厦门思明区(2005、2006、2007、2008)、厦门市(2007、2008)、漳州市(2008)、白银市(2002)、天水市(2003)、北京市(2009)、北京市县区(2005)、台州市(2008)、青岛市(2005、2006、2007、2008)、宿迁市(2007)、南京市(2008)、苏州市(2009)、徐州市(2008)、兰州市(2007、2008)、新疆奎屯市(2009)等 106 套已经投入运行的绩效评估指标体系。

六、国外已有指标体系

国外地方政府绩效评估指标体系已经比较成熟,英国、美国、澳大利亚、欧盟等国家和组织在实践操作中经常对业已开发出的指标进行"升级",但变动都不会太大。由于条件限制,我们搜集到的国外已有指标不如国内的丰富,但从探索性研究的角度来说,也基本上可以满足本书的需要。国外政府绩效评估指标的来源除了已经翻译的各种书面资料外,本研究主要在 PPMRN(Public Performance Measurement & Reporting Network,其网址为 http://www.ppmrn.net/resources/)、CLG(Community & Local Government,其网址为 http://www.communities.gov.uk/publications/localgovernment/planningtogether)、OMB(Office of Management and Budget,其网址为 http://www.whitehouse.gov/omb/procurement_guide_pbsc)、GAO(U. S. Government Accountability Office,其网址为 http://www.gao.gov/new.items/d10234sp.pdf)、SSA

---

① 甘罗乐. 中国地方政府绩效评估指标体系研究[D]. 东北财经大学硕士论文,2007.

（Social Security Administration，其网址为 http://www.socialsecurity.gov/SSA_Home.html）、OPB（Oregon Progress Board，其网址为 http://www.oregon.gov/DAS/OPB/）、EIPA（European Institute of Public Administration，其网址为 http://www.eipa.eu/en/topic/show/&tid = 191）、PRG（Performance Reporting for Government，其网址为 http://www.seagov.org/aboutpmg/performance_measurement.shtml）、AGP（Advancing Government Performance，其网址为 http://www.auditorroles.org/）、MRSC（Municiple Research and Service Center of Washington，其网址为 http://www.mrsc.org/Subjects/Management/performancemeasurement.aspx#articles）、MR（Managing for Results，其网址为 http://govinfo.library.unt.edu/npr/initiati/mfr/index.html#perf_mgmt）、PMD（Performance　Measurement Document，其网址为 http://www.orau.gov/pbm/documents/documents.html）之中进和地收集，我们共收集到了 22 套指标体系。

第二节　数据库、数据表构建

在 Microsoft SQL Server 2005 软件中，或者更确切地说，在所有 Microsoft SQL Server 数据处理软件中，数据仓库、OLAP、数据挖掘都依赖于建立一系列的数据表，这一系列的表是构建数据仓库、进行指标挖掘的基石，它们才是真正的"数据"，没有它们，"挖掘"将成为无本之木。然而，所有 Microsoft SQL Server 软件中"表"的承载体首先都是数据库，在数据库的基础上，才可以构建出雪花模型、星型模型、星座模型等数据仓库，然后展开数据挖掘。鉴于此，本研究的数据仓库构建、数据挖掘首先从构建"四市政府绩效评估指标数据库"开始。在 Microsoft SQL Server 2005 中，数据库由一系列表构成，本书也需要在"四市政府绩效评估指标数据库"中创建大量的"指标数据表"。

一、数据库构建

在 Microsoft SQL Server 2005 软件中，创建数据库的方法有两种：一是在 SQL Server Management Studio 窗口中使用现有命令和功能，通过方便的图形化向导创建数据库；二是通过编写 Transact – SQL 语句创建数据库。第一种方式简单易行，但在进一步构建数据仓库、数据挖掘、编写 Transact – SQL 查询语句时，会有许多不相容之处。本书为了前后研究的协调一致，采用了 Transact – SQL 语句创建"四市政府绩效评估指标数据库"。

编写 Transact = SQL 语句，建立"四市政府绩效评估指标数据库"。在 Microsoft SQL Server Management Studio 的"新建查询"窗口中编写 Transact – SQL 语句，创建

出名为"四市政府绩效评估指标数据库"的数据库,它就是本书所要构建的四市政府绩效评估指标数据库。具体 Transact – SQL 语句如下:

```
CREATE DATABASE［四市政府绩效评估指标数据库］
ON    PRIMARY
(
NAME = N'四市政府绩效评估指标数据库',
FILENAME = N'D:\政府绩效评估数据库\四市政府绩效评估指标数据库.mdf',
SIZE = 3072KB ,
MAXSIZE = UNLIMITED ,
FILEGROWTH = 1024KB
)
LOG ON
(
NAME = N'四市政府绩效评估指标数据库_log',
FILENAME = N'D:\政府绩效评估数据库\四市政府绩效评估指标数据库_log. ldf',
SIZE = 1024KB ,
MAXSIZE = 2048GB ,
FILEGROWTH = 10%
)
```

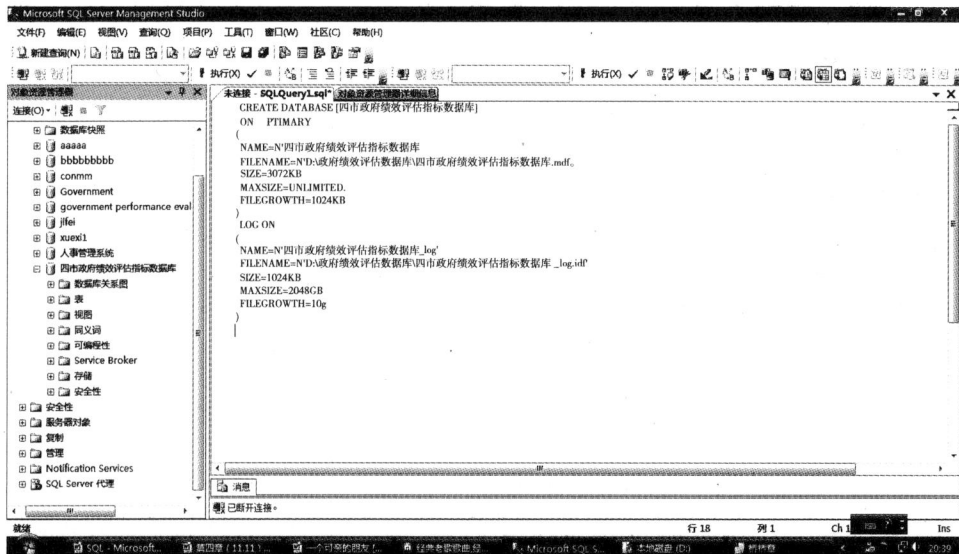

图 4 – 1　创建的四市政府绩效评估指标数据库

通过这些语句,软件就创建好了名为"四市政府绩效评估指标数据库"的数据库,如图 4-1 所示。

二、数据表创建

在 SQL Server 2005 中,表是数据库中最重要的、最基本的、最核心的对象,是关系模型中表示实体的方式,也是用来组织和存储数据的载体。它是数据库最基本的组成对象,一个数据库可以包括多个表,数据库使用表来具体组织和存储数据。每张表都由行和列组成,每列都可以包含特定类型的信息。数据库中的每个表都有一个特定的主题,每个主题使用单独表,这样可以消除重复数据,使数据存储更有效并能减少数据输入错误。在有了表的基础上,就可以处理各种关系数据,多个表之间通过"关系"进行一对一、一对多和多对一的关联,从而构成数据集市,进而建成数据仓库。

在 Microsoft SQL Server 2005 系统中,可以把表分为四种类型,即普通表、分区表、临时表和系统表。普通表又称标准表,就是通常提到的作为数据库中存储数据的表,是最经常使用的表对象,也是最重要、最基本的表。在操作实践中,Microsoft SQL Server 2005 系统中所说的"表"即指普通表,其他类型的表都有特殊用途,它们往往是在特殊应用环境下,为了提高系统的使用效率而派生出来的。分区表是将数据水平划分为多个单元的表,这些单元可以分散到数据库中的多个文件组中,实现对单元数据的并行访问。如果表中的数据量非常庞大,并且这些数据经常被不同的使用方式访问,那么建立分区表将是一个有效的选择。临时表顾名思义,是临时创建的、不能永久生存的表。系统表与普通表的主要区别在于,系统表存储了有关 SQL Server 2005 服务器的配置、数据库设置、用户和表对象的描述等系统信息,一般只能由管理员(DBA)使用。本书所构建的"四市系列政府绩效评估指标数据表"都属于普通表,它可以被进一步用"实体—关系"方式转变为政府绩效评估指标数据集市,然后整合为数据仓库。

与创建数据库一样,在 Microsoft SQL Server 2005 中有两种创建表的方式:其一是使用 SQL Server Management Studio 通过图形方式创建,其二是通过 Transact 编程创建。本书为了后面的数据仓库和数据挖掘进展顺利,仍然采用编程的方式来创建一系列政府绩效评估指标数据表。在创建一系列绩效评估指标数据表的过程中,我们按照上文所列举的零散数据、统计年鉴数据、各种行政记录数据、现有数据库利用的数据、我国已有指标数据、国外已有地方政府绩效评估指标数据 6 个方面进行创建,这 6 个方面实际上就是本书下一步要利用 Microsoft SQL Server 2005 的主键功能建立的 6 个绩效评估指标数据集市。由于本书创建的表数量非常庞大,因而此处在论述中只以零散数据指标表的构建中"零散收集:强国论坛零散数据"

表的生成为例说明,其他表的内容整体存放在笔者所构建的"南京、苏州、徐州、盐城四市政府绩效评估指标数据库"。

正如前文所述及,本研究的零散资料包括全国性的零散资料、江苏省的零散资料和苏州、南京、盐城、徐州四市的零散资料。在构建本部分指标数据表的过程中,我们也按照此逻辑,构建了基于人民网"强国论坛"、《人民日报》等全国数据的指标表,如"零散收集:《光明日报》(光明观察)"、"零散收集:来源于 google 的无名指标体系"、"零散收集:《人民日报》"等一共 27 个;基于龙虎网、江苏省政府网、新华报业网、《扬子晚报》等江苏省级层面的数据创建了"零散收集:龙虎网指标 1"、"零散收集:新华报业网 3"、"零散收集:《新华日报》数据"等 36 个绩效指标数据表;在《苏州日报》、苏州政府网、《南京日报》、南京政府网、《盐城日报》、盐城政府网、《徐州日报》、徐州政府网等市级数据的基础上,我们构建了"零散收集:《徐州日报》2"、"零散收集:徐州政府"、"零散收集:《盐城日报》1"等 49 个绩效指标数据表。图 4 - 2 是这三种数据表的部分界面图。

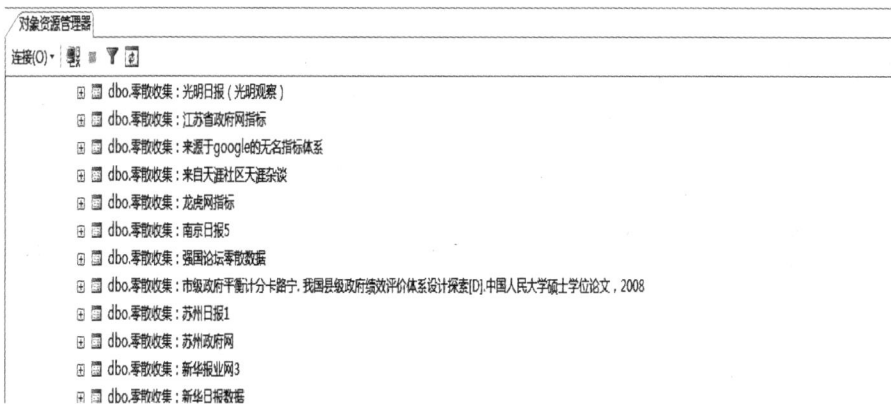

图 4 - 2　基于零散数据的绩效指标表截屏

从技术操作上来说,这些表是利用 Microsoft SQL Server 2005 的"Microsoft SQL Server Management Studio"所创建的。此处以这 112 张表中的"零散收集:强国论坛零散数据"表为例,来说明每张表的创建过程。

在 Microsoft SQL Server Management Studio 中用"新建查询"编写创建"零散收集:强国论坛零散数据"表的 Transact - SQL 语句:

```
CREATE TABLE [dbo].[零散收集:强国论坛零散数据]
(
    [一级指标][nchar](200) NULL,
    [一级指标值][numeric](18,4) NULL,
    [二级指标][nchar](200) NULL,
    [二级指标值][numeric](18,4) NULL,
    [三级指标][nchar](200) NULL,
    [三级指标值][numeric](18,4) NULL,
    [单位][nchar](20) NULL,
    [标准][nchar](200) NULL,
    [指标说明][nchar](200) NULL,
    [备注][nchar](400) NULL
)
ON [PRIMARY]
```

这些 Transact-SQL 语言创建了一个名为"零散收集:强国论坛零散数据"的绩效指标普通数据表,它包括"一级指标"、"一级指标值"、"二级指标"、"二级指标值"、"三级指标"、"三级指标值"、"单位"、"标准"、"指标说明"、"备注"10 列。对于所有的"指标"数据类型,我们根据现实中对各种指标描述时有时会用几十个词汇的要求,选择了"nchar"这种 Unicode 数据类型的字符,并将其设置为 200 字节,表示最多可以存储 200 个汉字,基本可以满足本研究中三级指标的存储要求。所有的"指标值"项目就是平时所说的"权重",我们将其设置为数值型数据"numeric",并在小数点后保留四位小数,即"numeric(18,4),这样方便于处理个别指标体系中权重系数精确到小数点后 4 位,甚至超过 4 位的情况。由于在相当多的指标体系,尤其是各种政府已经开发的绩效评估指标体系中几乎对每个指标都规定了单位、标准和指标描述,我们在绩效指标表设计中也充分考虑到了这一点,在每个表中都设置了"单位"、"标准"和"指标描述",为了便于日后查询指标数据时了解每个指标的详细情况,本研究还特别设置了"备注"列;这 4 列都是字符型的 nchar数据,根据现实需要,我们将"单位"设置为最大 20 个字符,"标准"和"指标说明"设置为最大 200 个字符,"备注"比较难于控制,我们将其设置为最大 400 个字符。由于并非每个指标体系都严格具有这 10 项内容,因而我们在设置列值时均"允许为空",即"null"。最终创建的"零散收集:强国论坛零散数据"表如图 4-3、图 4-4所示。

图 4-3 "零散收集:强国论坛零散数据"表(列)

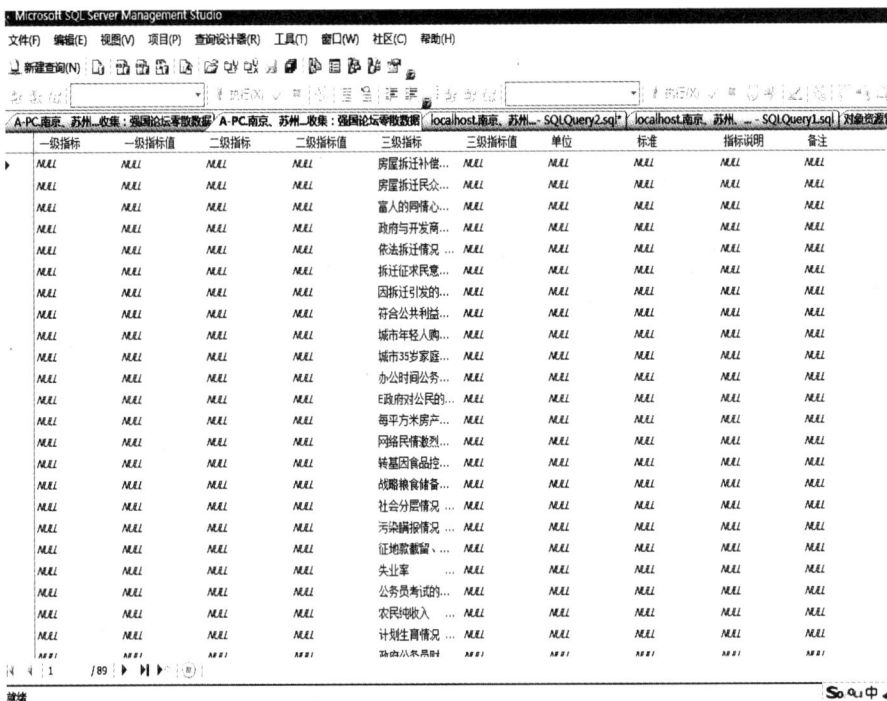

图 4-4 "零散收集:强国论坛零散数据"表(全表)

在这两幅图中,前者是列的界面,后者是输入了"行"的内容之后形成的完整表格。需要说明的是,由于论坛上内容过于繁杂,因而笔者按照论坛提供的每天"热点"来搜寻网民所关注的政府问题,并将其语言凝练为某一个能够浓缩其核心思想的绩效指标。论坛上的数据千差万别,没有成套的指标体系,我们在处理过程中将各种说法都凝练成了三级指标,以便于后续研究的分层赋权聚类。由于这些零散数据不是成套的指标体系,因而也缺乏具体的指标值,即权重,但这并不影响后续的聚类研究,后文还将对此进行相应的 ETL 处理。在零散收集指标数据中,也有一些成套的指标体系,如"零散收集:张涛、刘晟呈天津市生态小城镇规划指标体系数据库"、"零散收集:市级政府平衡计分卡路宁"等指标体系中既具有各级指标,也有指标权重(值),甚至还有指标单位,在这些表中"NULL"值很少。其他各种指标因为本身就是指标体系,"NULL"值相对更少。

其他绩效指标数据表的构建与"零散收集:强国论坛零散数据"表的构建流程相同,此处略去不叙。

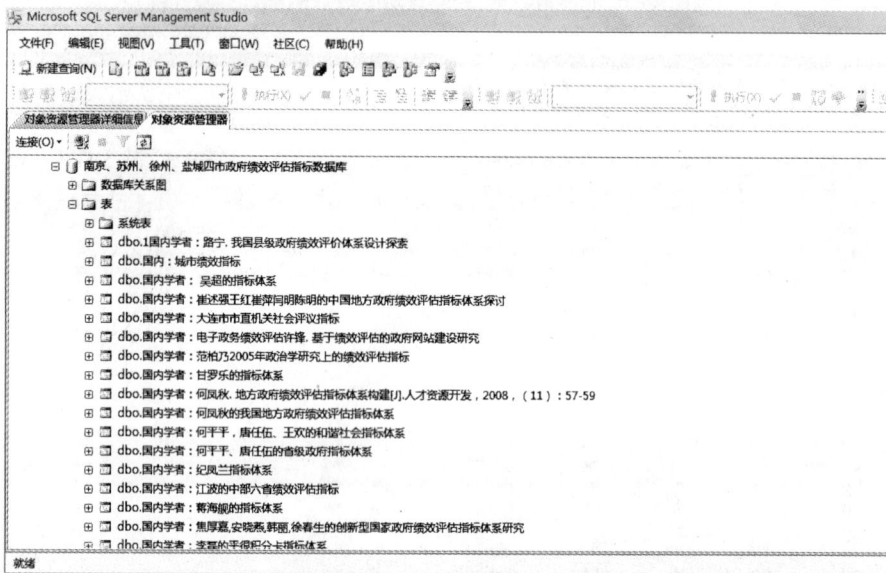

图 4-5　由 519 张指标表构成的"南京、苏州、徐州、盐城四市政府绩效评估指标数据库"

通过一系列工作,我们最终构建出了 112 张来自零散数据的指标表、37 张来自统计年鉴数据的指标表、20 张来自各种行政记录的指标表、31 张来自现有数据库的指标表、277 个基于我国国内各种已有指标体系数据的指标表和 42 个基于国外已有政府绩效评估指标体系数据的指标表。如图 4-5 所示,我们在尽可能短的时间内一共构建出了一个具有 519 张指标数据表的"南京、苏州、徐州、盐城四市政府绩效评估指标数据库"小型数据库。尽管相对于大型数据库来说,它显得较为微型,但从探索性研究的角度来说,也能够满足我们的研究需求,而且因为数据库可以实时更新,它也为今后展开更大型的挖掘研究奠定了基础。①

第三节　数据仓库建成

在 Microsoft SQL Server 2005 软件系统中,在数据库中建成一系列数据表之后,就可以对其进行 ETL,即抽取(Extract)、转换(Transfrom)、加载(Load),并按照自底向顶的模式,构建出数据集市,然后构建出雪花、星座等数据仓库模式。

一、ETL 处理

实际上,在输入指标数据表的过程中,我们就特别注意处理各种不一致的数据,从一开始就在做 ETL 工作。如在苏曦凌、魏佳妮(2008)的指标体系中,权重用百分制表示:"人均 GDP 3.85"、"劳动生产率 1.17"等②;而袁超的"服务型政府绩效评估指标体系"则采用 1 分制表示:"国内生产总值(GDP) 0.2529"、"全社会固定资产投资 0.2371"等。甚至还有的指标体系在权重设置中,每级指标拆分赋值,即每一个一级指标按照 1(或者 100)重新分配权值,如"和平区政府绩效评估指标体系表"中,第一个一级指标"行政业绩"的权重为 10%,而其下的二级指标"年度政务目标完成情况"、"上级主管部门部属的年度重点工作落实情况"、"计划外任务完成情况(临时性、指令性任务)"、"与其他部门协调配合"的权值又分别为34.8%、26.1%、17.4%、21.7%,其和为 1。针对这些编制口径不同的指标体系,我们在输入 Microsoft SQL Server Management Studio 时,严格按照上文提及的 nchar、numeric(18,4)数据来处理,其中 nchar(20)、nchar(200)、nchar(400)用来处理指标的文字性描述,numeric(18,4)用来处理数值型数据,主要是权重,而且我们总体上将其统一为小数型数据,保留其后 4 位小数。除了普通的文字、指标值外,我们还在数据录入中将各种指标体系统一成"一级指标"、"二级指标"、"三级指标"的规范模式,统一了指标层的不同叫法,这也是 ETL 工作。

经过输入阶段的 ETL 工作之后,我们所构建的"南京、苏州、徐州、盐城四市政府绩效评估指标数据库"的数据已经比较统一,可以按照自底到顶的方式来构建数据仓

---

①该数据库的顺利完成,需要感谢我的爱人钱文琴女士,我的已毕业的学生肖艳娟、徐泽江、郭敏等人,甚至还有原单位(南京审计学院)的邮递员柯师傅。没有他们协助输入各种数据、整理各种零散资料,就不可能在一年多的时间内构建出一个较为完整的数据库。南京审计学院公共管理与绩效评估研究院的胡宁生院长在本研究进展中提供的各种支持也对完成本书具有重大贡献。
②苏曦凌,魏佳妮.确定西部地区地方政府绩效评估指标权重探讨[J].科技管理研究,2008(12):215－217.

库。按照数据挖掘的流程,接下来便是构建数据集市,然后构建数据仓库,进而展开挖掘。但为了保证构建与挖掘工作的质量,在进行这些工作之前,我们特意进行了一次数据复检(Recheck)和梳理(Comb)。在本研究中,这属于又一次的 ETL 工作。

经过复检和梳理,我们发现在输入过程的 ETL 工作之后,数据质量均较为理想,基本符合构建数据集市、数据仓库和展开发掘工作的需要,但也有个别数据需要转换和纠错。如在刘莉莉(2008)的指标体系中,在二级指标"生态环保产业(20%)"中的 3 个三级指标"绿色产品产值增长率(50%)"、"森林覆盖率(35%)"、"绿色食品产值增长率(50%)"的指标权重之和等于135%,超过了 1,显然属于作者的笔误或者研究失误,我们按照作者的原有逻辑,将三级指标值分别输入为绿色产品产值增长率(0.3333)"、"森林覆盖率(0.3333)"、"绿色食品产值增长率(0.3333)"[①];在王义学(2008)的指标体系中,有 1 个三级指标(该指标体系中称为"指标层")"第三次增加值占绿色 GDP 的比重"应当是"第三产业增加值占 GDP 比重"[②];在鄂尔多斯市《旗区、市直政府部门绩效考核评价办法》中,指标"精神文敏建设"应该是"精神文明建设";在张磊(2008)的指标体系中有个三级指标"人均享有的医疗机构数日"应该为"人均享有的医疗机构数目";在王良健、侯立文(2005)的指标体系中,"实行政企分开"、"公正执法"后面的"标准值"漏掉了"同上",即同于"定性评议指标"值[③];等等。

经过复检和梳理之后,这些数据达到了 Microsoft SQL Server 2005 软件所要求的实体完整性、域完整性、引用完整性、用户定义完整性的要求,而且各种实体的定义约束、断言、域约束、UNIQUE 约束、NOT NULL 约束、CHECK 约束也都符合要求,完全可以用来构建数据集市了。[④]

二、数据集市建设

Microsoft SQL Server 2005 强调了数据仓库的构建和数据挖掘结构的选择,对于数据集市的强调不多。但在导入数据源进行数据仓库构建和挖掘的 Microsft Visual Studio 中,需要数据源中表与表之间建立实体关系,并确定主键,否则就不能顺利展开数据挖掘,这种要求实际上是一种自底向顶的数据仓库构建、数据挖掘展开的思路,其逻辑就是建立关系型的数据集市。正是基于 Microsoft SQL Server

---

①刘莉莉.科学发展取向下的县级政府绩效评估指标体系优化研究[D].华中师范大学硕士学位论文,2008.

②王义学.基于绿色政府理念的我国政府绩效评估研究[D].南京理工大学硕士学位论文,2008.

③王良健,侯立文.地方政府绩效评估指标体系及评估方法研究[J].软科学,2005(4):11 – 14.

④赵喜来,崔程,夏素广.SQL Server 2005 从入门到精通[M].北京:电子工业出版社,2007:110 – 125, 130 – 133.

2005 中 Microsft Visual Studio 对于所挖掘数据的要求,本书利用数据实体关系构建的方式建立了 6 个关系型数据集市,每个关系型数据集市的构建方法相同,此处仍然以构建零散数据型的数据集市为例说明构建过程。

本研究利用 Microsoft SQL Server Management Studio 中"数据关系图"功能来将各种来源相同的指标予以"关系化",也就是在指标之间建立"实体—关系"规则,使之具有一定的主题聚焦性,这样有利于利用 Select 语言建立各种查询,随时提取想要的指标数据;更重要的是,这可以为后续的数据仓库构建和数据挖掘打下良好的基础。通过"关系化"处理,我们也创造性地将传统的事务数据库功能与新型的数据仓库(DW)、数据挖掘(DM)和联机分析(OLAP)有机地联系了起来。具体的构建过程如下:

1. 表的主键确定

主键是建立关系的基础,没有它就无法实现表间实体关联。在选择主键的过程中,笔者充分考虑了后续研究需要构建数据仓库,特别是要进行指标分层赋权聚类挖掘的需要,特别选取了后续挖掘研究的落脚点——三级指标作为主键。主键的设置完全按照 Microsoft SQL Server Management Studio 中数据关系图的操作过程进行,在 112 张基于零散数据的绩效评估指标表上分别以"三级指标"作为主键。

2. 关系构建

有了主键,构建出基于"零散"逻辑的关系数据集市就很容易了。我们按照 Microsoft SQL Server Management Studio 的操作指南①,在 112 张表的主键之间建立起基于"三级指标"的实体关系,形成了一个完整的"面向零散收集数据的指标数据集市",图 4-6 是它的部分截屏。

来自统计年鉴数据的指标集市、来自各种行政记录的指标集市、来自现有数据库的指标集市、基于我国国内各种已有指标体系数据的指标集市的构建过程与建设"面向零散收集数据的指标数据集市"的步骤相同,内容类似,此处略去。总而言之,我们一共构建出了 6 个具有主题定向性的指标数据集市,它们是进一步研究的基础。

三、数据仓库建设

在建成数据集市之后,我们将数据集市借助于"关联数据库"的方式,建成一个临时性的"数据集市南京、苏州、徐州、盐城四市政府绩效评估指标数据库",进而在 Microsoft Visual Studio 2005 中,新建 Analysis Services 项目"数据集市 1 南京、苏州、徐州、盐城四市政府绩效评估指标数据库"。该项目的数据源就是来自数据

---

①特别感谢南京晓通网络科技有限公司的张翼工程师提供了一系列 Microsoft SQL Server 2000/2005/2008 操作手册、数据库和在数据仓库建设、数据挖掘过程中提供了各种专业技术指导。

集市的临时库,如图4-7所示。在图4-7中,左边的"数据源视图向导"中是临时库,右边的"解决方案资源管理器"中第一项"数据源"便是由临时库部署而成的。

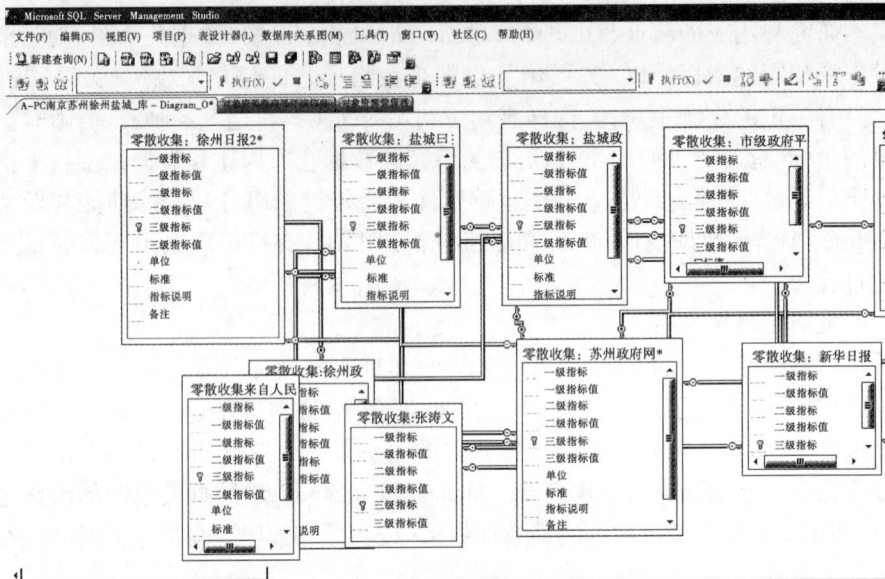

图4-6　面向零散收集数据的指标数据集市

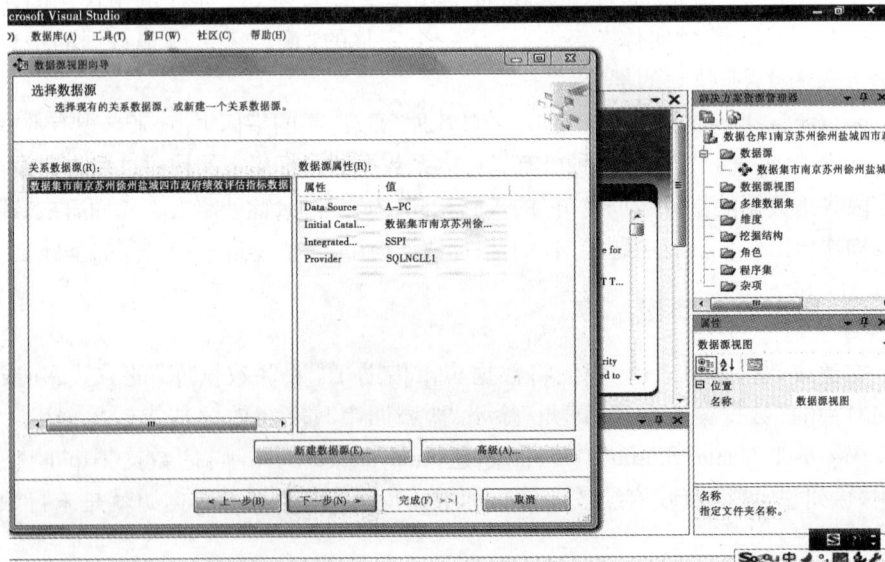

图4-7　创建数据仓库的数据源

　　在部署好数据源之后,就可以利用"数据源视图"功能来构建数据仓库了。但这首先需要利用"与主键同名"功能通过匹配列创建逻辑关系,将要包含在数据仓库内的数据集市输入数据源视图库(见图4-8),这正好将基于主键关联构建的数据集市关联了起来,既有机地联通了数据集市与数据仓库的关系,又为后续挖掘指标体系打下了基础,做好了桥接。在图4-8中,我们利用 Microsoft Visual Studio 的数据源视图向导将"数据集市1　零散集市"、"数据集市2　统计年鉴集市"、"数据集市3　行政记录集市"、"数据集市4　现有数据库"、"数据集市5　我国已有指标"、"数据集市6　国外已有指标"输入了数据源视图库。在做好了库之后,一个数据仓库的数据准备就已经完成了,剩下的就是构建星型、雪花或者星座模型的工作了。

图4-8　将要包含在数据仓库内的数据集市输入数据源视图库

　　本研究利用数据源视图工具构建了一个面向"数据集市6　国外已有指标"的雪花模型,其构建原理是利用 Microsoft Visual Studio 2005 中数据源视图的"设计"功能,首先确定"数据集市6　国外已有指标"的主键为"三级指标",然后将其与"数据集市1　零散集市"、"数据集市2　统计年鉴集市"、"数据集市3　行政记录

集市"、"数据集市4 现有数据库"、"数据集市5 我国已有指标"的"三级指标",
也就是前文已经设置了主键功能的所有三级指标建立关联,使之构成一个星型的
数据仓库(见图4-9),这就是本研究所构建的南京、苏州、徐州、盐城四市绩效评
估指标数据仓库。

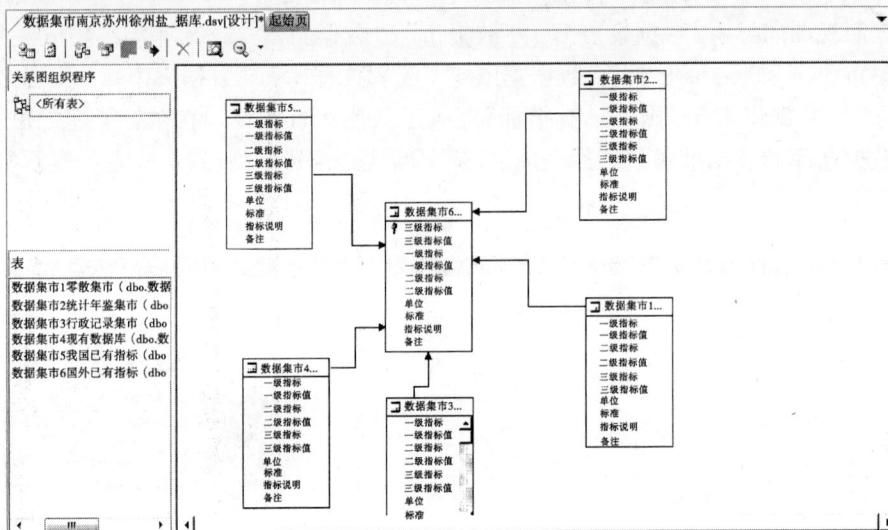

图4-9 南京、苏州、徐州、盐城四市绩效评估指标数据仓库

南京、苏州、徐州、盐城四市绩效评估指标数据仓库将6个数据集市以"三级指
标"为主键关联起来,为后续研究以三级指标为载体聚类挖掘奠定了基础。

第五章　四市政府绩效评估指标体系挖掘过程

在建成四市政府绩效评估指标数据仓库之后,就有了数据挖掘的基础。前文已经述及,指标体系的设计实际上是一个在诸多可能的备选项中分层赋权聚类的过程。本章也是基于此思路,利用 Microsoft SQL Server 2005 软件中的 Microsoft Visual Studio 所提供的"神经网络"和"聚类分析"两个数据挖掘工具(技术)展开分层赋权聚类并将其中因为假设值为 1 而造成的"过拟合"正则化,从而产生本研究的结果——一套基于海量数据挖掘的、探索性的地方政府绩效评估指标体系,本章呈现的是数据挖掘过程,下一章会在此基础上呈现挖掘结果。

第一节　指标聚类挖掘的两种方式

指标聚类挖掘的理论基础当然是聚类原理。因为能深入探究数据规律并发现其中的数据结构——数据类,聚类成为一种理想的探知巨大数据空间的工具(Pedrycz,2008)。实际上,从 20 世纪 30 年代最早出现"聚类"概念至今,聚类经历了翻天覆地的变化,聚类现象广泛存在于各种领域,聚类出现了各种方法,然而,并不是每一种方法都适合于挖掘政府绩效评估指标。本书的政府绩效评估指标体系设计是建立在分层赋权聚类挖掘的基础上的,因此,必须寻求分层赋权聚类的方法,这需要从聚类的基本理论和基本方法谈起。

一、聚类挖掘的基本原理

将实体对象或抽象的集合分组,这个分为由类似的对象组成的多个类的过程称为聚类(Pedrycz,2008),它是用于数据分析和解释的一般方法和明显富于概念特征和算法特征的框架（Pedrycz，2008；①Anderberg，1973；② Bezdek，1981；③ Kersten，1999；④Mali & Mitra，2002；⑤Webb，2002⑥）。聚类所生成的簇是一组数据组合的对象集合，这些对象与同一个簇中的对象彼此相似，与其他簇中的对象相异（Chen 等，1996）。⑦ 在许多应用中，可以将一个簇中的数据对象作为一个整体来对待，通过聚类，可以识别密集和稀疏的区域，因而发现全局的分布模式，以及数据属性之间有趣的相互关系（魏振钢，2005）。⑧

用科学的一般形式来表示，聚类可以定义为（Pedrycz，2008）⑨：在数据空间 A 中，数据集 X 由许多点（或数据对象）组成，数据点 $X_i = (X_{i1}, \cdots, X_{id}) \in A, X_i$ 的每个属性 X_{ij} 既可以是数值型的，也可以是枚举型的。数据集 X 相当于是一个 $N \times d$ 的矩阵，假设数据集 X 中有 N 个对象 $X_i (i = 1, 2, \cdots, N)$，聚类的最终目的是把数据集 X 划分为 k 个分割 $C_m (m = 1, 2, \cdots, k)$，也可能有些对象不属于任何一个分割，这些就是噪音 C_n，所有这些分割与噪声的并集就是数据集 X，并且这些分割之间没有交集，即：

$$\begin{cases} X = C_1 \cup \cdots \cup C_k \cup C_n \\ C_i \cap C_j \neq \phi (i \geqslant 1, k \geqslant j, i \neq j) \end{cases}$$

其中，这些分割 C_m 就是聚类。聚类是无指导学习的一个典型，与分类不同，聚类不依赖于预先定义的类和训练样本。

实现聚类的过程就是聚类分析，它是使用聚类算法来发现有意义的聚类（Karypis、Han、Kumar，1999），分层赋权聚类也是一种聚类分析。⑩ 实际上，聚类分析是一种重要的人类行为，人在很小的时候就可以通过不断地改进下意识中的聚类模式来学会如何区分不同的动物或植物。目前，聚类分析已经广泛应用在许多

①W. Pedrycz. 基于知识的聚类：从数据到信息粒[M]. 于福生译. 北京：北京师范大学出版社，2008：6 – 7.

②M. R. Anderberg. *Cluster Analysis for Applications*, New York：Academic Press，1973：7.

③J. C. Bezdek. *Pattern Recognition with Fuzzy Objective Function Algorithms*, New York：Plenum Press，1981：12.

④P. R. Kersten. Fuzzy Order Statistics and Their Applications to Fuzzy Clustering. IEEE Trans. *On Fuzzy Systems*, 1999(7)：708 – 712.

⑤K. Mali, S. Mitra. Clustering of Symbolic Data and Its Validation, in：N. R. Pal and M. Sugeno(eds.). *Advances in Soft Comuputing – AFSS 2002*. Heidelberg：Springer – Verlag，2002：339 – 344.

⑥A. Webb. *Statistical Pattern Recognition*(2nd Edition). Hoboken, NJ：John Wiley，2002.

⑦M. S. Chen. Data Mining：An Ovevriew from A Database PerPseetive. *IEEE Trans on Knowledge and Data Engineering*, 1996，8(6)：866 – 883.

⑧魏振钢. 击剑运动员血液指标优化中的数据挖掘[D]. 中国海洋大学硕士学位论文，2005.

⑨W. Pedrycz. 基于知识的聚类：从数据到信息粒[M]. 于福生译. 北京：北京师范大学出版社，2008：22.

⑩G. Karypis, E. H. Han, V. Kumar. Chameleon：A Hierarchical Clustering Algorithm Using Dymamic Dodeling. *Computer*, 1999(32)：68 – 75.

领域中,包括模式识别、数据分析、图像处理以及市场研究等。通过聚类人们能够识别密集和稀疏的区域,因而发现全局的分布模式以及数据属性之间的有趣的相互联系。本研究的目标就是利用聚类方法探索性地挖掘出一套我国地方政府绩效评估指标体系。然而,指标挖掘与其他领域的数据挖掘一样,需要处理巨量的、复杂的数据集,这对聚类分析技术提出了特殊的挑战,要求聚类挖掘方法要具有可伸缩能力、处理不同类型属性的能力、处理高维数据的能力、发现任意形状的能力、处理噪声数据能力,并且对于输入记录的顺序不敏感、有很强的可解释性和可用性,这就需要选择合适的聚类方式、方法和工具。

二、聚类挖掘的两种方式

聚类算法所追求的目标在于如何把事例科学地分配到聚类中。在 Microsoft 系统中,聚类算法有两种截然不同的实现方式:通过 K - means 算法实现的"硬聚类"方式和通过期望最大化(Expectation Maximization, EM)方式实现的"软聚类"算法。①

1. 硬聚类(Hard Clustering)

"硬聚类"是基于 K - means 算法的聚类模式。K - means 算法以距离值的平均值对聚类成员进行分配。如图 5 - 1 所示,如果对象属于一个聚类,则该数据一定比较靠近聚类的中心,距离通过使用欧几里得(Euclidean)距离近性度量。毕竟,如果一个对象被分配到一个聚类,则该聚类中的中心位于所有被分配到该聚类的对象的中间,因此 K - means 算法的名字——K 意思是打算分组出的聚类数量。这种技术被称为硬聚类(Hard Clustering),因为每一个对象只能分配到一个聚类,聚类与聚类之间不相互连接,并且也不相互重叠。

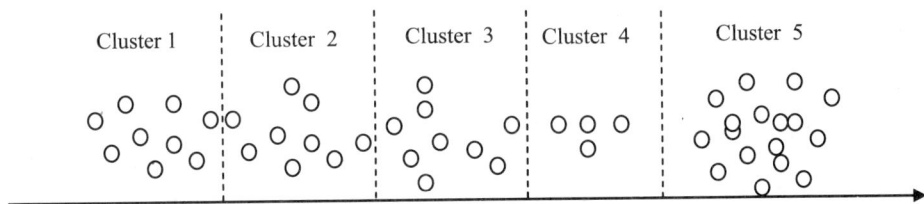

图 5 - 1　K 方法的"硬聚类"

---

①王欣,徐腾飞,唐连章等. SQL Server 2005 数据挖掘实例分析[M]. 北京:中国水利水电出版社,2009:199 - 200.

在图 5 - 1 中,可以清楚地看出(K = 5),每一个聚类而成的类——簇均有"硬"的界限,凡是被聚类为 Cluster 1 的对象,没有一个属于 Cluster 2;凡是被归入 Cluster 2 的对象,没有一个属于 Cluster 1 和 Cluster 3,依次类推,其他类中的数据均没有重复,类不存在相互重叠。

2. 软聚类

在基于 K - means 的"硬聚类"之外,还有一个基于 EM 算法的"软聚类"。EM 算法使用概率,而非使用严格的距离进行度量。它通过度量某对象的概率来决定该对象属于哪一个聚类。它不是为每一个维选择一个点,然后计算距离,而是把每一维作为一个钟形曲线,并且计算平均差和标准差。当一个点落到一个钟形曲线内的时候,它以某一概率分配到某一个聚类,我们把这种技术称为"软聚类"(Soft Clustering),因为该算法允许聚类之间的重叠,并且允许模糊的边界。这种算法可以找出连接的聚类,比如稠密区,如图 5 - 2 所示。

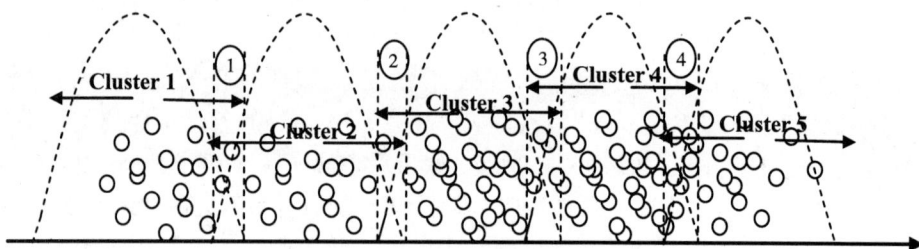

图 5 - 2　EM 方法的"软聚类"

在图 5 - 2 中,点的稠密度代表了每一个对象在相应聚类中的概率。该图清楚地展示了基于 EM 聚类的"软"性特质——每两种聚类之间都有一个重叠区域,即①、②、③、④。这些区域中的对象既可以属于前一个聚类,也可以属于后一个聚类,每个聚类的边界有重合性,并不是截然分开,戛然而止,因此是一种"软"聚类。

三、分层聚类挖掘的"软性"与"硬性"

本书中的政府绩效评估指标设计中的聚类是借助于已经构建好的指标数据仓库中"三级指标"与"三级指标值"(权重)组合展开的分层赋权聚类,它的目标是从海量三级指标中聚类出一个简明、科学的具有 3 个级别的三级指标体系,即如同自然辩证法研究领域所强调的,利用"奥卡姆剃刀"方法化繁为简,去芜存菁,聚类出一个可用于实践操作,同时又具有科学性的地方政府绩效评估指标体系。政府绩效评估指标设计,从总体而言,就是要设计出一个同一类(同一级别)指标的相似度最大化,而不同类指标的相似度最小化,也就是需要在相异度矩阵中尽可能实现

类内相似类外不同,其相异度矩阵可以表示如下:

假设要聚类的政府绩效评估指标数据包括 n 个指标对象,这些对象可能是人均 GDP、人均行政经费、人均财政教育拨款、人均一级道路面积,等等,不论是何种指标数据,对于它的聚类挖掘一般都遵循两种数据结构:

(1)指标数据矩阵结构(Indicator Data Matrix),或称为指标对象与变量结构。它用 p 个变量(也称为度量或属性)来表示需要聚类的指标对象。例如,用人均 GDP 增长率、人均 GDP、国有企业盈利增长率、人均财政收入增长率等来表示"经济增长效果"这样更高一层的指标对象。这种指标数据结构是关系表的形式,或者看成 $n \times p$(n 个对象 $\times p$ 个属性)的指标(i)矩阵:

$$\begin{bmatrix} i_{11} & i_{12} & \cdots & i_{1p} \\ i_{21} & i_{22} & \cdots & i_{2p} \\ \cdots & \cdots & \cdots & \cdots \\ i_{n1} & i_{n2} & \cdots & i_{np} \end{bmatrix}$$

(2)指标相异度矩阵结构(Indicator Dissimilarity Matrix),或称对象——对象结构。它存储 n 个需要聚类的指标对象,对象两两之间的相异度,表现形式是一个 $n \times n$ 维的矩阵。

$$\begin{bmatrix} 0 & & & & \\ d(2,1) & 0 & & & \\ d(3,1) & d(3,2) & 0 & & \\ \cdots & \cdots & \cdots & 0 & \\ d(n,1) & d(n,2) & \cdots & \cdots & 0 \end{bmatrix}$$

其中,$d(x,y)$[1]是指标对象 x 和指标对象 y 之间相异度的量化表示,通常它是一个非负的数值,对象 x 和对象 y 越相似或"接近",其值越接近 0;否则,其值越大。政府绩效评估指标的最理想结果就是在海量的指标候选项中,将 d 值为 0 的所有指标合并同类项为一个指标,最终只留下所有指标间相异度为 1 的指标,这样就可以将不可胜数的指标精简为数量有限、可用于日常绩效评估工作的指标体系。[2]

直观来看,政府绩效评估指标体系聚类首先是个数据结构矩阵,但它聚类的本质却是寻求相异度,也就是构建相异度矩阵并求解(实现)的过程,在此过程中,作为指标直观载体的数据矩阵更多属于"硬"性质的聚类,它要求"非此即彼","非我

---

①d 是相异度 dissimilarity。

②当然,这只是理想化的设想,在实际操作中一般都是将其值控制到某个可接受的范围内,即认为相当于 0 或者 1,比如,将小于 0.3 的 d 值按 0 对待,将大于 0.6 的值按 1 对待。

同类,定当除去"。作为探求内部距离的相异度矩阵求解实际上却是一个具有"软"性质的聚类,如上文所述,在实践中我们无法实现 d 值为 0,更无法实现 d 值为 1,因此指标类间必然会有重叠交叉。联系政府管理的现实来看,这种情况更为明显:由于政府各项职能的相关性,因而作为这些职能载体的绩效评估指标也不可能是完全的"硬"聚类,绩效指标之间必然会有重合的部分。这两种情况兼具的政府绩效评估指标聚类设计,实际上就是政府绩效评估指标,更确切地说是所有绩效评估指标聚类的"二重性"——"软聚类"与"硬聚类"共存性。但是,构建绩效指标的目的是为了聚类出代表不同职能的指标,这又要求指标体系不能重复太多,混淆不清,否则,也就失去了构建指标体系的意义。这种情况就要求构建绩效评估指标体系既要兼顾"软聚类",又要兼顾"硬聚类",解决这种聚类二重性的出路就在于利用层次聚类方法,先"软"后"硬"。

第二节　层次聚类的综合实现途径

在第三章中已经提到,政府绩效评估指标体系设计的基本原理就是分层赋权聚类,但鉴于政府绩效评估指标聚类的二重性,我们还需要探求分层赋权聚类的方法与工具。

实际上,层次聚类方法并不是个新东西,它本身就是聚类方法中的重要组成部分。层次聚类方法的基本原理是基于对给定数据对象集合进行层次的分解。根据层次分解的形成方式,又可以分为凝聚的和分裂的层次聚类方法。凝聚方法也称为自底向上的方法,一开始将每个对象作为单独的一个簇,然后相继地合并相近的对象或簇,直到所有的对象都在一个簇中,或者达到一个终止条件。分裂法也称为自顶向下的方法,一开始将所有对象置于一个簇中,在迭代的每一步中,一个簇被分裂为若干个更小的簇,直到最终每个对象在单独的一个簇中,或者达到一个终止条件。层次聚类的特点在于,一旦一个步骤(合并或分裂)完成,它就不能撤销。其优点是不用担心组合数目的不同选择,计算代价较小;其缺点是不能更正错误的决定。作为一种分层聚类实践的政府绩效评估指标分层赋权聚类,自然也具有层次聚类所具有的"痼疾"。经过探索和借鉴前人的成果,我们发现在 Microsoft SQL Server 2005 中改进 RBF 神经网络与 BIRCH 聚类两种工具的组合可以有效地解决这个问题[1],前者使得分层聚类可以先用"软聚类"的方式进行,后者则针对"软聚

---

[1]王欣,徐腾飞,唐连章等. SQL Server 2005 数据挖掘实例分析[M].北京:中国水利水电出版社,2009:199－200.

类"工具(特别是神经网络)所惯有的"过拟合"现象,对其进行"硬化"处理,即"硬聚类",使得聚类出的指标体系具有可操作性,这样就兼顾了指标聚类过程中的"二重性"问题。

一、聚类中的 RBF 神经网络

RBF 神经网络是径向基函数神经网络(Radial Basis Function Neural Networks)的缩写,它是一种较强的聚类学习系统,具有复杂的非线性处理能力,它以其结构简单、训练简洁而学习收敛速度快,能够逼近任意非线性函数的特性,被广泛应用于函数逼近、预测和控制等多个领域。RBF 神经网络是典型的局部逼近神经网络,在政府绩效评估指标聚类中,它的拓扑结构如图 5 - 3 所示。从本质上说,它由两层组成,即隐层和输出层,输入层节点只是传递输入信号到隐层,隐层节点(即 RBF 节点)选取基函数作为激活函数,隐层神经元通过径向基函数对输入产生非线性映射。输出层节点通常是简单的线性函数,对隐层的输出进行线性加权组合。本研究正是利用它两层的特质,从数量庞大的"三级指标"输入数据中寻求指标草集的输出,然后再用 BIRCH 聚类进一步产生最终所要的指标体系。①

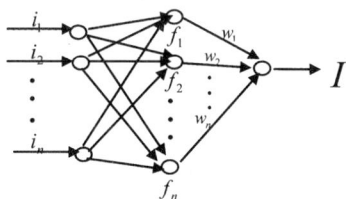

图 5 - 3　政府绩效评估指标聚类中的 RBF 神经网络结构

在图 5 - 3 中,$i_1, i_2, \cdots, i_n$ 是指输入的绩效评估指标数据,它们的输出是其隐层节点的线性组合,即 $I = \sum_{j=1}^{N} w_j f_j(i)$。其中,$w_j$ 为第 j 个隐层节点对应的指标权值,j 为 RBF 神经网络的激活函数,作为隐层的输出,值在 0 到 1 之间,输入的指标信息与中心的距离越近,隐层节点的响应就越大。

在政府绩效评估指标设计的聚类过程中,RBF 神经网络对激活函数的选择要求并不苛刻,仅需保证函数是一个偶多项式即可,可以为高斯函数、平方根函数、逆平方根函数等。在这些函数中,由于高斯函数具备表达形式简单,即使对于多变量输入也不增加太多的复杂性,且径向对称、光滑性好,任意阶导数均存在和表达简

①具体操作过程下节叙述,此处并不展开。

单、解析性好等方面的优点,因此,这里采用高斯函数作为激励函数。①②③④ 政府绩效评估指标设计聚类中的高斯函数用公式表示为:

$$f_j(i) = f_j(\parallel i - c_j \parallel) = exp\left(-\frac{\parallel i - c_j \parallel^2}{2\delta^2}\right), j = 1,2,3,\cdots,n$$

这里 i 为政府绩效评估指标聚类中网络输入向量;c_j 为隐层中第 j 个单元的基函数的中心值,与 i 具有相同的维数;δ 为高斯函数的方差,它决定了该基函数围绕中心点的宽度,n 是隐层节点数。$\parallel i - c_j \parallel$ 是向量 $i - c_j$ 的范数,它通常表示 i 与 c_j 之间的距离;$f_j(i)$ 在 c_j 处有一个唯一的最大值,随着 $\parallel i - c_j \parallel$ 的增大,$f_j(i)$ 迅速衰减到零。对于给定的输入 $i \in R^n$,只有一小部分靠近 i 的中心被激活。

在将 RBF 神经网络应用到政府绩效评估指标聚类时,在 RBF 网络中,输入到隐层的映射为非线性(因为隐单元的作用函数是非线性函数)的高斯函数,需要参数为各基函数的中心位置 c_j、方差(归一化参数)δ,而隐层到输出则是线性的,需要确定输出单元的权值 w_j。为此,政府绩效评估指标聚类中的 RBF 网络聚类需要分成两个训练阶段。

第一阶段,根据所有输入样本决定隐层节点的数目和高斯函数中心位置 c_j 及归一化参数 δ^2。这首先需要定义 RBF 里隐层节点数量,定义的隐层节点数量如果太少,网络从样本中获取的信息量就不够,不足以概括和体现训练集中的样本规律;隐层节点数量过多,又可能把样本中非规律性的内容也予以牢记,从而出现"过拟合"的问题,反而降低了系统的泛化能力;同时,还会增加训练时间。在本研究中,我们结合前人研究运用试凑法,先选择较少的节点,然后逐渐增加隐层节点数,当达到精度要求后就停止,此时的 RBF 神经网络具有最小的结构。我们采用了 K-means算法确定中心位置与归一化参数。中心调整以聚类最小距离为指标,将输入数据集分解为 k 类,给出 k 个中心,详细计算步骤如下:⑤

①华琇,陈继红.基于 RBF 神经网络的销售预测模型的研究与应用[J].南通工学院学报(自然科学版),2004(12):84-87.

②C. G. Walsh, H. Ye, L. Bushnell. Stability Analysis of Networked Control Systems. *Proc of the American Control Conf*. San Diego,1999:2876-2880.

③韩力群.人工神经网络理论、设计及应用——人工神经细胞、人工神经网络和人工神经系统[M].北京:化学工业出版社,2002.

④Frederic. M Ham,Ivica Kostanic.神经计算原理[M].北京:机械工业出版社,2003.

⑤数据挖掘在销售管理系统中的应用[EB/OL]. http://www. nanshan. edu. cn/rjgc/bkjy/keyan/lunwen/%E5%88%98%E4%B8%BD%E5%A8%9F/%E6%95%B0%E6%8D%AE%E6%8C%96%E6%8E98%E5%9C%A8%E9%94%80%E5%94%AE%E7%AE%A1%E7%90%86%E7%B3%BB%E7%BB%9F%E4%B8%AD%E7%9A%84%E5%BA%94%E7%94%A8. doc 中的技术路线。

步骤 1：设定聚类个数 k。

步骤 2：在政府绩效指标样本集 I 中任意选取 k 个样本点作为 k 个簇（$j = 1$，2，$\cdots$，k）的初始中心 c_j（$j = 1$，2，$\cdots$，k）。

步骤 3：遍历 I 中的所有样本点，对于每个样本点计算欧式距离 $l_j(k) = \parallel i(k) - c_j(k-1) \parallel$，找到距离该样本点最近的中心（$1 \leqslant i \leqslant k$），遍历所有样本将其分配到距离它最近的簇中心。

步骤 4：重新计算分配到每个簇的样本的均值向量，找到 k 个新簇（$i = 1$，2，$\cdots$，k）的中心 c_j（$j = 1, 2, \cdots, k$）。

步骤 5：判断 c_j（$j = 1, 2, \cdots, k$）是否与上一次迭代得到的中心相同，如果相同，则停止迭代，否则，转向步骤 3 直至迭代收敛。

经过计算后确定 k 个簇中心为 c_j，则方差为 $\sum_{i \in c_j} |i - m_i|^2$，其中，$m$ 为样本。

在第一阶段隐层参数确定后便进入第二阶段。因输出单元是线性单元，它的权值 w_j 可以简单地用最小二乘法直接计算出来。

二、聚类中的 BIRCH 算法

在第一章、第二章中笔者就已经反复提到了神经网络的"过拟合"问题，在此仍然难以回避这个问题。由于利用神经网络进行"软聚类"，使得我们在第二章可加性论证中就提出的假定每个指标都有机会被聚类的问题又一次出现了，它使得许多不该包含在特定级别指标中的"冗余"对象出现，这就需要"减员增效"、"去伪存真"、"去掉过度的浮华"，将"过度包装"性质的"过拟合"问题消解。在 Microsoft SQL Server 2005 中可以借助于分层聚类实现，其科学语言是 BIRCH 聚类。[①]

BIRCH 是一个综合的层次聚类算法。它引入了两个概念：聚类特征和聚类特征树（CF 分层树），它们适用于概括聚类描述。一个聚类特征（CF）是一个三元组，给出对象子聚类的信息的汇总描述。假设某个子绩效指标聚类中有 N 个 d 维的指标对象 $\{I_j\}$，则该子聚类的 CFI（绩效指标聚类特征）定义如下：

$CFI = (N, \vec{LS}, SS)$

其中，N 是子类中指标对象的数目，$\vec{LS}$ 是 N 指标对象线性和（即 $\sum_{j=1}^{N} \vec{I_j}$），SS 是数据点的平方和（即 $\sum_{j=1}^{N} \vec{I_j}^2$）。

从统计学的观点来看，指标的聚类特征是对给定子指标聚类的统计汇总，它记

---

①王欣，徐腾飞，唐连章等. SQL Server 2005 数据挖掘实例分析［M］. 北京：中国水利水电出版社，2009：193 - 194.

录了计算聚类和有效利用存储的关键度量,汇总了关于子聚类的信息,但并不存储所有的对象。

在利用 BIRCH 解决"过拟合"的分层聚类中,一棵 CFI 树是高度平衡的树,它存储了层次聚类的聚类特征。图 5-4 给出了 CFI 树的结构。根据定义,树种的非叶节点有后代或"子女",它们存储了其子女节点的 CFI 的总和,即汇总了其子女节点的聚类信息。

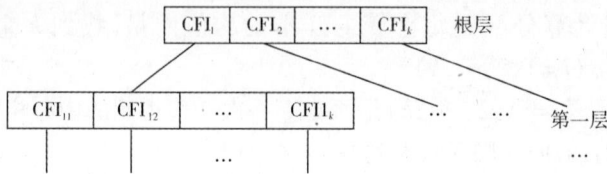

图 5-4 政府绩效评估指标硬聚类中的 CFI 树的结构

一棵绩效指标聚类 CFI 树有两个参数:分支因子 B 和阈值 T。分支因子定义了每个非叶节点子女的最大数目,而阈值参数给出了存储在树的叶节点的子聚类的最大直径。这两个参数影响了结果树的大小。

BIRCH 算法包括两个阶段:扫描数据库和对叶结点聚类。

第一阶段,BIRCH 扫描构建政府绩效指标数据仓库,建立一个初始存放的 CFI 树,它可以被看做数据的多层压缩,试图保留数据内在的聚类结构。

第二阶段,BIRCH 采用特定聚类算法对 CFI 树的叶节点进行聚类。

在阶段 1 中,随着指标对象被插入,CFI 树被动地构造。因此,该方法支持绩效指标增量聚类。一个指标对象被插入到最近的子聚类。如果插入后存储在叶节点中的子聚类的直径大于阈值,那么该节点可能被分裂。新指标对象插入后,关于该指标对象的信息向着树根传递。通过修改阈值,CFI 树的大小可以改变。如果存储 CFI 树需要的内存大于主存的大小,可以定义一个较小的阈值,并重建 CFI 树。重建过程从旧树的叶节点开始构建一棵新树。这样,重建树的过程不需要重读所有的对象,CFI 树建好后,可以在阶段 2 中使用任何聚类算法。

作为一个探索性应用研究,我们不可能运用手工操作来完成 RBF 神经网络"软聚类"和 BIRCH"硬聚类"的正则化,从而最终挖掘出面向南京、苏州、盐城、徐州四市的政府绩效评估指标体系,我们将其称为"综合聚类挖掘方法"。这一步工作仍然要回到上文用 Microsoft SQL Server 2005 所构建出的绩效指标数据仓库中去,利用 Microsoft SQL Server 2005 软件接着完成剩余的挖掘工作。实际上,在建成政府绩效指标数据仓库之后,这部分工作是很容易完成的。

三、综合聚类挖掘

在数据挖掘的研究中,聚类是一个富有挑战性的研究领域,它的潜在应用提出了各自特殊的需要。结合前人的研究成果来看,聚类挖掘对聚类的基本要求可以总结为表5-1。[1][2][3][4][5][6]正如上文中已经澄清的,本研究是在考察了政府绩效评估指标设计的需求、各种聚类方法之后决定运用 RBF 神经网络+BIRCH 分层聚类=综合聚类挖掘的方式在 Microsoft SQL Server 2005 软件系统中来实现指标挖掘。之所以使用综合聚类挖掘,是因为综合聚类能够满足聚类挖掘政府绩效评估指标的各种要求(见表5-1)。

表5-1 聚类的基本要求及综合聚类对其的实现

聚类要求	要求详述	综合聚类的实现方式
可伸缩性	许多聚类算法在小于 200 个数据对象的小数据集合上工作得很好,但是,一个大规模数据库可能包含几百万个对象,在这样的大数据集合样本上进行聚类可能会导致有偏差的结果。我们需要具有高度可伸缩性的聚类算法。	综合聚类先用 RBF 神经网络柔性(软)聚类,具有很强的可伸缩性。
处理不同类型属性的能力	许多算法被设计用来聚类数值类型的数据。但是,应用可能要求聚类其他类型的数据,如二态类型(Binary)、定类/定序类型(Categorical/nominal)、定比型(Ordinal)的数据,或者这些数据类型的混合。	综合聚类中,RBF 神经网络、分层聚类均可以处理文本、二态、定类、定序、定比等各类变量。而且综合聚类就采用了对文本+定比(权重)进行分层聚类的方式。
发现任意形状的能力	许多聚类算法基于欧几里得或者曼哈顿距离度量来决定聚类。基于这样的距离度量的算法趋向于发现具有相近尺度和密度的球状簇。但是,一个簇可能是任意形状的。提出能发现任意性形状簇的算法很重要。	通过 RBF 首先实现隐层和输入层的指标,而这些发现过程都是算法(通过 Microsoft SQL Server 2005)实现,其中的簇是任意的。进一步分层聚类也不加 CONSTRAIN(限制)命令,也是任意的。

①王欣,徐腾飞,唐连章等. SQL Server 2005 数据挖掘实例分析[M].北京:中国水利水电出版社,2009:186.

②Jiawei. Han et al. *Data Mining*: *Concepts and Techniques*. Morgan Kaufmann Publishers, 2001.

③Jiawei Han. Database System. Data Mining and Data Warehousing. http://www.cs.sfu.ca/~han/.

④Zhexue Huang. Clustering Large Data Sets with Mixed Numeric and Catagorical Values. First Pacific – Asia Conference on Knowledge Discovery & Data Ming,1997: 21 – 34.

⑤S. Guha, R. Rastogi, K. Shim. *CURE*: *An Efficient Clustering Algorithm for Large Database*. ACM SIGMOD, 1998: 73 – 84.

⑥R. N. Dave. Characterization and Detection of Noise in Clustering. *Pattern Recognition Letters*, 1991, 12(11): 657 – 664.

聚类要求	要求详述	综合聚类的实现方式
用于决定输入参数的领域知识最小化	许多聚类算法在聚类分析中要求用户输入一定的参数,如希望产生的簇的数目。许多聚类算法在聚类分析中要求用户输入一定的参数,如希望产生的簇的数目。聚类结果对于输入参数十分敏感。参数通常很难确定,特别是对于包含高维对象的数据集来说。这样不仅加重了用户的负担,也使得据类的质量难以把握。	综合聚类就是为了解决目前政府绩效评估指标设计中预设某几类指标,然后做"填空题"的弊端而开发,故不会设置确定的聚类参数,从而制约聚类的科学性。
处理"噪声"数据的能力	绝大多数显示中的数据库都包含孤立点、缺失或者错误的数据。一些聚类算法对于这样的数据敏感,可能导致低质量的聚类结果。	实际上,本研究的"噪声"问题在 ETL 工作中已经解决。综合聚类中会对缺失值采取算术平均的方式处理。
对于输入记录的顺序不敏感	一些聚类算法对于输入数据的顺序是敏感的。例如,同一个数据集合,当以不同的顺序交给同一个算法时,可能生成差别很大的聚类结果。开发对数据输入顺序不敏感的算法具有重要意义。	综合聚类中,无论是 RBF 神经网络还是 BIRCH 分层聚类,都不强调数据仓库中指标的输入顺序。实际上,也没法强调绩效评估指标顺序。
高维度(High Dimensionality)	一个数据库或者数据仓库可能包含若干维或者属性。许多聚类算法擅长处理低属性维的数据。在高属性维空间中聚类数据对象是非常有挑战性的,特别是考虑到这样的数据可能分布得非常稀疏,而且高度偏斜。	高维度问题,实际上在第三章就已经解决,综合聚类是对第三章"可加性"的贯彻与执行,就是为处理高维度对象而采用的"组合键"。
基于约束的聚类	现实世界的应用可能需要在各种约束条件下进行聚类。假设你的工作是在一个城市中为给定数目的自动取款机选择安放位置,为了做出决定,你可以对住宅区进行聚类,同时考虑城市的河流和公路网、每个地区的客户要求等情况。要找到满足特定的约束又具有良好聚类特性的数据分组是一项具有挑战性的任务。	综合聚类就是要更科学地聚类出基于政府绩效的"绩效评估指标体系"。在技术上,我们采取了在 Microsoft SQL Server 2005 中对"三级指标"变量上设置主键约束的方式来聚焦到政府绩效。
可解释性和可用性	用于希望聚类结果是可解释的、可理解的和可用的。也就是说,聚类可能需要与特定的语义解释和应用相联系。应用目标如何能影响聚类方法的选择也是一个重要的研究课题。	综合聚类就是为了解决"两重性"、"软"–"硬"性的,因此可解释性和可评价性都可以保证。

从表5–1中可以看出,综合聚类从多个方面均满足了数据挖掘中聚类的基本要求,这样我们就有足够理由、足够信心利用它在 Microsoft SQL Server 2005 软件系统中来进行聚类挖掘,以设计出面向南京、苏州、盐城、徐州四市的政府绩效评估指标体系。

四、"综合聚类挖掘"的计算逻辑

前文已经讲述了综合聚类挖掘的各种原理与满足聚类要求的情况,在挖掘之前,也需要弄清楚综合聚类的计算逻辑(Computational Logic),也就是我们在 Microsoft SQL Server 2005 中进行指标挖掘的计算机运行机理,具体如图 5 – 5 所示。

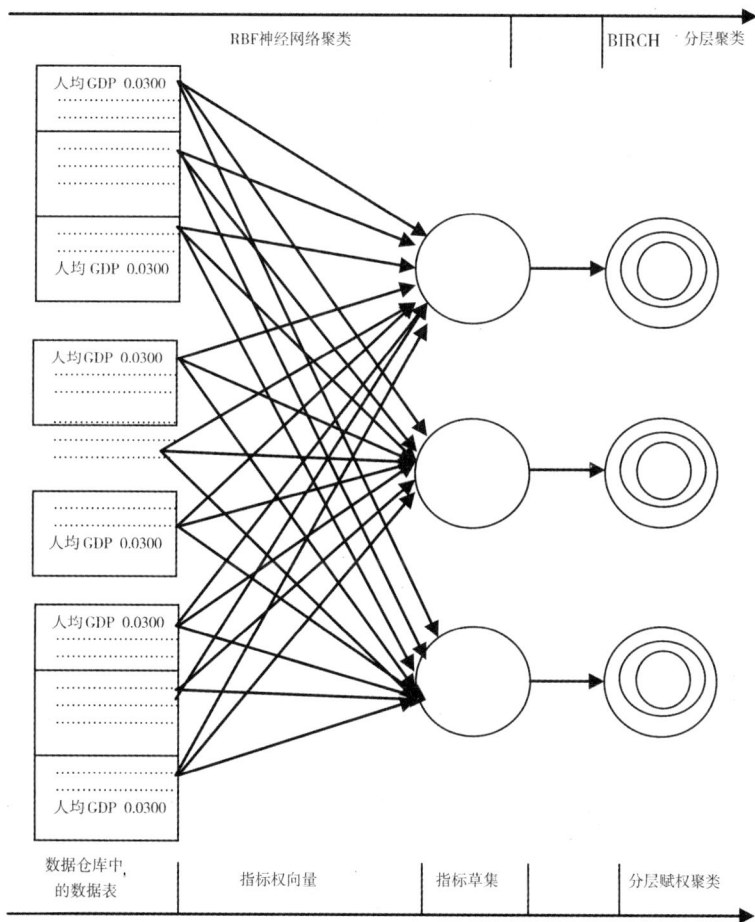

图 5 – 5　综合聚类的计算逻辑

图 5 – 5 直观地展示了本研究的最后一个步骤——利用 RBF 神经网络 + BIRCH 分层聚类的综合聚类挖掘出面向南京、苏州、盐城、徐州的政府绩效评估指标体系的计算逻辑,它包括了两个计算子逻辑:RBF 神经网络聚类、BIRCH 分层聚类。

1. RBF 神经网络聚类逻辑

尽管前文已经阐述了 RBF 神经网络的基本原理和其在政府绩效评估指标设计中的应用机理,但将其运用于 Microsoft SQL Server 2005 数据挖掘,则还需进一步明确人机交互、数据处理的计算逻辑。

本研究采取的逻辑是利用在构建数据集市、数据仓库、元数据过程中主键连接的所有"三级指标"数据和"三级指标值"作为展开聚类挖掘的操作数据源。之所以以它们作为聚类的操作数据源,是因为所谓"一级指标"、"二级指标"实际上都是一些问题域的描述,如"经济绩效"、"政治绩效"、"社会绩效"等等,这些指标数据保存在数据库、数据集市、数据仓库中,利用 SELECT 查询语言随时调用,具有挖掘价值,但从构建绩效评估指标来说,它首先需要有操作性,否则,不能用于评估,只能是对一些问题域的描述。所有"三级指标"数据,几乎都是具有可操作性的,能够被用于评估实践的。比如,"人均财政收入增长率"、"人均基础教育财政支出"、"恩格尔系数"等等。当然,分层聚类本身就是将变量聚类到不同层次问题域的,我们通过以"三级指标"和"三级指标值"聚类时,也会自然产生包含"三级指标"的不同层次的域,只要根据其域特征命名即可,命名之后的域就转换为一级指标、二级指标了,而且还赋予了权值(权重)。在确定了操作数据源之后,就可以以 RBF 神经网络为工具,将操作数据源输入神经网络挖掘工具,然后按照输入层—输出层产生指标草集,它就是综合聚类挖掘的第二个环节——BIRCH 聚类的操作数据源。

2. BIRCH 分层聚类逻辑

在产生了指标草集之后,综合聚类就进入了第二个环节——用 BIRCH 进行二次分层聚类以消解神经网络的"过拟合"问题。它的计算逻辑是基于 Microsoft SQL Server 2005 的聚类工具,将指标草集在神经网络聚类的"域"范围内,进一步聚类。在此过程中,为了减少指标数据的"过拟合"问题,可能还需要利用 TRAN - SACT 语言输入限制参数,把指标限制到评估实践能够接受的范围内。比如,限制三级指标为 200、150、100 等,否则,即使再科学的指标体系,如果缺乏实用性,那也与大象无异——看上去很美,却难以将其投入为人类服务。可以说,分层聚类逻辑就是在神经网络聚类的"域"内进一步一层一层聚类,直到满足聚类需求,这一步可以说既是解决科学性问题,也是解决合用性问题,更是解决现实性问题。

RBF 神经网络聚类逻辑与 BIRCH 分层聚类逻辑的链接与组合,便是综合聚类逻辑,它廓清了在 Microsoft SQL Server 2005 软件系统中综合挖掘的逻辑,有了它做指导,便可以展开数据挖掘了。

第三节 一级指标挖掘

在 Microsoft SQL Server 2005 中,利用神经网络聚类也是在 Business Inteligence Development Studio(BIDS)挖掘工作平台上进行,它提供了一整套商业信息解决方案。这个环境整合在微软公司的 Visual Studio 里面,用以提供关于商业信息运作的完整开发经验。在 Visual Studio 里面提供了一整套商业信息解决方案,数据挖掘方案只是整套解决方案中的一部分。我们利用其挖掘四市绩效评估指标体系,首先需要利用 RBF 神经网络挖掘出一级指标,而挖掘一级指标时首先需要处理 NULL 值和进行数据质量检验。

一、NULL 值处理

在我们展开神经网络挖掘之前,还有一项工作要处理,那就是对"南京、苏州、徐州、盐城四市绩效评估指标数据仓库"中的部分数据表中"三级指标值"为 "NULL"的值进行数量化赋值。尽管我们在创建数据库,进而构建数据仓库的过程中,对"三级指标值"允许为"NULL"值,但毕竟"NULL"值不是真正的"指标值",即它不是权值或者权重。一般来说,用于政府绩效评估的指标体系的权值必须是数值型的,这就需要将"NULL"值转换为 Microsoft SQL Server 2005 软件能够识别,同时又符合评估实际、符合科学原理的数字型数据。需要补充说明的是,此处转换 "NULL"值并不代表前面的 ETL 工作不到位,ETL 工作是检测数据的一致性、逻辑性、符合 SQL Server 性。也就是说,只要符合我们之前界定的输入 Microsoft SQL Server 2005 的基本逻辑原则的数据,都能通过 ETL 检验。我们在创建数据库时,已经将"三级指标值"设置为"允许 NULL",故它本身是符合 ETL 要求的。但符合 ETL 要求不代表就符合现实需要,我们需要挖掘出能够应用到政府绩效评估实践的指标体系,自然需要对"NULL"值进行转换。

具体转换的做法是借助于算术平均补缺失值的方式,使得每个 NULL 值相等,这样并不影响其他非 NULL 值的聚类,这是一种最为常用的 NULL 值处理方式。[①] 具体做法是根据权值的算术平均公式 $\overline{w} = \dfrac{1}{\sum\limits_{i=1}^{n} w_i} \times 100\%$ ($w_1 = w_2 = \cdots = w_{n-1} = w_n$) 求出,然后使用 Transact – SQL 的 UPDATE(更新数据)命令整体赋值。下面以"南

---

①如何替代缺失值[EB/OL]. http://www. pinggu. org/bbs/thread – 548413 – 1 – 1. html.

京、苏州、徐州、盐城四市绩效评估指标数据仓库设计数据源"中"数据集市1 零散集市"的指标数据表"零散收集:来源于 google 的无名指标体系"的"三级指标值"的填补为例来说明 NULL 值补充过程。

(1)将行值 85 代入算术平均公式,求得 $\overline{w}$ 约等于 0.0118。

(2)编写 Transact – SQL 命令如下:

use 南京、苏州、徐州、盐城四市政府绩效评估指标数据库
go
update 零散收集来源于 google 的无名指标体系
set 三级指标值 = 0.1118
where 三级指标值 is NULL

通过执行上面的命令,指标数据表"零散收集:来源于 google 的无名指标体系"便从图 5 – 6 更新为图 5 – 7,所有"三级指标值"都具有了算术平均值"0.0118"。

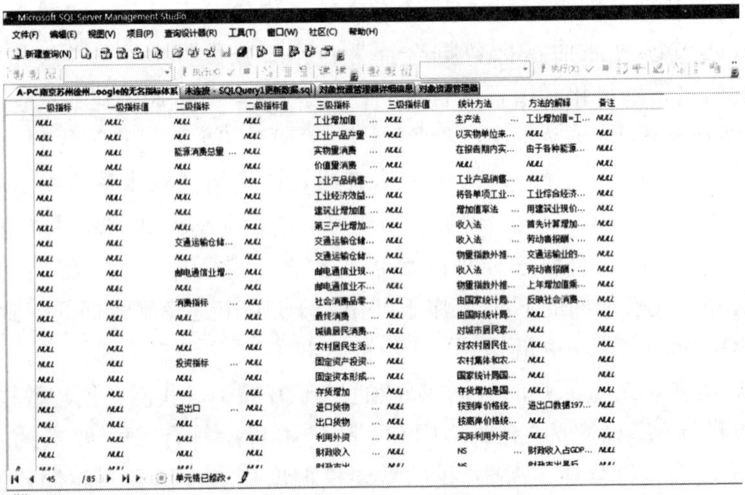

图 5 – 6　未更新的数据仓库中"三级指标值"为"NULL"的表

数据仓库中其他数据表上的"三级指标"值为"NULL"的处理方式与"零散收集:来源于 google 的无名指标体系"表中"三级指标值"的处理方式相同,此处略去。

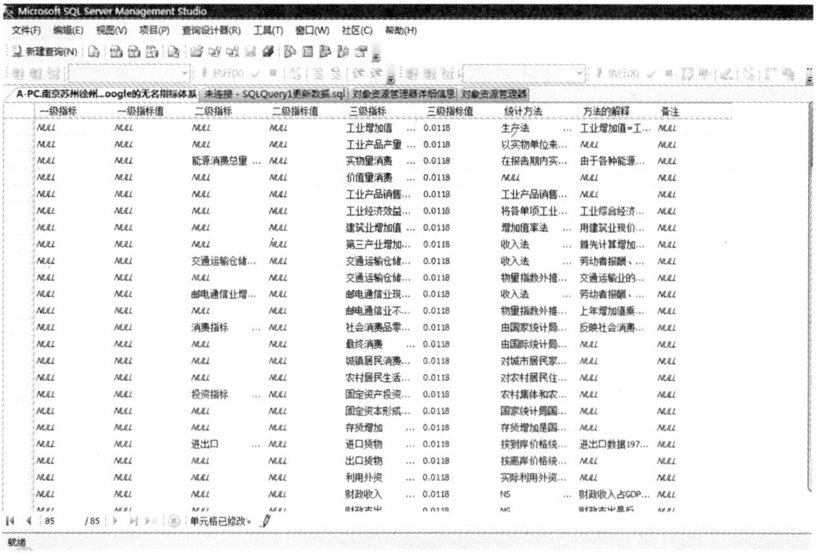

图 5-7 更新之后数据仓库中"三级指标值"为算术平均值"0.0118"的表

二、数据质量检验

在对"三级指标"的"NULL"值处理之后,还需要整体检验一下数据仓库中指标数据的总体质量是否适合数据挖掘,如果质量过关,即可展开数据挖掘。

数据质量检验的具体做法是在 Microsoft SQL Server 2005 的 Microsoft Visual Studio 中打开"解决方案资源管理器",将之前建立的"数据仓库1 南京、苏州、徐州、盐城四市政府绩效评估指标数据库"激活,利用"多维数据库"的"多维数据检验功能",同时选择"使用数据源数据"将数据仓库中的所有数据(包括除了"NULL"值的和不需要处理"NULL"值的)输入检验程序,这样就会生成数据检验的最终结果。①

我们在导入"数据仓库1 南京、苏州、徐州、盐城四市政府绩效评估指标数据库"的所有数据之后,这些数据源均通过了检验。图 5-8 是数据源检验的部分结果,它显示了数据仓库中的指标数据、数据集市均符合满足需要,通过了检验,可以进行后续的挖掘步骤了。

---

① 在检验过程中,软件会提示检验后的数据情况,通不过检验的数据会提示原因。

图 5 – 8　数据仓库中数据检验结果

三、利用 RBF 神经网络挖掘一级指标

利用 RBF 神经网络聚类挖掘也是在 Microsoft Visual Studio 中完成的。在数据挖掘操作中，SQL server Analysis Services 有"挖掘结构"和"挖掘模型"两个主要的数据挖掘对象。挖掘结构用来定义挖掘问题的域，而挖掘模型是挖掘算法对挖掘结构的具体应用。绑定到数据源的挖掘结构包含一组结构列，这些列有数据类型和内容类型，还包括一些可选的标志，这些标志用来控制如何对这些数据进行建模。除此之外，挖掘结构还包含了一组挖掘模型，这些挖掘模型的列来自于挖掘结构。① 挖掘模型的定义包括挖掘算法及其相关的参数，还包括来自挖掘结构的列。挖掘结构中每一个挖掘模型都可以使用不同的算法，或者使用相同的算法但使用不同的参数，或者包含挖掘结构中列的不同子集。

①此处部分说法借鉴了 Zhaohu Tang, J. MacLennan. 数据挖掘原理与应用——SQL Server 2005 数据库 [M]. 北京：清华大学出版社，2008：83.

1.创建挖掘模型

打开"数据仓库1 南京、苏州、徐州、盐城四市政府绩效评估指标数据库",即我们构建的"南京、苏州、徐州、盐城四市绩效评估指标数据仓库",在"解决方案管理器"中选择"维度",随即进入"维度向导",进而选择"使用数据源生成维度"并点击"自动生成",在选好"数据源视图"后,将"选择维度类型"设定为"标准维度"。在做好这些工作之后,按照本书一贯的逻辑,选择在"主表维度"中的"三级指标"作为主键列,并以"数据集市1 零散集市"为主表,进一步选择"相关表",即所有要挖掘的指标数据表,如图5-9所示,输入数据仓库中所有需要挖掘的指标数据。

图5-9 所要挖掘的数据仓库中所有数据的属性输入

在输入数据(通过维度)确定之后,在"Accounts"、"Billofmaterials"、"Channel"、"Currency"、"Customers"、"Geography"、"Organization"、"Proucts"、"Promotion"、"Quantitative"、"Rates"、"Regular"、"Scenario"、"Time"等"维度类型"中选择

"Regular"①。完成这些工作之后,便开始了层次结构检测,如图5-10所示。

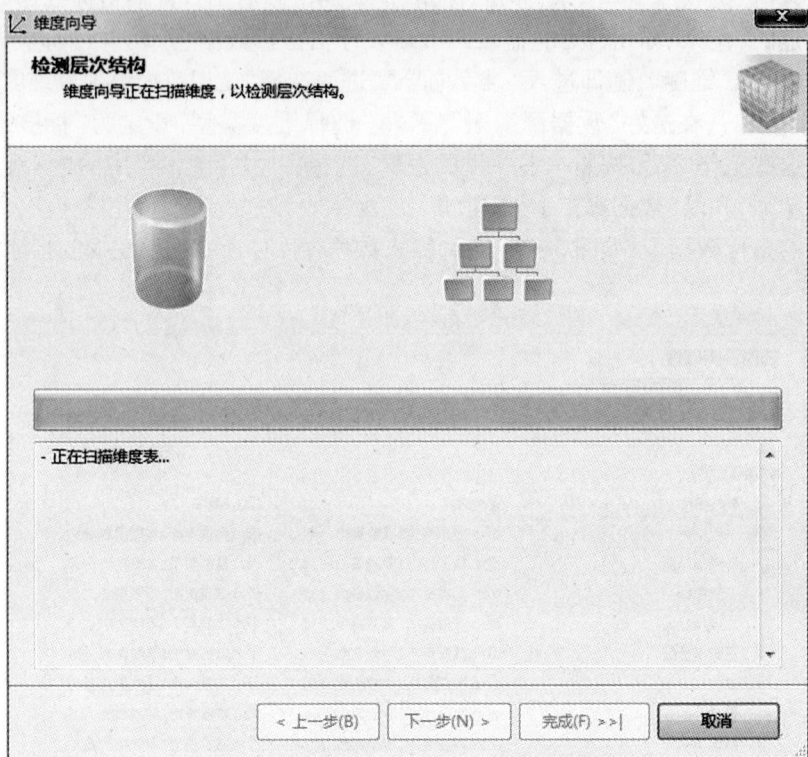

图5-10 数据挖掘模型的层次结构检测

通过层次结构检测之后,就可以点击"完成",于是就创建好了数据挖掘模型。数据挖掘模型完成以出现"∠"图标为标志(图中的红色方框内),如图5-11所示,最终建成了四市数据挖掘的模型。

在数据挖掘模型建成之后,还可以构建挖掘的层次结构和级别。② 为了在进一步的 RBF 神经网络挖掘、BIRCH 分层挖掘中级别更为清晰,我们创建了优先从数据集市提取数据的结构层次,如图5-12所示。

———————————

①由于研究的聚类挖掘具体包括定性属性(指标)和定量属性(指标值),因而选用 Regular。如果只是数据型聚类,则选用"Quantitative"最好。

②需要指出的是,这一步并非所有挖掘研究都必须采取的步骤。

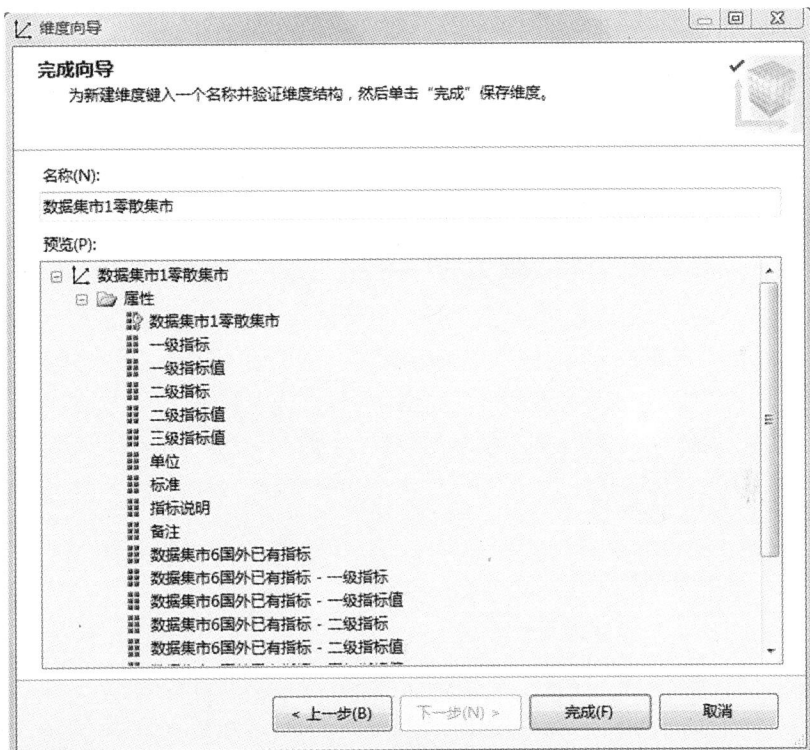

图 5 – 11　数据挖掘模型建成

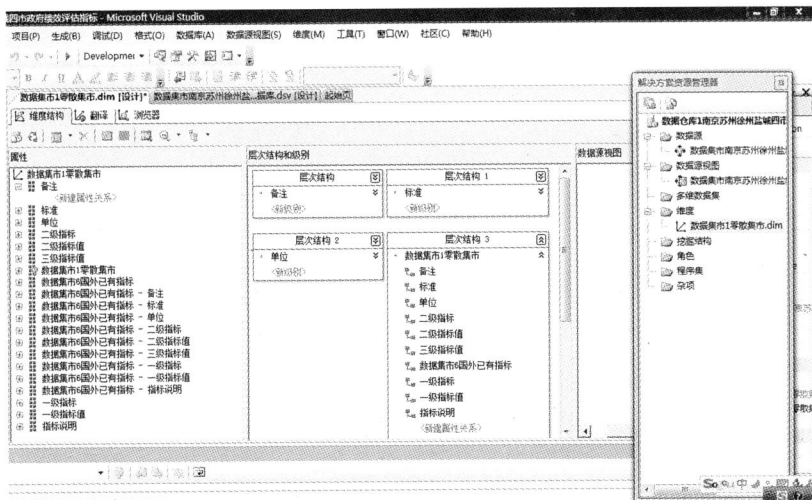

图 5 – 12　数据挖掘模型中的层次结构设置

2. 数据挖掘结构构建

数据挖掘结构与挖掘模型的不同之处在于,挖掘结构描述将用于挖掘的列和训练数据,挖掘模型是从挖掘结构中选择一些列,然后使用某一个算法,并且为该算法定义每一列的用法。创建数据挖掘结构的过程与创建挖掘模型类似。

打开数据仓库,在"解决方案管理器"中选择"挖掘结构",进入"数据挖掘向导"(见图5-13)。在"选用何种方法定义结构"中选择"从现有关系数据库或数据仓库",在"数据挖掘技术"的"您要使用何种数据挖掘技术(T)"的"Mircrosoft 决策树"、"Microsoft Naïve Bayes"、"Microsoft 关联规则"、"Microsoft 聚类分析"、"Microsoft 逻辑回归"、"Microsoft 神经网络"、"Microsoft 时序"、"Microsoft 顺序分析和聚类分析"、"Microsoft 线性回归"工具中选择"Microsoft 神经网络"(见图5-14),选中后,软件会提示"Microsoft 神经网络算法使用梯度法来优化多层网络的参数,以预测多个属性。它可以用于离散属性的分类和连续属性的回归",这正好符合本研究指标设计的需要。

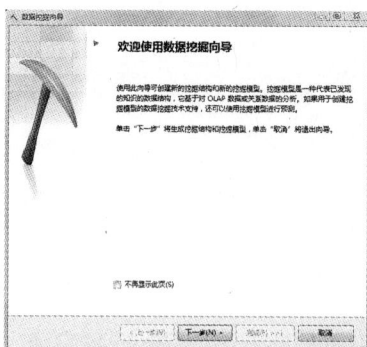

图 5-13 进入数据挖掘向导

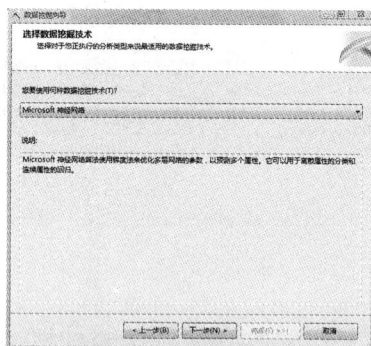

图 5-14 选择"Microsoft 神经网络"挖掘结构

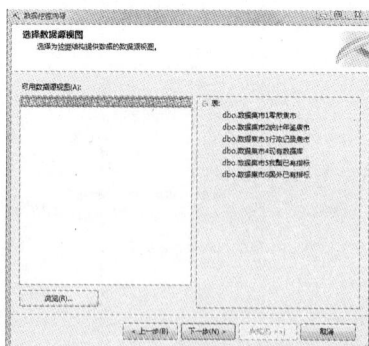

图 5-15 将数据仓库中的所有数据输入神经网络

在选择了"Microsoft 神经网络"之后,接下来就可以把数据仓库中的所有数据集市导入神经网络挖掘结构,如图5-15所示。数据导入完成后,便可以指定表的类型,具体方式是通过确定"事例"与"嵌套关系"来实现,其中"嵌套关系"必须是一对多关系(见图5-16),也就是我们构建数据仓库的过程中的星形一对多关系。再把正确的列作为一张嵌套表的键时需要考虑一件事,即数据挖掘通过对实例进行的相似性检查和区别检查找到的样式。假如给嵌套表选择某个列作为键时,该列只能在单一实例中显示值,数据挖掘算法将找不到这个列的相关样式。从理论上来说,哪个列作为可预测的,取决于实际的挖掘问题以及需要验证的假说,还有选择好的算法。一般来说,将某个列作为输入就意味着算法会使用这个列来确定那些表上的可预测列或输入列。[①] 鉴于此,我们选择以"三级指标"、"三级指标值"作为输入列,这符合 RBF 神经网络两层预测的基本思路,以"三级指标"、"三级指标值"来聚类(预测)出指标粗集——域,也就是一级指标及其权值,然后再对这种"软聚类"进行过拟合"硬"分层聚类,从而产生二级、三级指标体系及其权重。

接下来就需要"指定定型数据"了,也可以称为"挖掘模型结构",这一步是数据挖掘的关键步骤,在本研究中尤其如此,它界定了我们将

图 5 – 16　通过嵌套指定表类型

要以"三级指标" + "三级指标值"为抓手,以此来贯彻神经网络的预测功能,聚类挖掘出指标草集——域及其域值(权重)。经过这一系列的工作,我们终于来到了目的地——构建成本研究的神经网络数据挖掘结构,我们将其命名为"shenjing wangluo wajue",它的建成以出现"人"图标为标志,如图 5 – 17 所示,图左的红色方框内的"人"图标表示挖掘结构已经建成,图右是挖掘结构建成后在"解决方案资源管理器"中的显示。

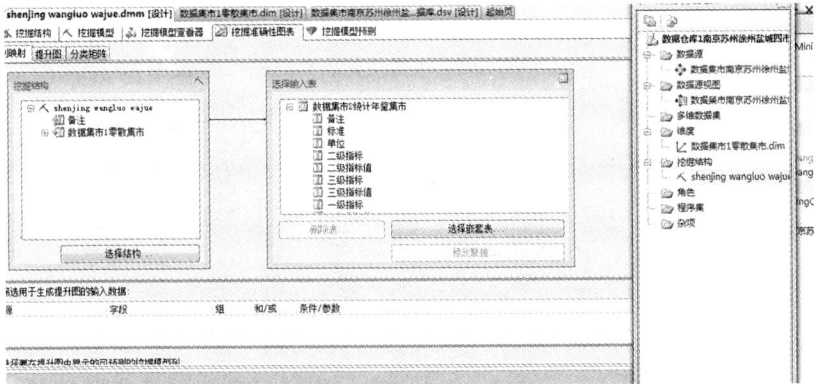

图 5 – 17　建成的神经网络挖掘结构"shenjing wangluowa jue"

---

①王欣,徐腾飞,唐连章等.SQL Server 2005 数据挖掘实例分析[M].北京:中国水利水电出版社,2009:104 – 105.

3.指标草集挖掘

在建好挖掘模型和挖掘结构之后,就可以利用它们进行 RBF 神经网络挖掘了。具体过程为:设置预测关系→设置挖掘参数→展开数据挖掘。

(1)设置预测关系。尽管前文在构建数据集市、数据仓库、元数据时已经确定了以"三级指标"作为主键,并且在数据挖掘模型构建、数据挖掘结构构建时已经确立了以"三级指标"和"三级指标值"作为输入列进行挖掘,但在展开挖掘之前还需要明确输入——输出的预测关系。① 本研究的做法是利用已经构建的数据挖掘模型中的"挖掘准确性图表"功能,它可以确定输入与预测变量。首先,我们整体建立从数据挖掘结构到预测指标体系的整体输入——输出关系,如图 5 – 18 所示,我们构建了一个从"shenjing wangluo wajue"数据挖掘结构到我们构建的南京、苏州、盐城、徐州指标数据仓库的输入与预测关系,这样,总体逻辑就是以数据挖掘结构挖掘出政府绩效评估指标体系。

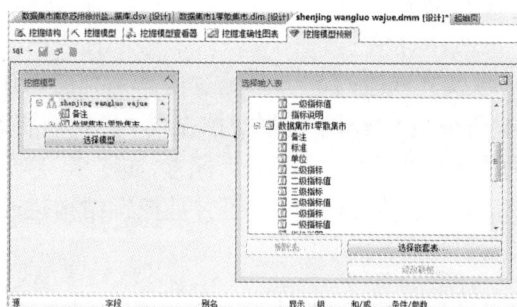

图 5 – 18 从数据挖掘结构到挖掘目标的总体挖掘架构

在设置好总体预测关系之后,就需要构建本研究赖以展开神经网络挖掘的输入——输出预测模型。如图 5 – 19 所示,我们构建了一个用"三级指标"+"三级指标值"预测"一级指标"+"一级指标值"的预测关系。之所以这样做,前文已经述及,是为了解决指标聚类中的"软、硬聚类"和"二重性"问题;在此先利用 RBF 神经网络的两层软聚类功能,用"软"聚类的方式,聚类出几个大的"域"问题,也就是一级指标及其权重。考虑到神经网络的"过拟合"问题过于严重,我们再在进一步的研究中,利用 BIRCH 分层硬聚类,将"过拟合",也就是重复聚类、错误聚类的因素给"硬化"掉,从而产生我们想要的指标体系。

(2)设置挖掘参数。需要说明的是,建立好这些关系之后,数据挖掘就可以由

---

①之所以说"预测"关系,因为神经网络最"原教旨主义"的功能是用来预测的技术和工具。

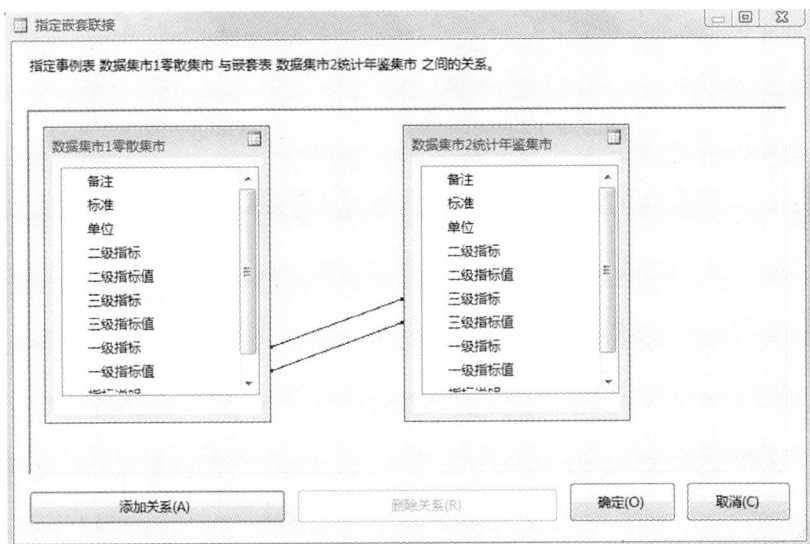

图 5-19　以"三级指标"+"三级指标值"挖掘"一级指标"+"一级指标值"的预测关系

软件自动完成,并在经过多次神经网络聚类之后①,最终会自动形成特定数目的域及域值,但考虑到我们挖掘产生的指标体系必须具有现实性,而不是仅仅一个纯粹理论意义的指标,毫无实践性,因此我们考虑在挖掘之前限定一个参数,就是希望神经网络聚类到某一个数目的域即可,不需要进行无数次的训练以搜选机器认为的最佳簇,也就是域。这既可以满足本研究开始就设想要达到的"合用性"要求,也是在时间、物质资源有限的情况下不得已之举。鉴于此,我们在"算法参数"中人为设置了参数值为"10"(见图 5-20),也就是希望神经网络挖掘出 10 个簇和簇值,也就是一级指标及其权重。这里还需要澄清一个科学事实,虽然我们设置了参数,但不影响神经网络聚类的"无指导学习"的性质,我们并未输入聚类所必须遵循的原则,比如"有数值时只取整数"、"句子中有政府便认为无效"等,如果这样做,才是干涉了"无指导学习"原则,属于"有指导学习"了;此外,虽然我们限制了 10 作为参数,但这只是对"域",也就是对一级指标的限制,真正有意义的是后面的三级指标,它们才具有操作价值。实际上,界定 10 个域也正好可以发挥神经网络"软聚类"的特质,将所有需要聚类的指标进行柔性聚类,在各个域之间通过留存重复值而保证了不丢失有意义的值。②

①甚至无数次聚类。
②尽管如此,但从纯科学意义上来说,限定参数就是不够"十足科学",只能说这是在科学性与合用性(现实性)之间做一个尽可能科学的妥协。

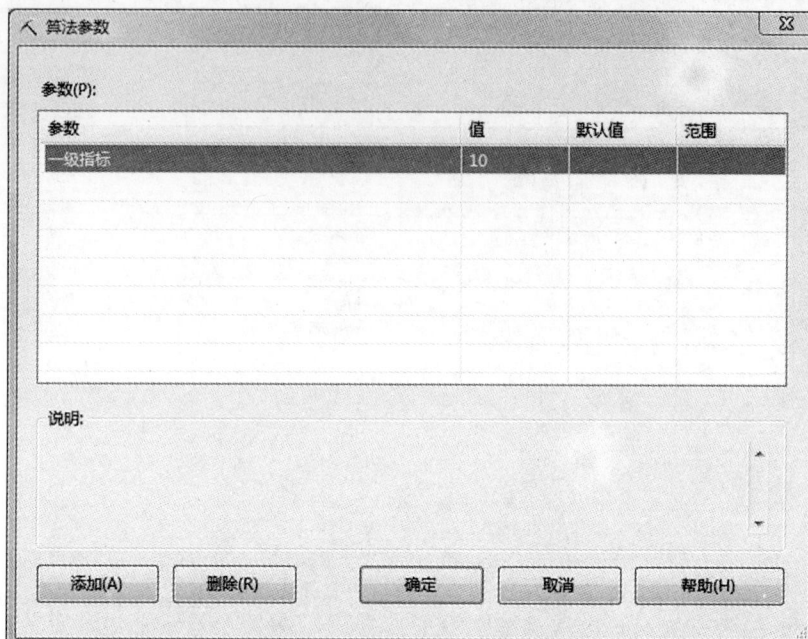

图 5-20 挖掘的一级指标参数设置

（3）展开数据挖掘。在做好上述工作之后，终于可以爬到数据挖掘的顶峰——进行挖掘了。数据挖掘的具体做法是利用我们构建的神经网络挖掘结构来训练数据，从而产生指标域及其权重。Analysis Services 能够在一个挖掘结构里面并行处理所有的数据。本挖掘研究选择了挖掘处理选项的"处理全部"进行挖掘处理。挖掘有一个极其复杂的机器训练与处理过程，下面是我们截取的 Micrsoft Visual Studio 进行 RBF 神经网络挖掘的无数复杂的机器处理过程中的开头很小一部分的详细过程。

```
    < Batch  xmlns = " http://schemas. microsoft. com/analysisservices/2003/en-
gine" >
    < Process
xmlns:xsd = " http://www. w3. org/2001/XMLSchema"
xmlns:xsi = " http://www. w3. org/2001/XMLSchema - instance"
xmlns:ddl2 = " http://schemas. microsoft. com/analysisservices/2003/engine/2"
xmlns:ddl2_2 = " http://schemas. microsoft. com/analysisservices/2003/engine/
2/2" >
```

< Object >

　　< DatabaseID >数据仓库 1 南京、苏州、徐州、盐城四市政府绩效评估指标数据库</DatabaseID >

　　< MiningStructureID >1 国内学者:路宁 我国县级政府绩效评价体系设计探索</MiningStructureID >

　　</Object >

　　< Type >ProcessFull</Type >

　　< WriteBackTableCreation >UseExisting</WriteBackTableCreation >

　　</Process >

</Batch >

　　对 挖掘结构"1 国内学者:路宁 我国县级政府绩效评价体系设计探索"的处理已成功完成。

　　开始时间: 2010/2/22 18:21:25;结束时间: 2010/2/22 18:21:37;持续时间: 0:00:12

　　对 挖掘模型"1 国内学者:路宁 我国县级政府绩效评价体系设计探索"的处理已成功完成。

　　开始时间: 2010/2/22 18:21:37;结束时间: 2010/2/22 18:21:37;持续时间: 0:00:00

　　对 维度"1 国内学者:路宁 我国县级政府绩效评价体系设计探索 ~MC – 三级指标值"的处理已成功完成。

　　开始时间: 2010/2/22 18:21:25;结束时间: 2010/2/22 18:21:34;持续时间: 0:00:09

　　对 维度属性"(All)"的处理已成功完成。

　　开始时间: 2010/2/22 18:21:25;结束时间: 2010/2/22 18:21:26;持续时间: 0:00:01

　　对 维度属性"二级指标"的处理已成功完成。已读取 1 行。

　　开始时间: 2010/2/22 18:21:33;结束时间: 2010/2/22 18:21:32;持续时间: 0:00: –01

SQL 查询 1

SELECT

DISTINCT

［dbo_1 国内学者_xFF1A_路宁．_x0020_我国县级政府绩效评价体系设计探索］．［二级指标］AS ［dbo_1 国内学者_xFF1A_路宁．_x0020_我国县级政府绩效评价体系设计探索二级指标 0_0］

　　FROM ［dbo］.［1 国内学者:路宁．我国县级政府绩效评价体系设计探索］AS ［dbo_1 国内学者_xFF1A_路宁．_x0020_我国县级政府绩效评价体系设计探索］

　　对 维度属性"三级指标"的处理已成功完成。已读取 1 行。

　　开始时间：2010/2/22 18：21：33；结束时间：2010/2/22 18：21：33；持续时间：0：00：00

　　SQL 查询 1

　　　　SELECT

　　　　DISTINCT

　　［dbo_1 国内学者_xFF1A_路宁．_x0020_我国县级政府绩效评价体系设计探索］．［三级指标］AS ［dbo_1 国内学者_xFF1A_路宁．_x0020_我国县级政府绩效评价体系设计探索三级指标 0_0］

　　　　FROM ［dbo］.［1 国内学者:路宁．我国县级政府绩效评价体系设计探索］AS ［dbo_1 国内学者_xFF1A_路宁．_x0020_我国县级政府绩效评价体系设计探索］

　　　　对维度属性"一级指标"的处理已成功完成。已读取 1 行。

　　开始时间：2010/2/22 18：21：33；结束时间：2010/2/22 18：21：32；持续时间：0：00：-01

　　SQL 查询 1

　　　　SELECT

　　　　DISTINCT

　　［dbo_1 国内学者_xFF1A_路宁．_x0020_我国县级政府绩效评价体系设计探索］．［一级指标］AS ［dbo_1 国内学者_xFF1A_路宁．_x0020_我国县级政府绩效评价体系设计探索一级指标 0_0］

　　　　FROM ［dbo］.［1 国内学者:路宁．我国县级政府绩效评价体系设计探索］AS ［dbo_1 国内学者_xFF1A_路宁．_x0020_我国县级政府绩效评价体系设计探索］

　　对 维度属性"三级指标值"的处理已成功完成。已读取 1 行。

　　开始时间：2010/2/22 18：21：33；结束时间：2010/2/22 18：21：33；持续时间：0：00：00

SQL 查询 1

SELECT

DISTINCT

［dbo_1 国内学者_xFF1A_路宁._x0020_我国县级政府绩效评价体系设计探索］.［三级指标值］AS ［dbo_1 国内学者_xFF1A_路宁._x0020_我国县级政府绩效评价体系设计探索三级指标值 0_0］,［dbo_1 国内学者_xFF1A_路宁._x0020_我国县级政府绩效评价体系设计探索］.［二级指标］AS ［dbo_1 国内学者_xFF1A_路宁._x0020_我国县级政府绩效评价体系设计探索二级指标 0_1］,［dbo_1 国内学者_xFF1A_路宁._x0020_我国县级政府绩效评价体系设计探索］.［三级指标］AS ［dbo_1 国内学者_xFF1A_路宁._x0020_我国县级政府绩效评价体系设计探索三级指标 0_2］,［dbo_1 国内学者_xFF1A_路宁._x0020_我国县级政府绩效评价体系设计探索］.［一级指标］AS ［dbo_1 国内学者_xFF1A_路宁._x0020_我国县级政府绩效评价体系设计探索一级指标 0_3］

FROM ［dbo］.［1 国内学者:路宁. 我国县级政府绩效评价体系设计探索］AS ［dbo_1 国内学者_xFF1A_路宁._x0020_我国县级政府绩效评价体系设计探索］

ORDER BY ［dbo_1 国内学者_xFF1A_路宁._x0020_我国县级政府绩效评价体系设计探索］.［三级指标值］

ASC

对维度"1 国内学者:路宁 我国县级政府绩效评价体系设计探索 ～MC－1 国内学者:路宁 ～6－二级指标"的处理已成功完成。

开始时间:2010/2/22 18:21:34;结束时间:2010/2/22 18:21:35;持续时间:0:00:01

对 维度属性"(All)"的处理已成功完成。

开始时间:2010/2/22 18:21:34;结束时间:2010/2/22 18:21:34;持续时间:0:00:00

对 维度属性"二级指标"的处理已成功完成。已读取 1 行。

开始时间:2010/2/22 18:21:34;结束时间:2010/2/22 18:21:34;持续时间:0:00:00

SQL 查询 1

SELECT

DISTINCT

［dbo_1 国内学者_xFF1A_路宁._x0020_我国县级政府绩效评价体系设

计探索].［二级指标］AS［dbo_1 国内学者_xFF1A_路宁. _x0020_我国县级政府绩效评价体系设计探索二级指标 0_0］

FROM［dbo］.［1 国内学者:路宁. 我国县级政府绩效评价体系设计探索］AS［dbo_1 国内学者_xFF1A_路宁. _x0020_我国县级政府绩效评价体系设计探索］

ORDER BY［dbo_1 国内学者_xFF1A_路宁. _x0020_我国县级政府绩效评价体系设计探索].［二级指标］

ASC

对多维数据集"1 国内学者:路宁 我国县级政府绩效评价体系设计探索 ~MC"的处理已成功完成。

开始时间:2010/2/22 18:21:35;结束时间:2010/2/22 18:21:37;持续时间:0:00:02

对度量值组"~CaseDetail ~MG"的处理已成功完成。

开始时间:2010/2/22 18:21:35;结束时间:2010/2/22 18:21:37;持续时间:0:00:02

对分区"~CaseDetail ~MG"的处理已成功完成。

开始时间:2010/2/22 18:21:36;结束时间:2010/2/22 18:21:37;持续时间:0:00:01

SQL 查询 1

SELECT［dbo_1 国内学者_xFF1A_路宁. _x0020_我国县级政府绩效评价体系设计探索].［三级指标值］AS［dbo_1 国内学者_xFF1A_路宁. _x0020_我国县级政府绩效评价体系设计探索三级指标值 0_0],［dbo_1 国内学者_xFF1A_路宁. _x0020_我国县级政府绩效评价体系设计探索].［二级指标值］AS［dbo_1 国内学者_xFF1A_路宁. _x0020_我国县级政府绩效评价体系设计探索二级指标值 0_1］

FROM［dbo］.［1 国内学者:路宁. 我国县级政府绩效评价体系设计探索］AS［dbo_1 国内学者_xFF1A_路宁. _x0020_我国县级政府绩效评价体系设计探索］

ORDER BY［dbo_1 国内学者_xFF1A_路宁. _x0020_我国县级政府绩效评价体系设计探索].［三级指标值］

ASC

对度量值组"1 国内学者:路宁 ~6 ~MG"的处理已成功完成。

开始时间：2010/2/22 18：21：35；结束时间：2010/2/22 18：21：36；持续时间：0：00：01

对分区"1 国内学者：路宁 6 MG"的处理已成功完成。

…… …… …… …… …… ……

在复杂的机器处理过程结束之后，Microsoft Visual Studio 便会产生一份详细的数据挖掘结果报告，如图 5 - 21 所示。它展示了在此次数据挖掘过程中，哪些数据顺利完成，哪些数据可能会在哪一步出现问题，并提示需要改进的地方。由于本研究之前在 ETL 过程中已经对数据质量进行了把关，而且在 NULL 值补足之后还用软件检验了数据质量，因而我们的挖掘工作进展较为顺利，未发生数据质量问题，最终自然产生了挖掘结果。挖掘结果有几种展示途径，最常见的是普通图、提升图和表，而对于科学研究更有意义的是采用 Excel 文件的方式输出的数据和 Microsoft SQL Server 2005 数据表数据，前者可以直观地展示有各种专业背景的工作人员都可以理解的结果，后者则可以以之展开进一步的数据挖掘工作。[①]

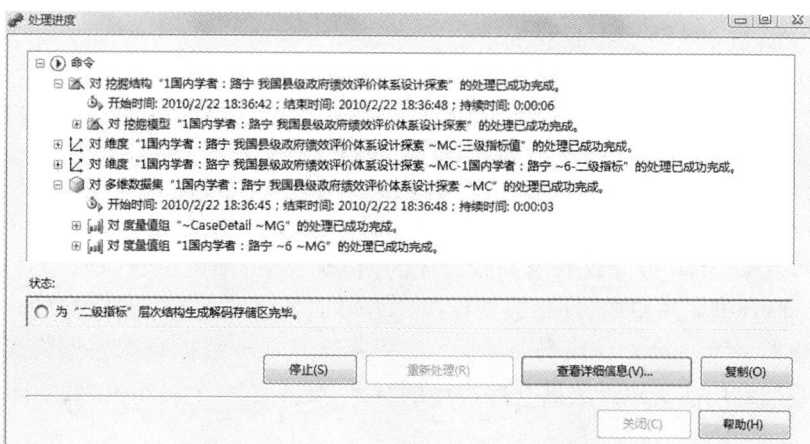

图 5 - 21 部分神经网络挖掘过程

本研究为了直观起见，采用了提升图的方式来展示我们采用 RBF 神经网络挖掘出的政府绩效评估指标域，也就是 10 个一级指标情况；同时，我们也采取了 Microsoft SQL Server 2005 数据表作为后台输出结果，以着手展开 BIRCH 聚类挖掘，以消弭神经网络的"过拟合"问题。具体结果我们会在下一章分指标级别进行展示。

---

① 至少从本研究来看如此。

第四节　二级、三级指标挖掘

利用 BIRCH 分层聚类挖掘二级、三级指标的过程也就是指标域(一级指标、指标草集)的正则化过程。BIRCH 分层聚类数据挖掘的操作路径与利用 RBF 神经网络聚类挖掘完全相同,也是在 Microsoft Visual Studio 中来完成所有操作。我们首先需要将挖掘形成的草集数据作为挖掘的数据源输入,如图 5 - 22 所示,红色虚框内就是我们部署好的指标草集数据源。在部署好指标草集数据源之后,就可以按照上文神经网络挖掘的路径进行挖掘了。数据源视图、多维数据集、维度、挖掘结构设置、设置算法参数,然后运行挖掘,就能得到我们想要的结果。

一、新的数据仓库模型构建

由于在利用 RBF 神经网络算法原理挖掘中形成了新的"指标草集"数据源,这已经不是原来的数据仓库

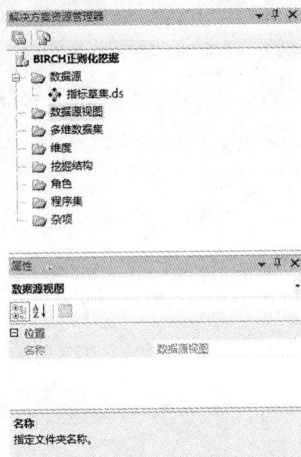

图 5 - 22　部署指标草集数据源

了,因而为了进行数据挖掘,我们还需对其进行数据仓库化的处理。但与从零开始构建数据仓库不同的是:因为指标草集数据库是从对前面构建的"南京、苏州、盐城、徐州数据仓库"进行数据挖掘后形成的,它本身是"面向主题"的,而且经过了 ETL 处理、数据质量检验,且是数据挖掘之后形成的具有"权值"(权重)的"项集"(指标集),它本身就是一种数据仓库,只是还缺乏一种数据仓库模型将其"合法化"。我们利用前文建设数据仓库模型的技术,建立了一个星座模型,如图 5 - 23 所示。

二、数据质量检验

像前文一样,在数据仓库模型构建好之后,也需要对数据质量进行检验,若质量过关,即可展开数据挖掘。我们还采取上文的做法,利用"多维数据库"的"多维数据检验功能",同时选择"使用数据源数据"将数据仓库中的所有数据输入检验程序,最终我们得到了图 5 - 24 的检验结果,它表明所有数据均符合数据挖掘的需要。

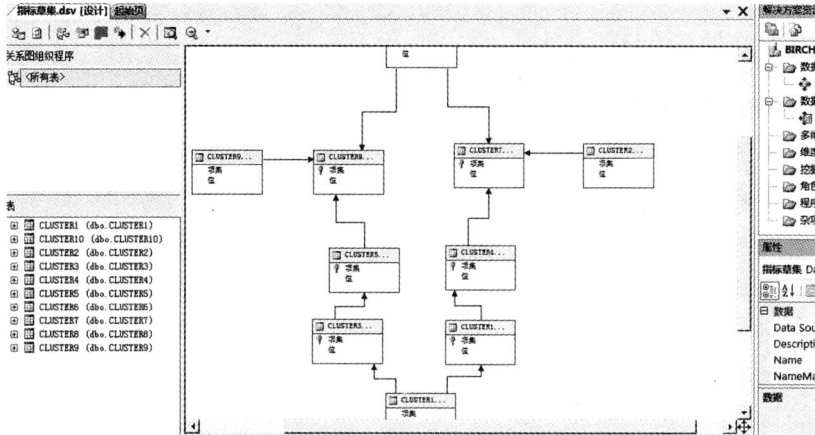

图 5 – 23 指标草集的星座模型

图 5 – 24 指标草集的数据质量

三、挖掘模型创建

这其实也是重复上文构建神经网络挖掘结构模型的步骤,打开"指标草集"数据仓库,在"解决方案管理器"中选择"维度",随即进入"维度向导",进而选择"使用数据源生成维度"并点击"自动生成",在选好"数据源视图"后,将"选择维度类型"设定为"标准维度"。之后,按照 BIRCH 分层聚类的逻辑,在"主表维度"中选择"项集"作为主键列,在输入数据(通过维度)确定之后,在"Accounts"、"Billofmaterials"、"Channel"、"Currency"、"Customers"、"Geography"、"Organization"、"Proucts"、"Promotion"、"Quantitative"、"Rates"、"Regular"、"Scenario"、"Time"等"维度类型"中选择"Regular"①。通过层次结构检测之后,点击"完成"就创建好了基于 BIRCH 原则的分层聚类数据挖掘模型。数据挖掘模型完成后便出现了"⊻"图标(图中的红色方框内),如图 5 – 25 所示。②

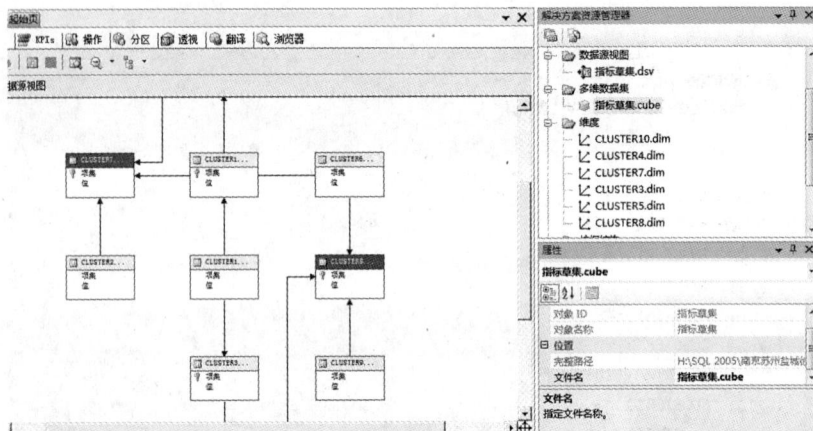

图 5 – 25   挖掘模型创建

四、挖掘结构构建

从操作的步骤上来说,这也是利用"指标草集"数据源来重复神经网络挖掘的

①由于研究的聚类挖掘包括定性属性(指标)和定量属性(指标值),因而选用 Regular。如果只是数据型聚类,则选用"Quantitative"最好。

②为了简明起见,与构建神经网络挖掘模型中重复的维度输入、维度检验、挖掘的优先层次结构等截屏此处再不重复呈现,后文的其他分层聚类正则化操作也延续此逻辑。若要查询每一步的结果,请与笔者直接联系,联系方式:zhouyafu8210@ sina.com。

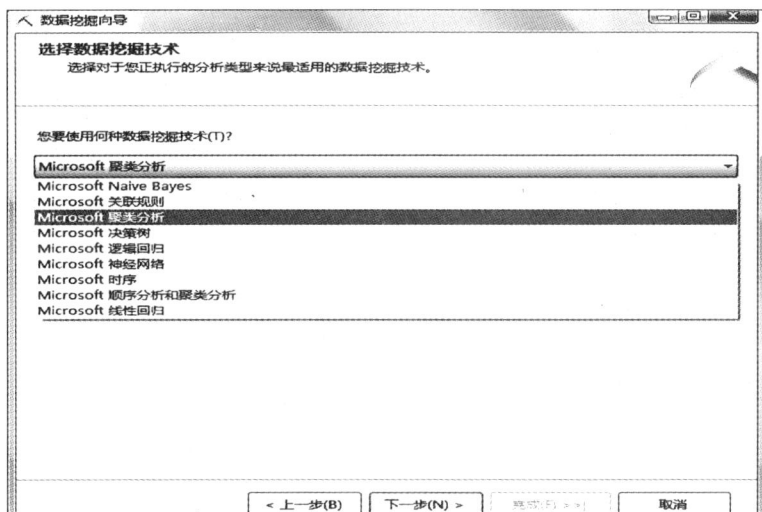

图 5 - 26　选定"聚类分析"挖掘

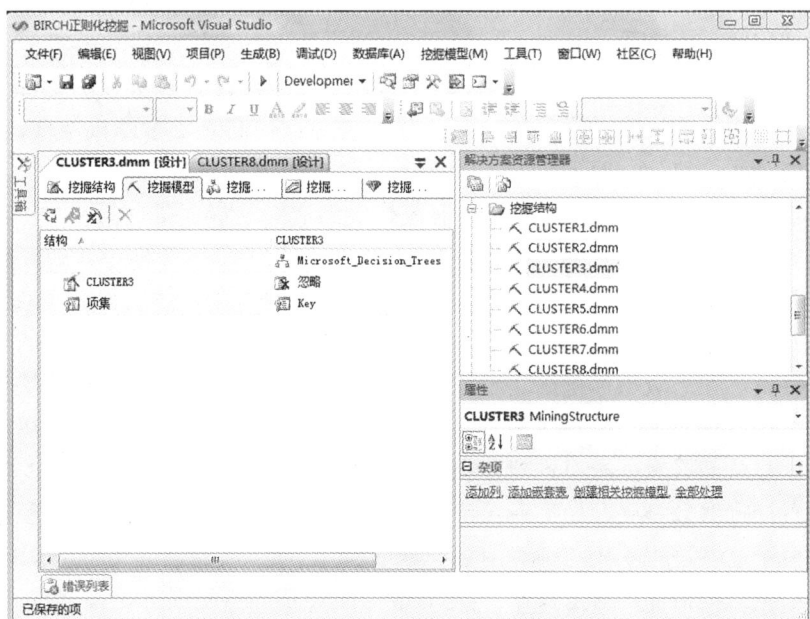

图 5 - 27　确定的"聚类分析"挖掘结构

操作步骤,所不同的是,在"数据挖掘技术"的"您要使用何种数据挖掘技术(T)"中选择"Microsoft 聚类分析"(见图 5-26),然后把所有数据集市导入"Microsoft 聚类分析"挖掘结构,其中,"嵌套关系"也是一对多关系,其他操作与神经网络结构构建没有区别。经过这些挖掘步骤,最终便构成了基于 BIRCH 分层聚类原理的分层聚类数据挖掘结构,我们将其命名为"Cluster 1"、"Cluster 2"、"Cluster 3"、"Cluster 4"、"Cluster 5"、"Cluster 6"、"Cluster 7"、"Cluster 8"、"Cluster 9"、"Cluster 10",它们的建成以出现"ㅅ"图标为标志,如图 5-27 是"解决方案资源管理器"中显示的10 个分层聚类数据挖掘结构。[①]

五、利用 BIRCH 挖掘二级、三级指标

在建好挖掘模型和挖掘结构之后,就可以利用它们基于 BIRCH 分层聚类原理的"Microsoft 聚类分析"工具(tool)来对之前利用 RBF 神经网络聚类时产生的"过度包装"的"过拟合"问题进行消解"过拟合"处理,用数据挖掘术语来说就是"正则化"。"正则化"的过程与利用神经网络挖掘指标草集没有两样,在这里需要强调的是,这里的 BIRCH 聚类是一个需要反复操作的重复过程,具体挖掘顺序是依次对挖掘结构"Cluster 1"、"Cluster 2"、"Cluster 3"、"Cluster 4"、"Cluster 5"、"Cluster 6"、"Cluster 7"、"Cluster 8"、"Cluster 9"、"Cluster 10"进行设置参数的挖掘。与上文利用神经网络挖掘时设置参数为 10 的缘由相同,我们既要考虑科学性,也要考虑现实的合用性,在此我们将每个 Cluster 的挖掘参数均设置为 3,这样就会产生 $10 \times 3 = 30$ 个二级指标。尽管这与目前流行的各种指标体系都差距很大,它们可能是某一个一级指标包含的二级指标更多,而其他几个一级指标包含的二级指标更少,但从科学性上来说,这并不妨碍指标所内含的政府绩效信息和最终的评价结果,因为挖掘所赋予它们的权值并不一致,权值代表了它们在政府活动中的相对重要性和分量。在二级指标挖掘之后,正则化还有一个利用 BIRCH 原理分层聚类的过程,就是要对 30 个二级指标进一步采取与产生二级指标一样的逻辑,在每个指标下进一步从部署数据源→构建挖掘模型→建立基于 BIRCH 分层聚类的挖掘结构→设置挖掘参数→展开挖掘→在特定支持度下形成赋权的三级指标过程来展开挖掘。由于这些过程不仅与神经网络挖掘过程几乎重合,而且也几乎是 BIRCH 分层聚类产生二级指标的重复操作,为了减少重复叙述和重复展示挖掘过程,此处仅以利用 BIRCH 分层聚类挖掘结构挖掘出指标草集第一个一级指标"Cluster1"(经济发展)的挖掘过程来展示正则化的过程,其他 9 个一级指标、30 个二级指标的分

---

①图中右边的 Cluster 3 呈现灰色是因为选择了它,同时左边的挖掘区提供了它挖掘模型的详细信息。

层挖掘过程从略,仅呈现挖掘的结果。需要强调的是,我们在利用二级指标硬聚类产生三级指标的过程中,参数也设置为3,就是说在每个二级指标下聚类出3个三级指标,这样就会形成30×3=90个三级指标,这个数目与英国地方政府绩效评估三级指标(280)、美国俄勒冈州地方政府绩效评估三级指标(92)、瑞士洛桑国际管理发展研究院《世界竞争力年鉴》地方政府效率评价三级指标(84)、日本政策绩效评估三级指标(99)的数量相比较来说,数量较为适中。从现实操作性上来说,也基本上能够接受,这既保证了一定的广泛性,又兼具了一定的简洁性。下面是我们对指标草集"Cluster1"的挖掘。

1.设置预测关系

实际上,利用 Microsoft SQL Server 2005 进行数据挖掘的步骤都是相同的,与上一步用神经网络挖掘一样,这里仍然需要建立总体预测关系和从"项集"到"项集",从"值"到"值"的输入—输出挖掘关系。前者表明,在我们利用 BIRCH 分层聚类挖掘中,其总体逻辑是利用"Cluster1"预测(挖掘)出新的层级的簇——"Cluster"[①];后者表明,挖掘的具体逻辑是利用"Cluster1"中的"项集"预测新的簇(Cluster)中的"项集",利用"Cluster1"中的"值"挖掘出新的簇中的"值"(权重)。我们建成的预测关系如图5-28和图5-29所示。

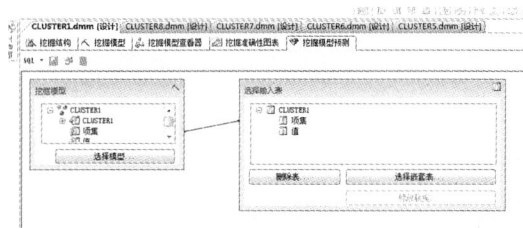

图5-28　整体预测关系　　　　　　图5-29　具体预测关系

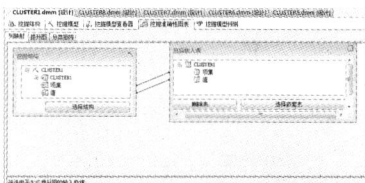

2.设置挖掘参数

设置挖掘参数的理由在神经网络挖掘指标草集的时候已经澄清过,本部分一开始也做了交代,其本意就是要在科学性和现实性之间找到一个合理的平衡点。前已述及,我们设立了3作为参数,意思是我们要在第一个一级指标"Cluster1"中聚类挖掘出3个输出的簇(Cluster),也就是二级指标,具体见图5-30,红色圆圈内是我们设置的参数值。

[①]挖掘软件生成的新的聚类仍然会依照次序显示为"Cluster1"、"Cluster2"……但我们在处理中会对其进行命名,以避免与指标域(一级指标)的混淆。

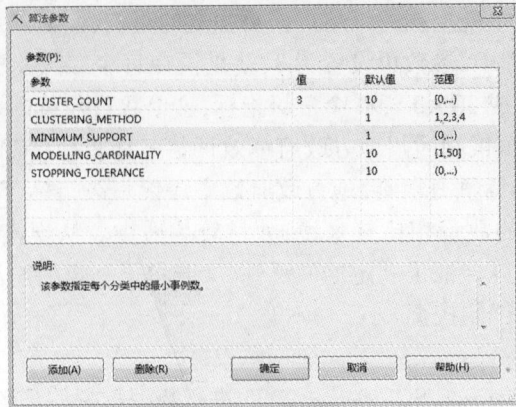

图 5-30 确定参数值

3. 展开数据挖掘

在做好上述工作之后,便可以进行基于 BIRCH 分层原理的聚类挖掘了。当然,这些工作通过 Microsoft SQL Server 2005 的 Analysis Services 就能自动挖掘了。我们仍然选择了挖掘处理选项的"处理全部"进行挖掘处理。与神经网络一样,Microsoft 聚类分析也有一个极其复杂的机器训练与处理过程,下面是我们截取的 Microsoft Visual Studio 进行 BIRCH 聚类挖掘的无数复杂的机器处理过程中的开头部分的详细过程。

```
< Batch xmlns = " http://schemas. microsoft. com/analysisservices/2003/engine" >
    < Process
    xmlns:xsd = " http://www. w3. org/2001/XMLSchema"
    xmlns:xsi = " http://www. w3. org/2001/XMLSchema - instance"
    xmlns:ddl2 = " http://schemas. microsoft. com/analysisservices/2003/engine/2"
    xmlns:ddl2_2 = " http://schemas. microsoft. com/analysisservices/2003/engine/
2/2" >
    < Object >
    < DatabaseID > BIRCH 正则化挖掘 </DatabaseID >
    < MiningStructureID > CLUSTER1 </MiningStructureID >
    </Object >
    < Type > ProcessFull </Type >
    < WriteBackTableCreation > UseExisting </WriteBackTableCreation >
```

</Process >

</Batch >

对挖掘结构"CLUSTER1"的处理已成功完成。

开始时间:2010/3/8 16:41:58;结束时间:2010/3/8 16:42:02;持续时间:0: 00:04

对 挖掘模型"CLUSTER10"的处理已成功完成。

开始时间:2010/3/8 16:42:02;结束时间:2010/3/8 16:42:02;持续时间:0: 00:00

对 维度"CLUSTER10 ~MC - 项集"的处理已成功完成。

开始时间:2010/3/8 16:41:58;结束时间:2010/3/8 16:41:59;持续时间:0: 00:01

对 维度属性"(All)"的处理已成功完成。

开始时间:2010/3/8 16:41:58;结束时间:2010/3/8 16:41:59;持续时间:0: 00:01

对 维度属性"项集"的处理已成功完成。已读取 1 行。

开始时间:2010/3/8 16:41:59;结束时间:2010/3/8 16:41:59;持续时间:0: 00:00

SQL 查询 1

```
SELECT
    DISTINCT
    [dbo_CLUSTER1].[项集] AS [dbo_CLUSTER1 项集 0_0]
    FROM [dbo].[CLUSTER1] AS [dbo_CLUSTER1]
    ORDER BY [dbo_CLUSTER1].[项集]
    ASC
```

对维度"CLUSTER10 ~MC - CLUSTER1 - 值"的处理已成功完成。

开始时间:2010/3/8 16:41:59;结束时间:2010/3/8 16:41:59;持续时间:0: 00:00

对维度属性"(All)"的处理已成功完成。

开始时间:2010/3/8 16:41:59;结束时间:2010/3/8 16:41:59;持续时间:0: 00:00

对维度属性"值"的处理已成功完成。已读取 6 行。

开始时间:2010/3/8 16:41:59;结束时间:2010/3/8 16:41:59;持续时间:0: 00:00

SQL 查询 1

SELECT

  DISTINCT

  ［dbo_CLUSTER1］.［值］AS［dbo_CLUSTER1 值 0_0］

  FROM［dbo］.［CLUSTER1］AS［dbo_CLUSTER1］

  ORDER BY［dbo_CLUSTER1］.［值］

  ASC

对维度"CLUSTER1 ~MC - CLUSTER1 - 项集"的处理已成功完成。

开始时间：2010/3/8 16:41:59;结束时间：2010/3/8 16:42:00;持续时间：0:00:01

对维度属性"（All）"的处理已成功完成。

开始时间：2010/3/8 16:42:00;结束时间：2010/3/8 16:42:00;持续时间：0:00:00

对 维度属性"项集"的处理已成功完成。已读取 1 行。

开始时间：2010/3/8 16:42:00;结束时间：2010/3/8 16:42:00;持续时间：0:00:00

SQL 查询 1

SELECT

  DISTINCT

  ［dbo_CLUSTER1］.［项集］AS［dbo_CLUSTER1 项集 0_0］

  FROM［dbo］.［CLUSTER1］AS［dbo_CLUSTER1］

  ORDER BY［dbo_CLUSTER1］.［项集］

  ASC

对多维数据集"CLUSTER1 ~MC"的处理已成功完成。

开始时间：2010/3/8 16:42:00;结束时间：2010/3/8 16:42:02;持续时间：0:00:02

对度量值组"~CaseDetail ~MG"的处理已成功完成。

开始时间：2010/3/8 16:42:01;结束时间：2010/3/8 16:42:02;持续时间：0:00:01

对分区"~CaseDetail ~MG"的处理已成功完成。

开始时间：2010/3/8 16:42:02;结束时间：2010/3/8 16:42:02;持续时间：0:00:00

SQL 查询 1

SELECT［dbo_CLUSTER1］.［项集］AS［dbo_CLUSTER1 项集 0_0］,
［dbo_CLUSTER1］.［值］AS［dbo_CLUSTER10 值 0_1］

FROM［dbo］.［CLUSTER10］AS［dbo_CLUSTER1］

ORDER BY［dbo_CLUSTER1］.［项集］

ASC

对度量值组"CLUSTER1 ～MG"的处理已成功完成。

开始时间：2010/3/8 16:42:01；结束时间：2010/3/8 16:42:02；持续时间：0:00:01

对分区"CLUSTER1 ～MG"的处理已成功完成。已读取 30 行。

开始时间：2010/3/8 16:42:01；结束时间：2010/3/8 16:42:02；持续时间：0:00:01

SQL 查询 1

SELECT［dbo_CLUSTER1］.［项集］AS［dbo_CLUSTER1 项集 0_0］,
［dbo_CLUSTER1］.［值］AS［dbo_CLUSTER1 值 0_1］

FROM［dbo］.［CLUSTER1］AS［dbo_CLUSTER1］

ORDER BY［dbo_CLUSTER1］.［项集］

ASC

对度量值组"CLUSTER1 ～MG"的处理已成功完成。

开始时间：2010/3/8 16:42:01；结束时间：2010/3/8 16:42:02；持续时间：0:00:01

对分区"CLUSTER1 ～MG"的处理已成功完成。

开始时间：2010/3/8 16:42:01；结束时间：2010/3/8 16:42:01；持续时间：0:00:00

SQL 查询 1

……　　　……　　　……　　　……　　　……　　　……

在机器处理过程结束之后,Microsoft Visual Studio 生成了如图 5－31 所示的挖掘报告。它展示了在此次数据挖掘过程中,一级指标"Cluster1"的正则化完成情况。由于这是对神经网络挖掘所得数据的再挖掘,数据质量过硬,未发生数据质量问题,最终自然产生了挖掘结果。

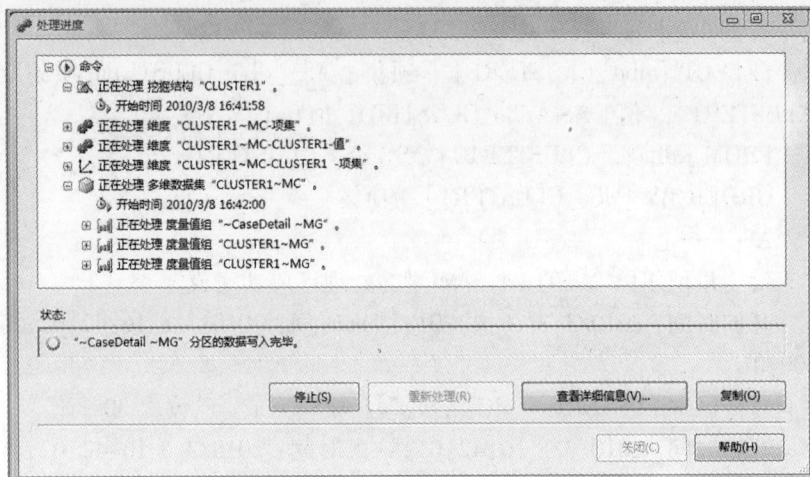

图 5 - 31　部分聚类分析挖掘过程

第六章　四市政府绩效评估
指标挖掘结果

上文已经提及,我们将专辟一章进行指标挖掘结果的展示,本章就是完成这项工作的。在呈现数据挖掘结果的过程中,笔者按照挖掘顺序依次对一级指标、二级指标和三级指标进行展示,在此基础上,还要对三级指标进行合用性丰富,这虽然不属于数据挖掘的研究范围,但却是构建"科学性、合用性"的指标体系所不可少的,只有这样做,指标体系才具有实践操作性。

第一节　一级指标挖掘结果

本研究为了直观起见,采用了提升图的方式来展示我们采用 RBF 神经网络挖掘出的政府绩效评估指标域,也就是 10 个一级指标情况;同时,我们也采取了 Microsoft SQL Server 2005 数据表作为后台输出结果,以着手展开 BIRCH 聚类挖掘,以消弭神经网络的"过拟合"问题。

一、指标提升图与指标细况

图 6 – 1 是挖掘过程结束之后形成的一级指标的数据提升图。在该聚类提升图中,神经网络自动形成了在特定支持度(横坐标)下赋权(纵坐标)聚类的 10 个簇,这 10 个簇内部均包含若干个内部指标(三级)[①],这些簇包含内容过多,如 Cluster1 包含了 2021 项内容,提升图无法将它们一一显示出来。我们采取了将其以 Microsoft SQL Server Management Studio 数据表的方式表示输出。这 10 个簇就是我们所挖掘出的指标域,也就是一级指标集合。与主成分分析(Principal Component Analysis)和因子分析(Factor Analysis)法一样,这些簇是基于共同特征而聚集到一起,但并不自然生成簇名,其名称还需要提取本簇内的主要属性来命名。根据软件

[①]因为我们按照 RBF 神经网络,输入层是三级指标,所以其内是经过神经网络聚类"合并同类项"后的三级指标。

提示的属性特征,我们将这些簇分别命名为"经济发展"、"公民满意"、"人民生活改进"、"社会和谐"、"可持续发展"、"公共服务"、"内部过程"、"电子政务"、"人的发展"、"廉洁行政",它们就是我们所寻求的一级指标,它们的支持度和指标值(权重)等详细情况如表6-1所示,其中"支持度"如前文所述,代表在此概率下数据挖掘成立的可能性,它类似于统计学上的置信度,用百分比(%)表示;"簇"是软件聚类的自动提示;"命名"是我们按照特征属性为这个一级指标定的名称;"值(权)"就是指标的权重。[1][2]

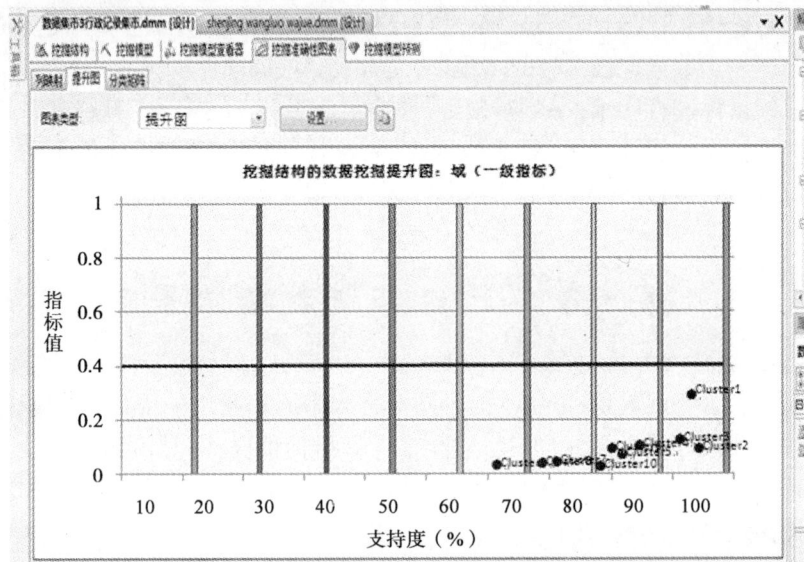

图6-1 指标域(一级指标)的聚类簇

表6-1展示了在相应的支持度下神经网络聚类的指标域(一级指标)及其指标值(权重)。从图6-1聚类挖掘所提示的支持度合格线(30%~40%之间的黑色线条,其值为33.3%)来看,这些簇都符合研究要求;而图6-1也显示所有指标值都符合要求,没有单个簇的指标值超越了40%的孤立点界限。[3]

①苏新宁等.数据仓库和数据挖掘[M].北京:清华大学出版社,2006:149.
②需要说明的是,此表是整理挖掘结果所得,并非软件的输出表。
③所谓孤立点就是指超过此点的数据就可能完全失真。

表6-1　簇（一级指标）、支持度、权值

簇（一级指标）	命名	支持度（%）	值（权）
Cluster1	经济发展	94.2	0.2807
Cluster2	公民满意	95.1	0.0812
Cluster3	人民生活改进	91.0	0.1473
Cluster4	社会和谐	87.0	0.1093
Cluster5	可持续发展	84.4	0.0811
Cluster6	公共服务	90.1	0.1035
Cluster7	内部过程	82.2	0.0632
Cluster8	电子政务	77.0	0.0439
Cluster9	人的发展	73.0	0.0316
Cluster10	廉洁行政	88.0	0.0582

二、"经济发展"一级指标下的项集

表6-1和图6-1展示了神经网络挖掘的宏观结果,它就是我们所追寻的一级指标。但在直观、宏观展现一级指标之外,也很有必要展示一下每个簇(一级指标)内的挖掘数据,它们将会成为下一步 BIRCH 硬聚类的输入数据源。因为每个簇内还有数量众多的三级指标,我们也采取截屏的方式,以 Cluster1(第一个一级指标"经济发展")为代表来将神经网络聚类的结果以 Microsoft SQL Server Management Studio 的数据表的方式显示出来,如图6-2所示。

正如我们在第二章研究设计中谈到的,指标在数据挖掘中被看成"项集",图6-2的数据挖掘截屏正好展示了挖掘之后的 Cluster1(第一个一级指标"经济发展")的"项集"内容,这些"项集"实际上就是经过神经网络软性粗聚类之后 Cluster1 簇中所包含的三级指标,它们也都被神经网络自动赋予了值,也就是权。从图6-2中可以看到,里面有很多项集的值为"0.0000",这并非意味着这些值真为0,而是因为我们在数据设置时将"值"设为 Numeric(18,4),这意味着如果硬性输出结果,则值如果是小数点后5位甚至更多,都不会被显示出来。但如果我们将其另存为数据库、数据表进一步挖掘,则这些值是不为0的,它们自身的值在进一步的挖掘中仍然会自动赋权、自动生成。虽然这是 Cluster1 的截图,但从图6-2的左边也能看到神经网络挖掘之后形成的"指标草集"数据库,它包含了 Cluster1⋯⋯Cluster10 数据表,Cluster2、Cluster3 等指标域,或者说,一级指标的 Microsoft SQL Server Management Studio 的数据表与 Cluster1 的类似,在此不再列举,这些域就是我们所要挖掘的一级指标,在表6-1中我们已经根据特征属性对其进行了命名,下一步就是在这些域(簇、一级指标)内进一步用 BIRCH 硬分层聚类挖掘出二级指标和三级指标。

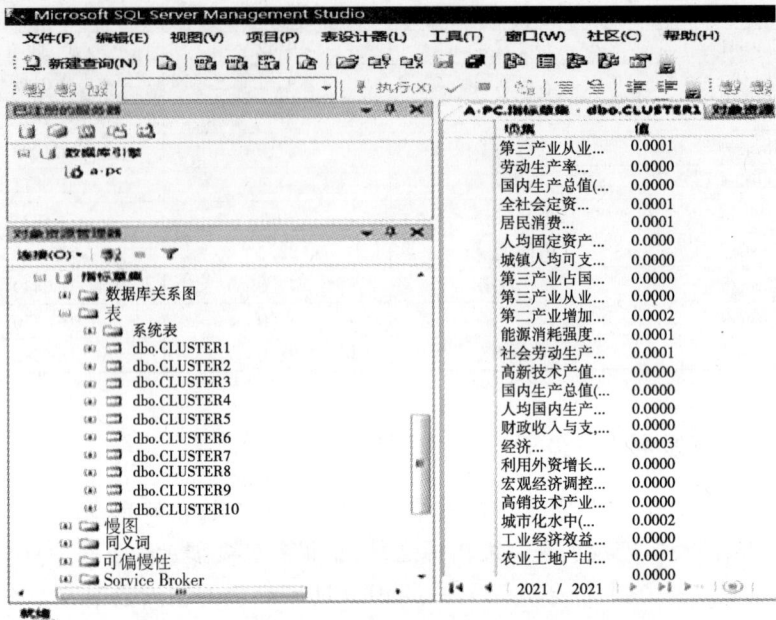

图 6-2　Cluster1(第一个一级指标"经济发展")的项集截图

第二节　二级指标、三级指标挖掘结果

对于结果的展示,此处仍然采用提升图的方式(见图 6-3),需要说明的是,此处的提升图展示的是上文挖掘过程所提及的第一个一级指标"经济发展"中的项集的进一步聚类所形成的 3 个二级指标,其他 27 个二级指标的挖掘过程与此相同,此处省略掉了另外 27 个提升图展示,只是在所有二级指标的表中给出了二级指标挖掘的结果(见表 6-2)。

一、"经济发展"一级指标下的二级指标

图 6-3 是第一个一级指标"经济发展"之下在设置参数 3 之后聚类结果的提升图,从它可以看出,聚类分析自动形成了在特定支持度(横坐标)下赋权(纵坐标)聚类的 3 个簇,这 3 个簇内部均包含若干个项集,如 Cluster1 包含了 66 个项

集①,提升图只显示了我们设置了参数的簇。这 3 个簇就是我们所挖掘出的第二层指标,也就是二级指标,它们也是基于共同特征而聚集到一起。根据软件提示的属性特征,我们将这些簇分别命名为"经济增长"、"产业协调"、"结构协调",它们就是我们所寻求的一级指标"经济发展"所包含的二级指标,它们的支持度和指标值(权重)具体如表 6 - 2 所示。

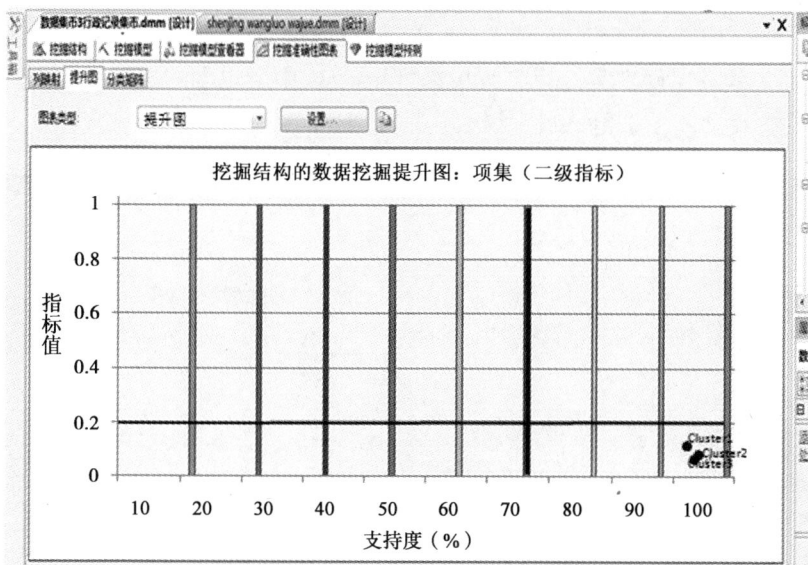

图 6 - 3　聚类挖掘提升图

表 6 - 2　簇名(二级指标)、支持度、权值

簇(二级指标)	命名	支持度(%)	值(权)
Cluster1	经济增长	91.6	0.1400
Cluster2	产业协调	93.5	0.0762
Cluster3	经济结构协调	92.2	0.0645

表 6 - 2 展示了在相应的支持度下利用 BIRCH 分层聚类原理挖掘出的项集(二级指标)及其值(权重)。从图 6 - 2 聚类挖掘所提示的支持度合格线(60% ~ 70% 之间的黑色线条,其值为 67.6%)来看,这些簇(二级指标)都符合研究要求;

①此处的"Cluster1"是聚类后自动生成的新簇(二级指标),并非我们投入聚类的一级指标"Cluster1"(经济发展),由于聚类后软件都自动生成 Cluster(簇)并自动排序,因而此处也显示为"Cluster1"。

而图 6 - 3 也显示所有指标值都符合要求,没有单个簇的指标值超越了 20% 的孤立点界限。可以看出,我们的挖掘属于有效挖掘。

二、"经济增长"二级指标下的项集

对于簇内的项集我们仍然与前文的研究一样,采取了将其以 Microsoft SQL Server Management Studio 的数据表的方式表示输出。在此我们仍然与前面一样,仅呈现"Cluster1"的截屏,如图 6 - 4 所示。这些"项集"实际上就是经过基于 BIRCH 原理的分层硬聚类之后二级指标"Cluster1"中所包含的三级指标,它们也都被聚类挖掘自动赋予了值,也就是权。

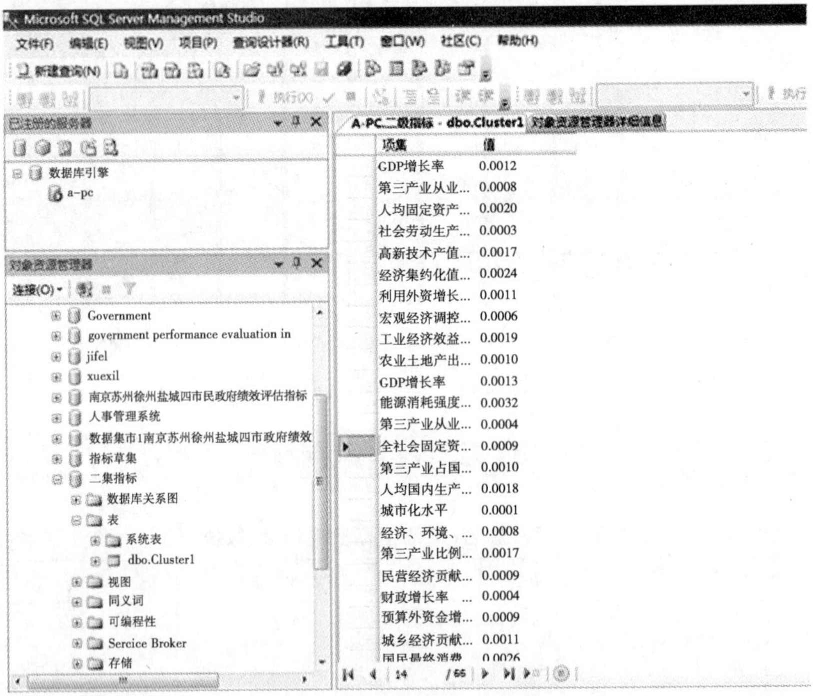

图 6 - 4 Cluster1 的项集截图

从图 6 - 4 中我们可以看到,这次聚类形成的项集的值普遍远大于用神经网络聚类形成的值,这是因为前者包括的项集众多(2021 个),数据挖掘自动赋予到每个项的权值当然很小;而后者包括的项集较少(66 个),在 BIRCH 分层赋权聚类中,它们吸收了很多被聚类掉的其他项集的权值,自然增大了它们自身的权值。其他二级指标下的项集的产生过程与此相同,此处省略,不再呈现。

三、所有二级指标

我们利用与产生第一个一级指标下的 3 个二级指标相同的逻辑、路径还挖掘出了其他 27 个二级指标,表 6 - 3 是所有二级指标(包括上文详述的第一个一级指标下的 3 个二级指标)的名称、支持度、权值。

表 6 - 3　二级指标的簇名、支持度、权值

一级指标(Cluster)	簇(二级指标)	命名	支持度(%)	值(权)
Cluster 1(经济发展)	Cluster1	经济增长	91.6	0.1400
	Cluster2	产业协调	93.5	0.0762
	Cluster3	经济结构协调	92.2	0.0645
Cluster2(公民满意)	Cluster1	抽象行政行为满意	93.5	0.0210
	Cluster2	具体行政行为满意	96.1	0.0331
	Cluster3	服务态度满意	95.3	0.0271
Cluster 3(人民生活改进)	Cluster1	生活改善	91.6	0.0603
	Cluster2	生活负担	90.7	0.0517
	Cluster3	参与机会	89.8	0.0353
Cluster 4(社会和谐)	Cluster1	社会公平	91.0	0.0393
	Cluster2	社会救助	87.2	0.0376
	Cluster3	社会保障	89.4	0.0324
Cluster 5(可持续发展)	Cluster1	生态建设	82.2	0.0216
	Cluster2	环境治理	81.7	0.0321
	Cluster3	低碳普及	83.3	0.0274
Cluster 6(公共服务)	Cluster1	科技文化发展	88.1	0.0202
	Cluster2	基础设施供给	91.1	0.0366
	Cluster3	保障性服务	92.3	0.0467
Cluster 7(内部过程)	Cluster1	人员素质	80.7	0.0200
	Cluster2	组织结构	83.3	0.0192
	Cluster3	管理流程	81.9	0.0240
Cluster 8(电子政务)	Cluster1	信息的丰富度	75.7	0.0131
	Cluster2	信息的及时度	80.1	0.0115
	Cluster3	反馈处理度	82.3	0.0193

续表

一级指标(Cluster)	簇(二级指标)	命名	支持度(%)	值(权)
Cluster 9(人的发展)	Cluster1	人口结构	73.7	0.0103
	Cluster2	教育程度	71.9	0.0109
	Cluster3	健康程度	74.8	0.0104
Cluster 10(廉洁行政)	Cluster1	实体性腐败	89.2	0.0202
	Cluster2	工作作风	88.0	0.0184
	Cluster3	行政效率	87.3	0.0196

四、三级指标挖掘结果

在有了二级指标的基础上,我们仍然利用 BIRCH 分层聚类的挖掘方式,将挖掘二级指标所形成的数据作为数据源部署到 Visual Studio 上,展开三级指标的挖掘,其过程与挖掘二级指标如出一辙,如果要展开叙述,无非是重复描述计算机上的操作过程,此处从略。需要重复强调的是,我们在挖掘的过程中,在每个二级指标下挖掘三级指标时,预测参数仍然设置为3,这样就可以挖掘得到 30×3＝90 个三级指标,它们的支持度、名称、权值等信息如表 6-5 所示。经过这一番挖掘,最终我们达到了本研究的目的地,产生了一套指标体系。表 6-4 是每个二级指标下所包含的二级指标的详细列表,表中"簇"即为挖掘出的三级指标;"命名"是根据特征属性确定的该指标名称。

表 6-4　三级指标的簇名、支持度、权值

二级指标(Cluster)	簇(三级指标)	命名	支持度(%)	值(权)
经济增长	Cluster 1	人均 GDP 增长率	93.0	0.0699
	Cluster 2	人均财政收入增长率	92.2	0.0410
	Cluster 3	政府债务占 GDP 的比率	91.7	0.0291
产业协调	Cluster 1	高新技术产业增加值占工业值比例	90.9	0.0266
	Cluster 2	第一、二、三产业产值比例和谐度	92.4	0.0273
	Cluster 3	第二、三产业每年新注册企业增加率	91.0	0.0223
经济结构协调	Cluster 1	非公企业占总产值比例	92.2	0.0211
	Cluster 2	公有企业资产保值增值率	92.7	0.0237
	Cluster 3	区域差异率	92.0	0.0197

续表

二级指标(Cluster)	簇(三级指标)	命名	支持度(%)	值(权)
抽象行政行为满意	Cluster 1	对地方法规的满意度	93.9	0.0077
	Cluster 2	对地方政策的满意度	93.2	0.0068
	Cluster 3	对地方临时性管理规定的满意度	92.8	0.0065
具体行政行为满意	Cluster 1	对行政审批办结效率的满意度	97.0	0.0113
	Cluster 2	对行政行为告知的满意度	96.2	0.0106
	Cluster 3	对行政行为救济的满意度	95.7	0.0112
服务态度满意	Cluster 1	受理行政行为态度满意	95.5	0.0079
	Cluster 2	处置行政行为态度满意	94.9	0.0077
	Cluster 3	对行政行为结果满意	96.0	0.0115
生活改善	Cluster 1	社会平均工资增长率	90.8	0.0200
	Cluster 2	低收入者人均住房面积	92.1	0.0201
	Cluster 3	中等收入者恩格尔系数	91.0	0.0202
生活负担	Cluster 1	工薪阶层平均每月工资与均价商住房每平方米价格比率	91.1	0.0222
	Cluster 2	有子女家庭预期子女教育投入占存款比例	91.4	0.0177
	Cluster 3	个人社会保障金每月缴纳额占工资的比率	90.3	0.0188
参与机会	Cluster 1	劳动年龄段人口就业率	90.3	0.0121
	Cluster 2	行政行为中公民的参与度	90.0	0.0114
	Cluster 3	人民对政府建言被采纳率	88.7	0.0118
社会公平	Cluster 1	基尼系数	91.0	0.0136
	Cluster 2	贫困家庭占总家庭的比例	90.4	0.0129
	Cluster 3	公务员退休后平均月财政拨付性收入与一般工薪阶层退休后工资比率	90.1	0.0128
社会救助	Cluster 1	减贫率	88.6	0.0142
	Cluster 2	失业率降低度	87.2	0.0122
	Cluster 3	社会抚恤、救济总人数占需要者比率	86.8	0.0129

二级指标（Cluster）	簇（三级指标）	命名	支持度（%）	值（权）
社会保障	Cluster 1	卫生服务体系健全率	88.8	0.0110
	Cluster 2	城镇劳动保障三大保险各自覆盖率	87.5	0.0107
	Cluster 3	新型农村合作医疗覆盖面	88.2	0.0107
生态建设	Cluster 1	环境质量综合指数	84.1	0.0083
	Cluster 2	城市绿化覆盖率	80.3	0.0071
	Cluster 3	森林覆盖率	79.9	0.0062
环境治理	Cluster 1	环境保护投资指数	82.7	0.0109
	Cluster 2	生活垃圾无害化处置率	81.3	0.0102
	Cluster 3	工业垃圾无害化处理率	82.0	0.0110
低碳普及	Cluster 1	每千万元 GDP 值能耗降低率	85.7	0.0100
	Cluster 2	年工业节能率	81.8	0.0082
	Cluster 3	清洁能源使用率	79.5	0.0092
科技文化发展	Cluster 1	R&D 经费支出占 GDP 比率	90.0	0.0076
	Cluster 2	人均拥有文化娱乐场馆面积	85.4	0.0069
	Cluster 3	居民文化娱乐支出占 GDP 的比率	86.0	0.0057
基础设施供给	Cluster 1	Google – Earth 上的地区即时亮度比	88.7	0.0111
	Cluster 2	预算内基本建设和更新改造投资增长率	92.6	0.0128
	Cluster 3	预算内基本建设和更新改造投资中地方投资与中央投资比率	92.2	0.0127
社会公共服务	Cluster 1	刑事案件破案率	92.5	0.0170
	Cluster 2	生产和交通事故死亡率	91.8	0.0133
	Cluster 3	由公共服务不到位引发的群体事件数	92.6	0.0164

续表

二级指标（Cluster）	簇（三级指标）	命名	支持度（%）	值（权）
人员素质	Cluster 1	公务员中拥有硕士以上学历者比例	82.4	0.0064
	Cluster 2	拥有行政决策权的领导每年接受科学知识、新出台法律、政策培训的学时	80.3	0.0072
	Cluster 3	35 岁以下的年轻公务员所占比例	81.1	0.0064
组织结构	Cluster 1	大部制落实程度	84.0	0.0062
	Cluster 2	文件在不同部门之间平均滞留时间	83.7	0.0060
	Cluster 3	内部普通公务员参与决策的机制落实率	82.9	0.0070
管理流程	Cluster 1	一站式工作占所有可以一站式工作的比率	83.0	0.0085
	Cluster 2	办事章程的完备性	82.0	0.0080
	Cluster 3	政府政策的连贯性、稳定性与有效性	82.2	0.0075
信息的丰富度	Cluster 1	面向个人的信息丰富度	72.9	0.0041
	Cluster 2	面向企业的信息的丰富度	72.1	0.0040
	Cluster 3	面向其他组织的信息丰富度	79.6	0.0050
信息的及时度	Cluster 1	信息当天上网率	77.4	0.0035
	Cluster 2	在线下载资料上载及时度	82.1	0.0031
	Cluster 3	紧急事件20分钟内上网率	80.7	0.0049
反馈处理度	Cluster 1	在线咨询3小时内答复率	83.6	0.0063
	Cluster 2	在线查询结果正确率	82.1	0.0065
	Cluster 3	在线申报、投诉法定时间内响应率	83.0	0.0065
人口结构	Cluster 1	青少年占总人口比率	71.4	0.0033
	Cluster 2	5 岁以下儿童性别比	73.6	0.0035
	Cluster 3	人口自然增长率	73.3	0.0035
教育程度	Cluster 1	高中阶段教育毛入学率	73.7	0.0033
	Cluster 2	大专以上人口比例	74.2	0.0035
	Cluster 3	新增劳动力平均受教育年限	72.8	0.0041

续表

二级指标(Cluster)	簇(三级指标)	命名	支持度(%)	值(权)
健康程度	Cluster 1	居民文教娱乐服务支出占家庭消费支出的比重	75.0	0.0033
	Cluster 2	人均期望寿命	74.2	0.0036
	Cluster 3	人口素质指数	73.4	0.0035
实体性腐败	Cluster 1	经济腐败案件涉案人次	91.7	0.0066
	Cluster 2	生活作风腐化被举报人次	90.3	0.0060
	Cluster 3	工作中的灰色状态被反映人次	88.6	0.0076
工作作风	Cluster 1	工作态度不良被反映的次数	89.9	0.0067
	Cluster 2	上班迟到、早退率	88.7	0.0062
	Cluster 3	工作作风被网上披露且确有其事的次数	86.6	0.0055
行政效率	Cluster 1	行政经费占财政支出比率	88.8	0.0071
	Cluster 2	每百人供养公务员人数	86.2	0.0063
	Cluster 3	行政接待费用占行政支出比率	87.7	0.0062

在表6-1、表6-3、表6-4分别展示了我们挖掘出的一级指标、二级指标、三级指标，这三者结合为一体就是本研究所要利用数据挖掘理论探索性地设计出的江苏省南京市、苏州市、盐城市、徐州市的市级政府绩效评估指标体系。

五、指标体系整体结果

为了遵从指标体系设计研究的习惯，更是为了直观展示挖掘出的指标体系，我们还将所有挖掘结果整合成了一个常见的"绩效评估指标体系图"，如图6-5所示。在图6-5中，支持度标注在了连接线上，权重附在了指标之后，可以一目了然地看出每个一级指标是在多大的概率(支持度)下包含不同的二级指标的，而且也表明了在多大的概率下，这些指标应该具备的权重；每个二级指标是在多大的概率(支持度)下包含不同的三级指标的，而且也表明了在何种概率下，这些三级指标应该具备何种权重。①

---

①图6-5是笔者总结并绘制的，并非软件自动形成。

| 一级指标 | → | 二级指标 | → | 三级指标 |

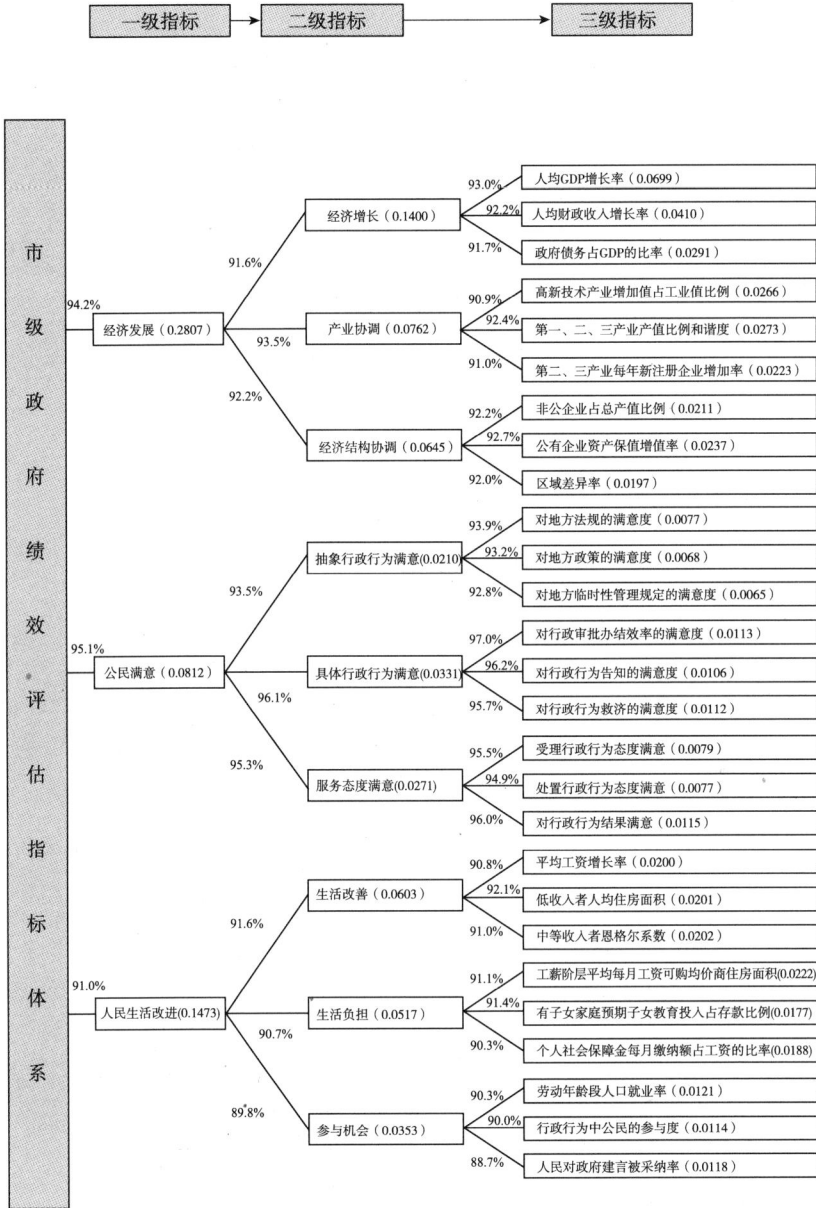

经济增长（0.1400）
- 93.0% 人均GDP增长率（0.0699）
- 92.2% 人均财政收入增长率（0.0410）
- 91.7% 政府债务占GDP的比率（0.0291）

产业协调（0.0762）
- 90.9% 高新技术产业增加值占工业值比例（0.0266）
- 92.4% 第一、二、三产业产值比例和谐度（0.0273）
- 91.0% 第二、三产业每年新注册企业增加率（0.0223）

经济结构协调（0.0645）
- 92.2% 非公企业占总产值比例（0.0211）
- 92.7% 公有企业资产保值增值率（0.0237）
- 92.0% 区域差异率（0.0197）

经济发展（0.2807）91.6% 93.5% 92.2%

抽象行政行为满意(0.0210)
- 93.9% 对地方法规的满意度（0.0077）
- 93.2% 对地方政策的满意度（0.0068）
- 92.8% 对地方临时性管理规定的满意度（0.0065）

具体行政行为满意(0.0331)
- 97.0% 对行政审批办结效率的满意度（0.0113）
- 96.2% 对行政行为告知的满意度（0.0106）
- 95.7% 对行政行为救济的满意度（0.0112）

服务态度满意(0.0271)
- 95.5% 受理行政行为态度满意（0.0079）
- 94.9% 处置行政行为态度满意（0.0077）
- 96.0% 对行政行为结果满意（0.0115）

公民满意（0.0812）95.1% 93.5% 96.1% 95.3%

生活改善（0.0603）
- 90.8% 平均工资增长率（0.0200）
- 92.1% 低收入者人均住房面积（0.0201）
- 91.0% 中等收入者恩格尔系数（0.0202）

生活负担（0.0517）
- 91.1% 工薪阶层平均每月工资可购均价商住房面积(0.0222)
- 91.4% 有子女家庭预期子女教育投入占存款比例(0.0177)
- 90.3% 个人社会保障金每月缴纳额占工资的比率（0.0188）

参与机会（0.0353）
- 90.3% 劳动年龄段人口就业率（0.0121）
- 90.0% 行政行为中公民的参与度（0.0114）
- 88.7% 人民对政府建言被采纳率（0.0118）

人民生活改进(0.1473) 91.0% 91.6% 90.7% 89.8%

市级政府绩效评估指标体系 94.2% 95.1% 91.0%

图6-5 完整指标体系

一级指标 → 二级指标 → 三级指标

市级政府绩效评估指标体系

- 社会和谐（0.1093）[87.0%]
  - 社会公平（0.0393）[91.0%]
    - 基尼系数（0.0136）[91.0%]
    - 贫困家庭占总家庭的比例（0.0129）[90.4%]
    - 公务员退休后平均月财政拨付性收入与一般工薪阶层退休后工资比率（0.0128）[90.1%]
  - 社会救助（0.0376）[87.2%]
    - 减贫率（0.0142）[88.6%]
    - 失业率降低度（0.0122）[87.2%]
    - 社会抚恤、救济总人数(人)占需要者比率（0.0129）[86.8%]
  - 社会保障（0.0324）[89.4%]
    - 卫生服务体系健全率（0.0110）[88.8%]
    - 城镇劳动保障三大保险各自覆盖率（0.0107）[87.5%]
    - 新型农村合作医疗覆盖面（0.0107）[88.2%]
- 可持续发展（0.0811）[84.4%]
  - 生态建设（0.0216）[82.2%]
    - 环境质量综合指数（0.0083）[84.1%]
    - 城市绿化覆盖率（0.0071）[80.3%]
    - 森林覆盖率（0.0062）[79.9%]
  - 环境治理（0.0321）[81.7%]
    - 环境保护投资指数（0.0109）[82.7%]
    - 生活垃圾无害化处置率（0.0102）[81.3%]
    - 工业垃圾无害化处理率（0.0110）[82.0%]
  - 低碳普及（0.0274）[83.3%]
    - 每千万元GDP值能耗降低率（0.0100）[85.7%]
    - 年均工业节能率（0.0082）[81.8%]
    - 清洁能源使用率（0.0092）[79.5%]
- 公共服务（0.1035）[90.1%]
  - 科技文化发展（0.0202）[88.1%]
    - R&D经费支出占GDP比例（0.0076）[90.0%]
    - 人均拥有文化娱乐场馆面积（0.0069）[85.4%]
    - 居民文化娱乐支出占GDP的比率（0.0057）[86.0%]
  - 基础设施供给（0.0366）[91.1%]
    - Google-Earth上的地区即时亮度比（0.0111）[88.7%]
    - 预算内基本建设和更新改造投资增长率（0.0128）[92.6%]
    - 预算内基本建设和更新改造投资中地方投资与中央投资比率（0.0127）[92.2%]
  - 社会公共服务（0.0467）[92.3%]
    - 每10万人口刑事案件发案数及破案率（0.0170）[92.5%]
    - 生产和交通事故死亡率（0.0133）[91.8%]
    - 由公共服务不到位引发的群体事件数（0.0164）[92.6%]

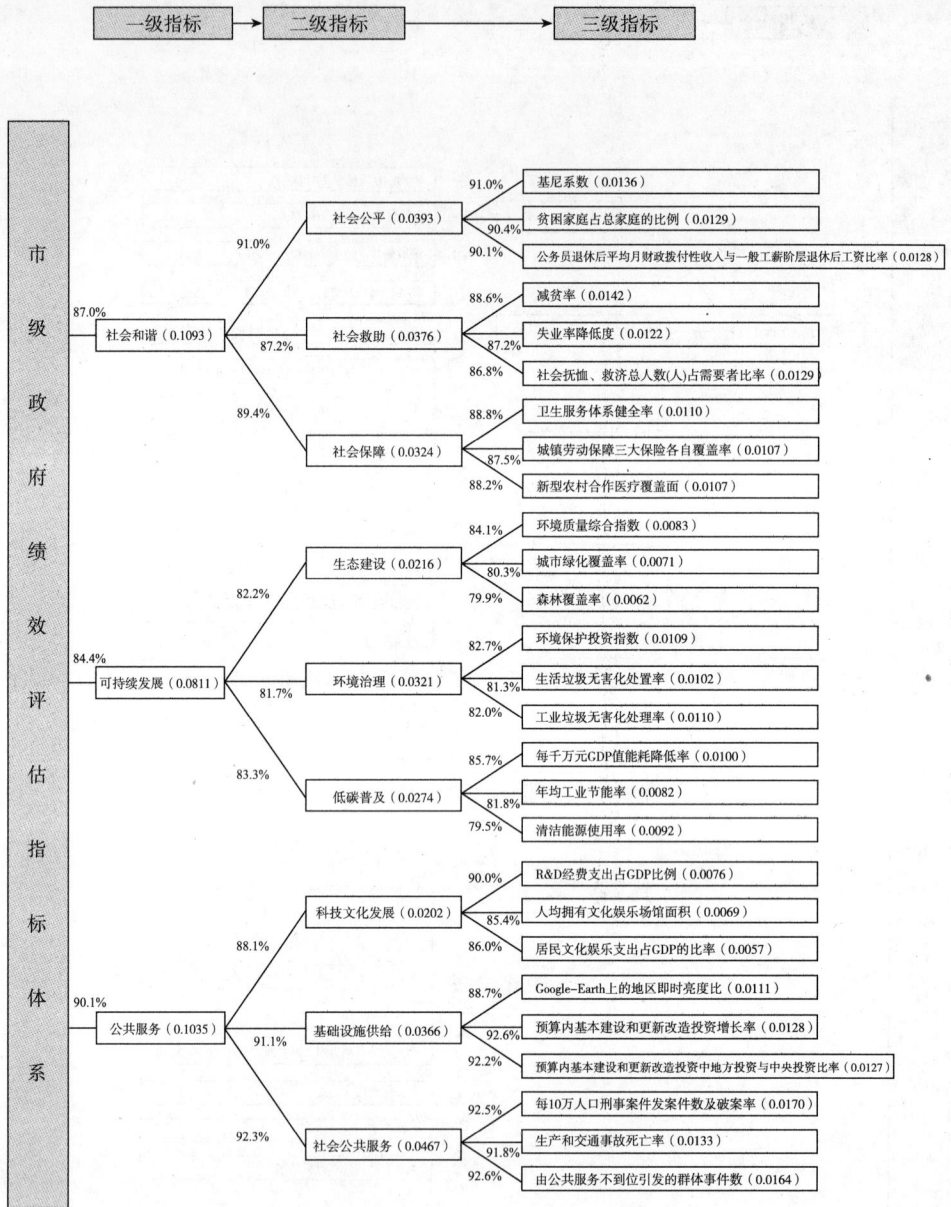

图6-5 完整指标体系（续图）

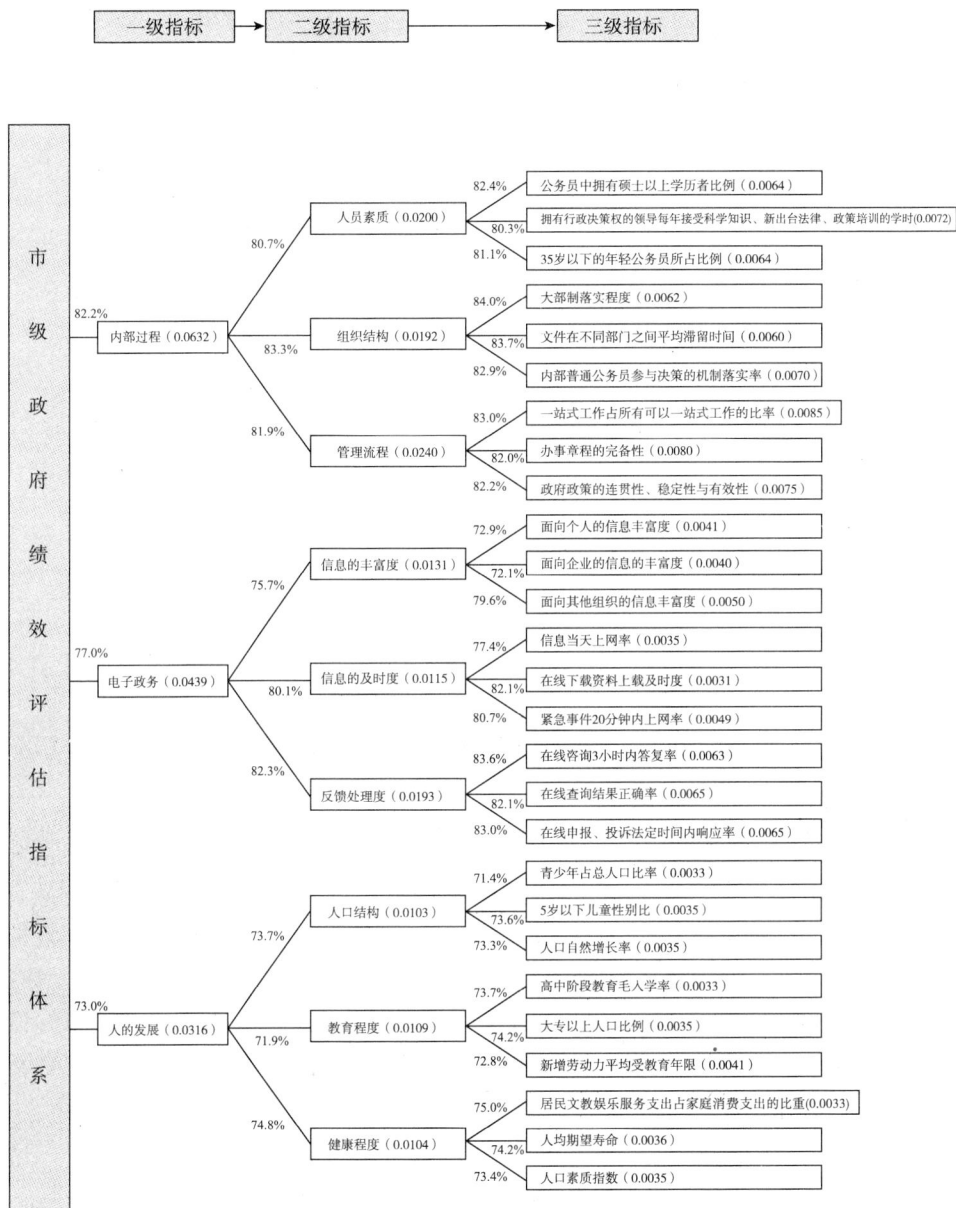

图 6-5　完整指标体系（续图）

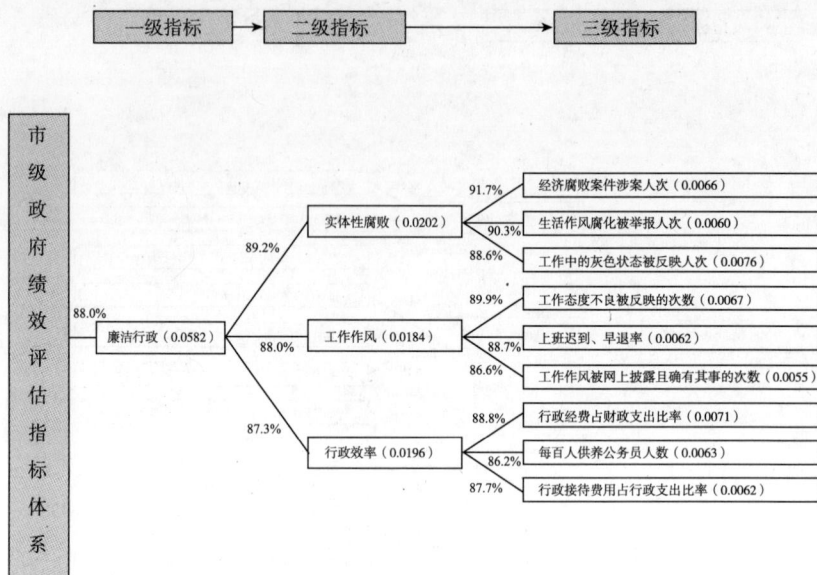

图 6-5　完整指标体系(续图)

第三节　指标体系的应用性细化

为了保证"科学"、"合用"的要求,我们还想在指标体系构建完成之后,再做一项附加性的扩展工作——将指标体系进一步明确化、可操作化,这样就可以将其直接应用到现实的政府绩效评估工作中去。实际上,仅以科学研究本身考量,在开发出指标体系后这一研究课题也就结束了,但是我们考虑到行政学毕竟是一门"骑在马背上的学问",它需要随时具有应用性,而作为行政学中与实践联系最为紧密的绩效评估则更需要强调其应用性和实践性,正是基于这种思考,此处专辟一节,对指标体系的可操作性进行细化。

一、应用性细化的说明

从我们做过的研究、参与过的各类政府绩效评估实践来看,一套指标体系真正投入运行,还需要对每个三级指标进行详尽的界定[1],其内容包括指标单位明晰、

---

[1]在实际的绩效评估过程中,起作用的指标是三级指标,二级指标、一级指标的评估得分只是三级指标评估结果的上推。

指标内容操作性解释、评估方法细化、得分标准明确、数据源廓清几个方面。

1. 编号

我们首先按照挖掘过程中一级指标挖掘出现的次序编制了一级指标的次序,然后在每个一级指标下又按照挖掘二级指标出现的次序编制了二级指标次序,最后按照二级指标下聚类挖掘的次序编制了三级指标次序。三级指标的次序就是表中指标的"编号"。

2. 权重

"权重"就是挖掘过程中所形成的"权值"。上文已经屡次提到"权值",此处为了通俗化并与其他同行的研究成果、政府操作性指标体系接轨而用"权重"。

3. 指标单位明晰(单位)

"指标单位明晰(单位)"是指要确定三级指标的量化单位,对于不能量化的指标来说,需要确定操作性标准或者操作性单位。比如,对于"人均 GDP 增长率"、"人均财政收入增长率"、"第一、二、三产业产业增加值比例和谐度"等定量性指标,其量化单位分别是"%"、"%/年"、"比值",其含义是这些指标可以用百分数和比值来作为单位以计量这些指标下的绩效大小、多少;而对于像"Google – Earth 上的地区即时亮度比"、"由公共服务不到位引发的群体事件数"这样的将定性数据转换为定量数据的指标单位,分别确定为"对比度"和"次",其含义是在经过指标内容的操作性解释之后,这些指标可以用"对比度"和"次"为单位来衡量这些指标下的绩效大小、多少。

4. 指标内容操作性解释

"指标内容操作性解释"是绩效评估指标具有操作性、合用性的最关键环节,它指明了每一条指标按照什么样的方式来计算大小、多少、先后次序等,使得政府绩效评估能够依照这些指标真正地展开。比如,我们界定的"人均 GDP 增长率"指标的操作性解释为"指一定时期内按常住人口平均计算的地区生产活动的最终成果。计算公式为:人均 GDP $= \dfrac{\text{地区 GDP}}{\text{年平均常住人口}}$,增长率公式为 $\dfrac{\text{当年人均} - \text{上年人均}}{\text{上年人均}} \times 100\%$。它表明两层含义:其一是指标"人均 GDP 增长率"是什么的问题;其二是表明该指标体如何计算的问题。经过这两层解释,"人均 GDP 增长率"指标就具有了可操作性,可以将其投入绩效评估的实践活动了。当然,并非每一条指标解释都严格包含这两层意义,有的指标本身含义直白,我们就只界定其计算方式;有的指标本身隐含计算方式,我们就只界定其含义;还有一些指标体系的计算方式与"评分标准"重合,我们就在"评分标准"中对其同时界定。

5. 评分标准

"评分标准"是每个指标在应用到绩效评估实践中时的绩效得分标准,类似于考试题的评分标准,就是解释每个指标在什么条件下能够得到 1 分,什么情况下能够得到 5 分。评分标准包含两层意义:首先,评估分数采取几分制的问题;其次,评分的总体标准是什么;最后,在总体标准下每一分如何获得。本研究"评分标准"的得分制是这样确定的:在 Symonds(1924)①、Cicchetti 等(1985)②、Finn(1972)③、Bending(1953)④对于 3 级、5 级、7 级、9 级、11 级量表研究的基础上,结合本课题组已有研究成果,决定用区分度较为明显但又易于操作的 5 分制作为绩效指标评分的得分制度,除了个别指标,我们不设 0 分,因为政府绩效彻底为 0 的状况几乎是很难发生的。对于总体标准的确定一般都以国家范围内的某个标准为依据,如指标"人均 GDP 增长率"的总体评分标准为"将其与国家宏观 GDP 增长速度进行比较";也有一些指标体系,由于江苏属于我国发达省份,如果采用国家的标准,则会使评估失去意义,因此我们采用了国际标准,如"政府债务占 GDP 的比率"采用了"按国际通行规则计分";还有一些指标,由于缺乏国际、国内标准,我们按照在四市采集的资料数据,从中直接提炼了得分标准,如"大部制落实程度"指标的"评分标准"为"100% 得 5 分;100% ~90% 得 4 分;90% ~80% 得 3 分;80% ~70% 得 2 分;70% ~60% 得 1 分"。

6. 数据收集方式

"数据收集方式"是指特定指标被用来进行绩效评估实践时采用何种方式收集与此指标相关的绩效信息、绩效数据,它为该指标寻求数据支撑指明了方向。比如,指标"人均财政收入增长率"、"第一、二、三产业产业增加值比例和谐度"、"非公企业产值占总产值比例"都可以从统计年鉴中找到绩效数据。

二、应用性细化结果

在确定了应用性细化的项目之后,我们按照"编号"、"权重"、"单位"、"指标内容操作性解释"、"评分标准"、"数据收集方式"对挖掘出的三级指标进行了较为详细、明确、精确的细化,具体结果如表 6 – 5 所示。

---

①P. M. Symonds. On the Loss of Reliability in Ratings Due to Coarseness of the Scale. *Journal of Experimental Psychology*,1924,7(6):456 – 461.

②D. V. Cicchetti, D. Showalter, P. J. Tyrer. The Effect of Number of Rating Scale Categories in Levels of Interater Raliability. *Applied Psychological Measurement*,1985,9(1):31 – 36.

③R. H. Finn. Effects of Some Variations in Rating Scale Characteristics on the Means and Reliabilities of Ratings. *Journal of Educational and Psychological Measurement*,1972,32(2):255 – 265.

④A. W. Bending. Reliability and the Number of Rating Scale Categories. *The Journal of Applied Psychology*,1954,38(1):38 – 40.

表6－5 三级指标的应用性细化

编号	三级指标	权重	单位	指标内容操作性解释	评分标准	数据收集方式
1	人均GDP增长率	0.0699	%	指一定时期内按常住人口平均计算的地区生产活动的最终成果。计算公式为： 人均GDP = $\dfrac{\text{地区GDP}}{\text{年平均常住人口}}$ 增长率公式为：$\dfrac{\text{当年人均－上年人均}}{\text{上年人均}} \times 100\%$	将其与国家宏观GDP增长速度进行比较，据其值确定得分： 值：8%，8%~9%，9%~10%，11%~15%，≥16% 得分：1，2，3，4，5	统计年鉴
2	人均财政收入增长率	0.0410	%	按常住人口平均计算的财政收入增长率。计算公式为：$\dfrac{\text{当年人均－上年人均}}{\text{上年人均}} \times 100\%$	按照在上年基础上的增值确定得分： 值：=上年，+1%，+2%，+3%，≥4% 得分：1，2，3，4，5	统计年鉴
3	政府债务占GDP的比率	0.0291	%	指现期债务与当年地区GDP的比率。计算公式为：$\dfrac{\text{现期积累债务}}{\text{当年GDP}} \times 100\%$	按国际通行规则计分，相似度为1到5分，依次每减低10个百分点减1分。	统计年鉴
4	高新技术产业增加值占工业总产值比例	0.0266	%	按照统计年鉴口径计算，计算公式为：$\dfrac{\text{当年高新技术产业增加值}}{\text{工业总产值}} \times 100\%$	按照中等发达国家比例计分，相似度为1到5分，依次每减低10个百分点减1分。	统计年鉴
5	第一、二、三产业增加值比例和谐度	0.0273	比值	指第一、二、三产业实现的增加值之和在全部地区生产总值中所占的比重。	按照中等发达国家比例计分，相似度为1到5分，依次每减低10个百分点减1分。	统计年鉴

续表

编号	三级指标	权重	单位	指标内容操作性解释	评分标准	数据收集方式
6	第二、三产业每年新注册企业增加率	0.0223	%	按照统计年鉴口径计算，公式为：当年注册企业数－上年注册企业数÷上年注册企业数×100%	按照在上年基础上的增值确定得分： 值：上年 / +1% / +2% / +3% / ≥4% 得分：1 / 2 / 3 / 4 / 5	统计年鉴
7	非公企业产值占总产值比例	0.0211	%	按照统计年鉴口径计算，公式为：所有企业产值－公有企业产值÷所有企业产值×100%	按照在上年基础上的增值确定得分： 值：上年 / +1% / +2% / +3% / ≥4% 得分：1 / 2 / 3 / 4 / 5	统计年鉴
8	公有企业资产保值增值率	0.0237	%	按照统计口径计算，公式为：当年公有资本增加值－上年公有资本增加值÷上年公有资本增加值×100%	按照在上年基础上的增值确定得分： 值：上年 / +1% / +2% / +3% / ≥4% 得分：1 / 2 / 3 / 4 / 5	统计年鉴
9	区域差异率	0.0197	%	辖区内不同地区之间的第一、二、三产业的差别度。	以本地区平均值为准，相似度为1得5分，依次每减低10个百分点减1分。	统计年鉴
10	对地方法规的满意度	0.0077	%	公民满意调查，涉及所有本地政府出台的法规。	满意度为100%得5分，依次每减低10个百分点减1分。	问卷调查
11	对地方政策的满意度	0.0068	%	公民满意调查，涉及所有本地政府出台的政策。	满意度为100%得5分，依次每减低10个百分点减1分。	问卷调查

续表

编号	三级指标	权重	单位	指标内容操作性解释	评分标准	数据收集方式
12	对地方临时性管理规定的满意度	0.0065	%	公民满意调查,涉及所有本地政府出台临时性、短期性规定。	满意度为100%得5分,依次每减低10个百分点减1分。	问卷调查
13	对行政审批办结效率的满意度	0.0113	%	根据行政记录,公民满意抽样调查,涉及所有本地政府审批事项。	满意度为100%得5分,依次每减低10个百分点减1分。	问卷调查、行政记录
14	对行政行为告知的满意度	0.0106	%	根据行政记录,公民满意抽样调查,涉及所有本地政府的行政告知事项。	满意度为100%得5分,依次每减低10个百分点减1分。	问卷调查、行政记录
15	对行政行为救济的满意度	0.0112	%	根据行政记录,公民满意抽样调查,涉及所有本地政府的行政救济事项。	满意度为100%得5分,依次每减低10个百分点减1分。	问卷调查、行政记录
16	受理行政行为态度满意	0.0079	%	根据行政记录,公民满意抽样调查,涉及所有本地政府的受理行政行为的表现。	满意度为100%得5分,依次每减低10个百分点减1分。	问卷调查、行政记录
17	处置行政行为态度满意	0.0077	%	根据行政记录,公民满意抽样调查,涉及所有本地政府的行政行为态度的表现。	满意度为100%得5分,依次每减低10个百分点减1分。	问卷调查、行政记录
18	对行政行为结果满意	0.0115	%	公民满意抽样调查,涉及所有本地政府行政行为的结果。	满意度为100%得5分,依次每减低10个百分点减1分。	问卷调查

续表

编号	三级指标	权重	单位	指标内容操作性解释	评分标准	数据收集方式
19	社会平均工资增长率	0.0200	%	按照统计口径计算，公式为：$\frac{\text{当年平均}-\text{上年平均}}{\text{上年平均}}\times100\%$	按照在上年基础上的增值确定得分： 值：上年 / +1% / +2% / +3% / ≥4% 得分：1 / 2 / 3 / 4 / 5	劳动统计年鉴
20	低收入者人均住房面积	0.0201	%	根据统计年鉴划分的低收入者人群，然后将其与所在地区社会保障房住房面积比较。	接近度≥100%得5分，依次每减低10个百分点减1分。	统计年鉴、问卷调查
21	中等收入者恩格尔系数	0.0202	%	利用统计年鉴数据确定的中等收入者范围和数据，计算恩格尔系数，并辅助抽样调查。	等于40%得1分;40%~30%得2分;30%~20%得3分;20%~15%得4分;≤15%得5分。	统计年鉴、问卷调查
22	工薪阶层平均每月工资与每月平均每平方米价格比率	0.0222	%	按照统计年鉴，区分"工薪阶层"，然后抽样调查他们每月平均工资与所在地区市场上每平方米商品房房价的均价，计算其比值。	比值等于1得5分，依次每减低10个百分点减1分。	问卷调查、统计年鉴
23	有子女家庭预期子女教育投入占存款比例	0.0177	%	抽样调查有子女家庭预期子女教育投入占存款比例。	等于30%得1分;30%~25%得2分;25%~20%得3分;20%~15%得4分;≤15%得5分。	问卷调查
24	个人社会保障金每月平均缴纳额占每月平均工资的比率	0.0188	%	查阅单位工资发放明细，个人每月平均社会保障缴纳额，进而计算其与月平均工资的比率。	等于10%得1分;10%~8%得2分;8%~5%得3分;5%~3%得4分;≤3%得5分。	单位工资表

续表

编号	三级指标	权重	单位	指标内容操作性解释	评分标准	数据收集方式
25	劳动年龄段人口就业率	0.0121	%	从劳动统计年鉴查阅其值。	等于 100%~95% 得 5 分;95%~90% 得 4 分;90%~85% 得 3 分;85%~80% 得 2 分;80%~75%≤3% 得 1 分。	劳动统计年鉴
26	行政行为中公民的参与度	0.0114	%	公民的参与度 = $\dfrac{有公民参与的行政行为}{所有行政行为}$ × 100%	≥85% 得 5 分;85%~70% 得 4 分;70%~55% 得 3 分;55%~40% 得 2 分;40%~25% 得 1 分。	行政记录
27	人民对政府建言采纳率	0.0118	%	从行政记录来计算采纳率,其标准是建言的全部或部分被采纳,方法为:$\dfrac{被采纳建言}{所有建言}$ × 100%	≥35% 得 5 分;35%~30% 得 4 分;30%~25% 得 3 分;25%~20% 得 2 分;20%~15% 得 1 分。	行政记录
28	基尼系数	0.0136	%	按照统计年鉴提取基尼系数。	35% 得 1 分;35%~30% 得 2 分;30%~25% 得 3 分;25%~20% 得 4 分;≤20% 得 5 分。	统计年鉴
29	贫困家庭占总家庭的比例	0.0129	%	按照统计年鉴提取数据。	20% 得 1 分;20%~15% 得 2 分;15%~10% 得 3 分;10%~5% 得 4 分;≤5% 得 5 分。	人口统计年鉴
30	公务员退休后平均月财政拨付性收入与一般工薪阶层退休后工资比率	0.0128	%	从统计年鉴获取数据和计算其值。	本地区平均值为准,相似度为 1 得 5 分,依次每减低 10 个百分点减 1 分。	统计年鉴
31	减贫率	0.0142	%	是指贫困人口降低率,可通过统计年鉴确定或者抽查,计算公式为:$减贫率 = \dfrac{上年贫困人口 - 当年贫困人口}{上年贫困人口} \times 100\%$	0%~2% 得 1 分;3%~4% 得 2 分;4%~5% 得 3 分;5%~6% 得 4 分;≥7% 得 5 分。	统计年鉴、抽查

续表

编号	三级指标	权重	单位	指标内容操作性解释	评分标准	数据收集方式
32	失业率降低度	0.0122	%	按照劳动统计年鉴来计算失业率降低度。公式为：失业率降低率 = $\dfrac{\text{上年失业率} - \text{当年失业率}}{\text{上年失业率}}$ × 100%	0~2%得1分；3%~4%得2分；4%~5%得3分；5%~6%得4分；≥7%得5分。	劳动统计年鉴
33	社会抚恤、救济总人数占需要者比率	0.0129	%	按照劳动统计年鉴来计算，公式为：$\dfrac{\text{当年被抚恤、救济人数}}{\text{所有需要抚恤、救济者人数}}$ × 100%	≥85%得5分；85%~75%得4分；75%~65%得3分；65%~45%得2分；45%~35%得1分。	统计年鉴
34	卫生服务体系健全率	0.0110	%	包括卫生服务网络健全率、社区卫生服务人员资格合格率三项。计算公式为：卫生服务体系健全率 = 县乡村卫生服务网络健全率*(1/3) + 卫生服务人员资格合格率*(1/3) + 社区卫生普及率*(1/3)。其中，卫生服务网络健全率指医疗卫生机构数占应建设总数的百分比；卫生服务人员资格合格率指区域内县（市、区）、乡（镇）医疗卫生机构中的医疗卫生技术人员取得规定执业证书依法执业的人数占医疗卫生技术人员总数的百分比；社区卫生服务普及率指城市社区卫生服务普及率与农村社区卫生服务普及率两项指标按各占1/2加权计算。	≥98%得5分；98%~95%~95%得4分；95%~85%得2分；85%≤得1分。	公共卫生统计年鉴

续表

编号	三级指标	权重	单位	指标内容操作性解释	评分标准	数据收集方式
35	城镇劳动保障三大保险各自覆盖率	0.0107	%	指失业保险、养老保险和基本医疗保险覆盖的人口占城镇总人口的比例。	≥98%得5分;98%～95%得4分;95%～95%得3分;95%～85%得2分;≤85%得1分。	社会保障统计年鉴
36	新型农村合作医疗覆盖面	0.0107	%	指享受合作医疗的人数占农村总人口的比例。	≥98%得5分;98%～95%得4分;95%～95%得3分;95%～85%得2分;≤85%得1分。	公共卫生统计年鉴
37	环境质量综合指数	0.0083	%	包括全年环境空气良好天数达标率、城市水域功能区水质达标率、集中式饮用水源水质达标率和城市环境噪声达标率区覆盖率。计算公式为:(环境空气质量良好天数百分率×30)+(集中式饮用水源地水质达标率×20)+(水域功能区水质达标率×40)+(城市环境噪声达标率×10)	≥95%得5分;95%～85%得4分;85%～75%得3分;75%～65%得2分;65%～55%得1分。	统计年鉴
38	城市绿化覆盖率	0.0071	%	城市建成区绿化覆盖面积占城市建成区面积的比重。绿化覆盖率＝建成区绿化覆盖面积/建成区面积×100%	≥30%得5分;30%～25%得4分;25%～20%得3分;20%～15%得2分;15%～10%得1分。	统计年鉴

续表

编号	三级指标	权重	单位	指标内容操作性解释	评分标准	数据收集方式
39	森林覆盖率	0.0062	%	指有林地面积,国家特别规定灌木林地面积及四旁树木占地面积之和占土地面积的比重。计算公式为:(有林地面积+灌木林地面积+四旁树木占地面积)/土地总面积×100%	≥25%得5分;25%~20%得4分;20%~15%得3分;15%~10%得2分;10%~5%得1分。	统计年鉴
40	环境保护投资指数	0.0109	%	在环境保护方面进行的投资占全社会总投资的比率。	≥3%得5分;3%~2%得4分;2%~1%得3分;1%~0.5%得2分;0.5%~0.1%得1分。	统计年鉴
41	生活垃圾无害化处置率	0.0102	%	无害处理的生活垃圾占所有处理的生活垃圾总量的比率。	≥95%得5分;95%~90%得4分;90%~85%得3分;85%~80%得2分;80%~75%得1分。	统计年鉴
42	工业垃圾无害化处理率	0.0110	%	无害处理的工业垃圾占所有处理的工业垃圾总量的比率。	≥80%得5分;80%~75%得4分;75%~70%得3分;70%~65%得2分;65%~60%得1分。	统计年鉴
43	每千万元GDP值能耗降低率	0.0100	%	指相对于上年每千元GDP能耗降低率,计算公式为:$\dfrac{\text{上年每1000万GDP产值能耗}-\text{当年每1000万GDP产值能耗}}{\text{上年每1000万GDP产值能耗}}×100\%$	≥15%得5分;15%~12%得4分;12%~9%得3分;9%~6%得2分;6%~3%得1分。	统计年鉴、抽查

续表

编号	三级指标	权重	单位	指标内容操作性解释	评分标准	数据收集方式
44	年工业节能率	0.0082	%	指相对于上年工业生产使用能源的节省率,计算公式为:$\frac{上年工业生产能耗-当年工业生产能耗}{上年工业生产能耗}\times 100\%$	≥15%得5分;15%~12%得4分;12%~9%得3分;9%~6%得2分;6%~3%得1分。	统计年鉴、抽查
45	清洁能源使用率	0.0092	%	当年清洁能源使用占所有能源使用总量的比率,公式为:$\frac{当年清洁能源使用量}{总能源使用量}\times 100\%$	≥35%得5分;35%~30%得4分;30%~25%得3分;25%~20%得2分;20%~10%得1分。	统计年鉴、抽查
46	R&D经费支出占GDP的比率	0.0076	%	当年R&D经费支出的金额与地区GDP总值的比率,公式为:$\frac{当年本地区各类R\&D支出总金额}{地区GDP总量}\times 100\%$	≥15%得5分;15%~12%得4分;12%~9%得3分;9%~6%得2分;6%~3%得1分。	统计年鉴
47	人均拥有文化娱乐场馆面积	0.0069	平方米	计算公式为:$\frac{当年本地区各类文化娱乐场馆面积}{地区常住人口总数}\times 100\%$	≥0.2 m²得5分;0.2~0.15 m²得4分;0.15~0.10 m²得3分;0.10~0.05 m²得2分;0.05~0.025m²得1分。	统计年鉴
48	居民文化娱乐支出占GDP的比率	0.0057	%	计算公式为:$\frac{当年本地区居民各类文化娱乐消费总额}{地区GDP}\times 100\%$	≥3%得5分;3%~2%得4分;2%~1%得3分;1%~0.5%得2分;0.5%~0.25%得1分。	统计年鉴

续表

编号	三级指标	权重	单位	指标内容操作性解释	评分标准	数据收集方式
49	Google – Earth 上的地区即时亮度比	0.0111	对比度	利用 http://www.earthol.com/ 上的即时地区查看夜晚亮度，可以客观展现每个地区的基础设施建设情况。	定性判断比较，可以排出不同地区的名次，名次的≥80%之前得5分;80%~75%得4分;75%~70%得3分;70%~65%得2分;65%~60%得1分。	http://www.earthol.com/
50	预算内基本建设和更新改造投资增长率	0.0128	%	由政府预算支持的基本建设和更新改造投资增长速度，公式为:(当年预算内基本建设和更新改造投资总额－上年预算内基本建设和更新改造投资总额)/上年预算内基本建设和更新改造投资总额×100%	≥15%得5分;15%～12%得4分;12%～9%得3分;9%～6%得2分;6%～3%得3分;3%得1分。	财政统计年鉴
51	预算内基本建设和更新改造投资中地方投资与中央投资比率	0.0127	%	指在政府预算支持的基本建设和更新改造投资中中央财政和地方财政的支持力度，公式为:当年地方财政预算当年基本建设和更新改造预算／当年中央财政预算内基本建设和更新改造投资总额×100%	≥100%得5分;100%～95%得4分;95%～90%得3分;90%～85%得2分;85%～80%得1分。	财政统计年鉴
52	刑事案件破案率	0.0170	%	指当年本地发生的刑事案件的破案率，公式为:当年发生并被侦破的刑事案件/当年发生的所有刑事案件×100%	≥50%得5分;50%～45%得4分;45%～40%得3分;40%～35%得2分;35%～25%得1分。	公安统计年鉴

续表

编号	三级指标	权重	单位	指标内容操作性解释	评分标准	数据收集方式
53	生产和交通事故死亡率	0.0133	%	指生产和交通事故所涉及的总人数中死亡者所占的比率,公式为: $\dfrac{\text{生产和交通事故中的死亡人数}}{\text{生产和交通事故涉及到位的总人数}} \times 100\%$	=0%得3分;≥0%得0分。	交通统计年鉴
54	由公共服务不到位引发的群体事件数	0.0164	次	从公安记录、行政记录上,并以问卷调查为补充的方式由公共服务不到位引发的群体事件数。	=0得3分;≥0得0分。	公安记录、行政记录、问卷调查
55	公务员中拥有硕士以上学历比例	0.0064	%	拥有硕士以上学历的公务员与总体之比,公式为: $\dfrac{\text{拥有硕士学历公务员数}}{\text{公务员总数}} \times 100\%$	≥25%得5分;25%~20%得4分;20%e~15%得3分;15%~10%得2分;10%~5%得1分。	公务员档案
56	拥有行政决策权的领导每年新出台科学知识、法律、政策培训的学时	0.0072	小时	按照当年累计受培训时间计算	≥200小时得5分;200~180小时得4分;180~160小时得3分;160~140小时得2分;140~120小时得1分。	培训记录
57	35岁以下的年轻公务员所占比例	0.0064	%	35岁以下的公务员与总体之比,公式为: $\dfrac{\text{35岁以下公务员数}}{\text{公务员总数}} \times 100\%$	≥35%得5分;35%~30%得4分;30%~25%得3分;25%~20%得2分;20%~15%得1分。	公务员档案

续表

编号	三级指标	权重	单位	指标内容操作性解释	评分标准	数据收集方式
58	大部制落实程度	0.0062	%	是指落实大部制的部门占所有部门之比，公式为：采用大部制的部分／政府所有部门 ×100%	100%得5分;100%～90%得4分;90%～80%得3分;80%～70%得2分;70%～60%得1分。	政府台账、行政记录
59	每份文件在不同部门之间平均滞留时间	0.0060	小时	指一份公文在所有部门之间所耽搁的平均时间，公式为：所有公文耽搁的总时间／公文数总数×政府所有部门 ×100%	≤0.3小时得5分;0.3～0.5小时得4分;0.5～0.7小时得3分;0.7～0.9小时得2分;0.9～1.1小时得1分。	行政记录
60	普通公务员参与决策的机制落实率	0.0070	%	指所有决策行为中有普通公务员参与比率，公式为：普通公务员参与过的行政决策件数／政府行政决策总件数 ×100%	≥50%得5分;45%～50%得4分;40%～45%得3分;35%～40%得2分;25%～30%得1分。	行政记录
61	一站式工作占所有可以一站式工作的比率	0.0085	%	指政府中当前一站式工作占所有可以一站式工作的比率。	100%得5分;90%～100%得4分;80%～90%得3分;70%～80%得2分;60%～70%得1分。	行政记录
62	办事章程的完备性	0.0080	%	指政府中依法应完成的所有行政事项中，目前已明确制定章程的数量占所有事项的比率。公式为：已制定章程的行政事务数／依法应办理的行政事务总数 ×100%	100%得5分;95%～100%得4分;90%～95%得3分;85%～90%得2分;80%～85%得1分。	抽查判断

续表

编号	三级指标	权重	单位	指标内容操作性解释	评分标准	数据收集方式
63	政府政策的连贯性、稳定性与有效性	0.0075	%	政策的变动性,即 3 年内平均每条政策的改动率,公式为: $\dfrac{3\ \text{年内变动过的政策}}{3\ \text{年来制定的总政策数}} \times 100\%$	≤5% 得 5 分;5%~10% 得 4 分;10%~15% 得 3 分;15%~20% 得 2 分;20%~25% 得 1 分。	行政记录、问卷调查
64	面向个人的信息丰富度	0.0041	数字	面向公民调查。采取 5 级量表形式,5、4、3、2、1,求其平均值: $\dfrac{\sum\limits_{i=1}^{n} x_i}{n}$(X 指调查值)	平均值为 4~5 得 5 分;3.5~4 得 4 分;3~3.5 得 3 分;2.5~3 得 2 分;2~2.5 得 1 分。	问卷调查
65	面向企业的信息丰富度	0.0040	数字	面向公民调查。采取 5 级量表形式,5、4、3、2、1,求其平均值: $\dfrac{\sum\limits_{i=1}^{n} x_i}{n}$(X 指调查值)	平均值为 4~5 得 5 分;3.5~4 得 4 分;3~3.5 得 3 分;2.5~3 得 2 分;2~2.5 得 1 分。	问卷调查
66	面向其他组织的信息丰富度	0.0050	数字	面向其他组织调查。采取 5 级量表形式,5、4、3、2、1,求其平均值。公式为:$\dfrac{\sum\limits_{i=1}^{n} x_i}{n}$(X 指调查值)	平均值为 5~4 得 5 分;4~3.5 得 4 分;3.5~3 得 3 分;3~2.5 得 2 分;2.5~2 得 1 分。	问卷调查

续表

编号	三级指标	权重	单位	指标内容操作性解释	评分标准	数据收集方式
67	信息当天上网率	0.0035	%	当天挂到网上的行政信息占当天产生的非保密行政信息的比例，公式为：$\dfrac{\text{当天挂网的行政信息(非保密)}}{\text{当天产生的所有行政信息(非保密)}} \times 100\%$	≥50%得5分；50%~45%得4分；45%~40%得3分；40%~35%得2分；35%~25%得1分。	网站记录
68	在线下载资料上载及时率	0.0031	%	在法定时间内上载率，公式为：$\dfrac{\text{法定时间内上载文件数}}{\text{法定时间内应上载文件数}} \times 100\%$	100%得5分；100%~98%得4分；98%~96%得3分；96%~94%得2分；94%~92%得1分。	网站记录、问卷调查
69	紧急事件20分钟内上网率	0.0049	%	紧急事件的即时澄清、解释、信息公开率，公式为：$\dfrac{\text{20分钟内上网文件数}}{\text{20分钟内应上网文件数}} \times 100\%$	100%得5分；100%~98%得4分；98%~96%得3分；96%~94%得2分；94%~92%得1分。	网站记录
70	在线咨询3小时内答复率	0.0063	%	计算公式为：$\dfrac{\text{3小时内回答的咨询问题数量}}{\text{3小时内咨询问题总量}} \times 100\%$	≥85%得5分；85%~70%得4分；70%~55%得3分；55%~40%得2分；40%~25%得1分。	网站记录、问卷调查
71	在线查询结果正确率	0.0065	%	计算公式为：$\dfrac{\text{在线查询问题答案的正确数}}{\text{在线查询问题总数}} \times 100\%$	100%得5分；100%~95%得4分；95%~90%得3分；90%~85%得2分；85%~80%得1分。	网站记录、问卷调查

续表

编号	三级指标	权重	单位	指标内容操作性解释	评分标准	数据收集方式
72	在线申报、投诉法定时间内响应率	0.0065	%	计算公式为：$\frac{\text{法定时间内响应的在线申报、投诉数量}}{\text{在线申报、投诉总数}}\times100\%$	100%得5分;100%~95%得4分;95%~90%得3分;90%~85%得2分;85%~80%得1分。	行政记录、问卷调查
73	青少年占总人口比率	0.0033	%	根据统计年鉴数据计算即可。	≥23%得5分;23%~20%得4分;20%~17%得3分;17%~14%得2分;14%~11%得1分。	人口统计年鉴
74	5岁以下儿童性别比	0.0035	比值	根据统计年鉴计算,公式为：5岁以下男童/5岁以下女童	1:1.07~1:1得5分;1:0.9999得4分;1:0.9998得3分;1:0.9997得2分;1:0.9996得1分。	出生登记记录、统计年鉴
75	人口自然增长率	0.0035	%	依据统计年鉴数据。	5‰得5分;5%~4%得4分;4%~3%得5分。	统计年鉴
76	高中阶段教育毛入学率	0.0033	%	指高中阶段在校人数占15~17岁学龄人口的比重。"高中"包括普通、职业高中和中等专业学校。	100%得5分;100%~95%得4分;95%~90%得3分;90%~85%得2分;85%~80%得1分。	教育统计年鉴
77	大专以上人口比例	0.0035	%	指大专以上人口（包括大专）占总人口的比例。	≥40%得5分;40%~35%得4分;35%~30%得3分;30%~25%得2分;25%~20%得1分。	统计年鉴
78	新增劳动力平均受教育年限	0.0041	%/年	指当年新增劳动力平均受教育年限,从劳动统计年鉴可查到。	9~11年得1分;11~13年得2分;13~15年得3分;15~17年得4分;17年以上得5分。	劳动统计年鉴

续表

编号	三级指标	权重	单位	指标内容操作性解释	评分标准	数据收集方式
79	居民文教娱乐服务支出占家庭消费支出的比重	0.0033	%	调查获得居民平均文教娱乐服务支出占家庭消费支出的比重。	≥10%得5分;10%~5%得4分;5%~3%得3分;3%~2%得2分;2%~1%得1分。	调查问卷、统计年鉴
80	人均期望寿命	0.0036	岁	问卷调查居民期望寿命的平均值。	≥100得5分;100~90得4分;90~85得3分;85~80得2分;80~75得1分。	问卷调查
81	人口素质指数	0.0035	%	用来综合测度特定地区人民的营养、卫生保健、国民教育等物质福利领域进步状况的综合指标,它反映一个地区满足其人民基本需要方面所取得的成就。	高于标准得5分;标准下每降低5个百分点递减1分。	人口统计年鉴
82	经济腐败案件涉案人次	0.0066	总人次	当年内政府发生的腐败案件中涉及的人/次总数。	0人/次得5分;≥1人/次得0分。	纪检机关数据
83	生活作风腐化被举报人次	0.0060	总人次	当年内政府工作人员因生活作风腐化被举报并查明有其事的人/次总数。	0人/次得5分;≥1人/次得0分。	纪检机关、政府领导收到的举报数据
84	工作中的灰色状态反映人次	0.0076	总人次	灰色状态指工作作风虽然还达不到腐败、腐化,但在工作中也存在吃、拿、卡、要等。	0人/次得5分;≥1人/次得0分。	纪检机关、政府领导收到的举报数据

续表

编号	三级指标	权重	单位	指标内容操作性解释	评分标准	数据收集方式
85	工作态度不良被反映的次数	0.0067	总人次	工作态度不良是指存在着"门难进、脸难看，话难听，事难办"的问题。	0人/次得5分;≥1人/次得0分。	领导收到的和网上举报数据
86	上班迟到、早退率	0.0062	%	根据工勤几率查看迟到和早退率。	100%得5分;100%~98%得4分;98%~96%得3分;96%~94%得2分;94%~92%得1分。	工勤记录
87	工作作风被网上披露且确有其事的次数	0.0055	次	根据网上（包括论坛）中披露情况进行核实之后的作风问题数量。	0次得5分;≥1次得0分。	各种网站披露的信息
88	行政经费占财政支出比率	0.0071	%	由统计年鉴查阅并计算，公式为:$$\frac{当年行政经费支出总额}{当年财政支出总额}\times100\%$$	≥20%得1分;20%~15%得2分;15%~10%得3分;10%~5%得4分;≤5%得5分。	统计年鉴
89	每百人供养公务员人数	0.0063	人	指当年每100名工薪阶层平均上缴个人所得税所能供养的公务员人数，计算公式为:$$\frac{当年100名工薪阶层平均上缴个人所得税总额}{所在地区公务员平均年工资}$$	≥10得5分;10~9得4分;9~8得3分;8~7得2分;7~6得1分。	统计年鉴
90	行政接待费用占行政支出比率	0.0062	%	指当年政府花费在接待上的费用占行政支出总额的比率。	≥20%得1分;20%~15%得2分;15%~10%得3分;10%~5%得4分;≤5%得5分。	单位财政报销记录、统计年鉴

经过表 6-5 的梳理,我们基本上完成了对所挖掘出的指标体系的实践性细化,可以将其运用到日常的政府绩效评估之中了,这也是我们所强调的指标体系"合用性"的应有之义。需要强调的是,由于指标"生产和交通事故死亡率"、"由公共服务不到位引发的群体事件数"、"经济腐败案件涉案人次"、"生活作风腐化被举报人次"、"工作中的灰色状态被反映人次"、"工作态度不良被反映的次数"和"工作作风被网上披露且确有其事的次数"属于具有负向性质的评估指标,我们按照现实情况,将其得分标准设置为"0 人/次得 5 分;≥1 人/次得 0 分",其含义是:如果这些情况并没有发生,则说明政府在这些方面属于高绩效,可以在本项上得满分,而如果这种事情确实存在,则意味着政府有着明显的缺点需要纠正,这项就不能得分。我们没有引入"一票否决制",是因为我们认为,从理论上来说,就像孟德斯鸠所说,"再糟糕的政府,也还会为民做点好事"[①],绩效纯粹为 0 甚至为负的情况是不存在的。我们将指标"人口自然增长率"的得分标准设置为"5‰得 3 分;5‰~4‰得 4 分;4‰~3‰得 5 分"是考虑了国家计划生育政策的要求控制线是 5‰,这就可以理解为 5‰是合格线,但高于 5‰则不符合国家政策,在该项中是不存在绩效的,绩效为零,所以我们没有设置得分为 2 和 1 的情况;另一方面,按照国家计划生育政策,比 5‰低是"好事情",所以我们设置了"5‰~4‰得 4 分;4‰~3‰得 5 分",但我们没有设置更小的比率得更高的分数是因为,我们考虑到社会的可持续发展,人口自然增长率过低,也是对社会有百害而无一利,也是没有绩效的表现,这就是为什么俄罗斯、欧洲鼓励、奖励多生孩子的原因。

---

①转引自 J. C. Koritansky. Alexander Hamilton's Pheloosophy of Government and Administration.*The Journal of Federalism* ,1979,9(2):99-122.

第七章　结　语

行文至此,本研究基本告一段落。总结而言,本书在本研究领域有一些成就,但也有诸多不足。

一、本书的主要创新

以跨学科的眼光来看,尤其是以公共管理研究者,特别是政府绩效评估研究者的眼光来看,本书的创新性主要表现在下列几方面:

1. 从总体上来说,本书丰富了"工程绩效学"的研究内容

笔者一直对北京大学光华管理学院周黎安副教授,复旦大学中国社会主义市场经济研究中心张军教授、陆铭教授、陈钊教授、万广华教授、王永钦副教授等前辈关于政府绩效的研究非常着迷,认为它们切中了我国政府绩效,特别是政府绩效评估研究的时弊。然而,随着读书日多,笔者发现这些前辈的研究在美轮美奂之余,尚有不足之处。作为著名的经济学家,他们研究的绩效是一种预先假定了何为"绩效"的绩效,然后围绕已经确定的标的物来展开回归,最终得到一些宏观性的结论,这是一种"by‐stander"(赏观者)的研究方式。站在旁边来观看政府,自然可以找到很多看似科学、合理的结论。但众所周知,政府作为管理的"黑箱",它内部的运作并非仅仅旁观于政府,假定 A 是"绩效"、B 不是"绩效"就可以找到影响政府绩效提升的因素。甚至我们可以说,这是一种"站着说话不腰疼"的研究,看似无懈可击,而一旦真正涉及政府的组织内部,去探究"黑箱"内部的运作问题时,就会发现这种研究的不足。当然,这种研究具有宏观视野,对把握政府整体走向也至关重要,但这更多的是一种政府绩效评估的理论,它的操作性还很欠缺,甚至从政府的角度来说,它毫无操作性,笔者将其称为"政府绩效评估理论学",它对于廓清宏观、长远视野非常有用。不过,笔者一直追求将政府绩效评估做通,能"顶天立地"——从理论上廓清政府的宏观、长远去向;从工程技术上提供政府绩效评估的工具与技术;从实践上能够将绩效评估借助于工程工具、技术投入一个个不同政府的评估(案例)。这种思路就是政府绩效评估从形而上逐渐到形而下的过程,笔者分别将其命名为"理论绩效学"、"工程绩效学"、"绩效实践案例"的研究。本书将被 MIT 主办的著名工程技术杂志《技术评论》评选的"21 世纪 10 种新技术"之三的数据挖掘引入政府绩效评估指标设计研究,依照挖掘主题和软件特征选择了微软

公司开发的兼容性、易操作性强的 Microsoft SQL Server 2005 作为数据挖掘软件,并从众多的数据挖掘技术中选择了 RBF 神经网络、BIRCH 分层聚类作为政府绩效评估指标挖掘工具,使得绩效评估指标设计能够基于某种科学的技术工具而展开,这从很大程度上丰富了目前我国政府绩效评估"工程绩效学"的内涵,超越了仅仅局限于 BSC、绩效棱柱、综合评价、AHP 等有限方法的窠臼,这可以看做是一种创新,或者说是有新意的探索。

2.探索性地建设了面向地方政府的绩效评估指标数据库、数据集市和数据仓库

本书利用 Microsoft SQL Server 2005 的 Microsoft SQL Server Management Studio 的"表",最终构建出了 112 张来自零散数据的指标表、37 张来自统计年鉴数据的指标表、20 张来自各种行政记录的指标表、31 张来自现有数据库的指标表、277 张基于我国国内各种已有指标体系数据的指标表和 42 张基于国外已有政府绩效评估指标体系数据的指标表。这样,一共构建出了一个具有 519 张指标数据表的"南京、苏州、徐州、盐城四市政府绩效评估指标数据库"小型数据库。从全国政府绩效评估指标设计的实践与研究来看,尚无公开的此类数据库,这可以认为是一种创新或者说贡献。

本书利用 Microsoft SQL Server Management Studio 中"数据关系图"的功能将各种来源相同的指标予以"关系化",也就是在其间建立"实体—关系"规则,使之成为绩效指标数据集市。我们一共构建出了 6 个具有主题定向性的指标数据集市,即来自统计年鉴数据的指标集市、来自各种行政记录的指标集市、来自现有数据库的指标集市、基于我国国内各种已有指标体系数据的指标集市,相对于已有研究,这也是一种实体性的贡献。

本研究在 Microsoft Visual Studio 2005 中部署好数据源之后,利用"数据源视图"功能将"数据集市 1 零散集市"、"数据集市 2 统计年鉴集市"、"数据集市 3 行政记录集市"、"数据集市 4 现有数据库"、"数据集市 5 我国已有指标"、"数据集市 6 国外已有指标"6 个数据集市围绕"数据集市 6 国外已有指标"建立了一个可以对其进行数据挖掘的政府绩效评估指标数据仓库,也算是一种尚无类似做法的创新。

3.挖掘出了一套较为完备的指标体系

在数据仓库的基础上,我们利用 RBF 神经网络"软聚类"挖掘出了在特定支持度下的 10 个一级指标,即经济发展、公民满意、人民生活改进、社会和谐、可持续发展、公共服务、内部过程、电子政务、人的发展、廉洁行政;在一级指标的基础上,进而利用 BIRCH 硬聚类思想,分层挖掘出了在特定支持度下的 30 个二级指标,即经济增长、产业协调、经济结构协调、抽象行政行为满意、具体行政行为满意、服务态

度满意、生活改善、生活负担、参与机会、社会公平、社会救助、社会保障、生态建设、环境治理、低碳普及、科技文化发展、基础设施供给、保障性服务、人员素质、组织结构、管理流程、信息的丰富度、信息的及时度、反馈处理度、人口结构、教育程度、健康程度、实体性腐败、工作作风、行政效率等;在二级指标的基础上,仍然采用BIRCH 分层硬聚类,产生了 90 个三级指标。相对于日本东京都政府绩效评估指标体系的 99 个三级指标、英国地方政府绩效评估的 280 个三级指标、美国俄勒冈州地方政府绩效评估的 92 个三级指标、瑞士洛桑国际管理发展研究院《世界竞争力年鉴》地方政府效率评价的 84 个三级指标(84),本研究构建的 90 个三级指标也比较适宜。为了解决将指标用于评估实践时的确定性和评分标准问题,本书还对每一个三级指标的指标内容、操作标准、评分标准、数据收集来源、单位等进行了明确界定,解决了指标的实践性问题,使得它在科学性的基础上也具备很强的现实合用性,能够被应用到日常的政府绩效评估工作中去。

总体来说,本研究所构建的指标体系的新颖之处在于:首先,三个级别的指标都是在特定的支持度下的指标体系,这表明所有的指标(体系)都不是百分之百就能代表政府的绩效,而是在某种置信度下我们所能够接受的情况,这种情况既包括指标本身,也包括指标权重。其次,因为构建指标体系的数据源广泛,所以指标体系的代表性较好,既有内部指标,也有外部指标;既有定量指标,也有定性指标;既有电子政务指标,也有实体政务指标;既有民意指标,也有权威指标;等等。最后,由于我们专门用一节来解决指标的合用性问题,指标体系的操作性较好,可以直接用到日常评估实践中。

4. 用原子聚焦图谱界定了关键概念,用集合理论与数据挖掘理论结合实现了海量数据下指标的可加性

本书在关键概念界定的过程中,广泛收集了 40 种关于"绩效"、28 种关于"政府绩效"、74 种关于"政府绩效评估"的概念,并对其"聚焦点"词汇进行了统计梳理,对其核心词汇进行了对比和抽取,最终形成了界定这些概念的"原子图谱",使得概念界定既立足于已有研究的成果,又博采各家所长,我们认为这是一种"客观德尔菲法"(Objective Delphi Method)。

在数据挖掘研究设计中,本书针对海量数据、高属性维数据下指标可加性解决的难题,突破了传统上依靠标准化、归一化实现可加性的做法,结合数据挖掘理论和集合理论的性质,并在引入二态变量的前提下,解决了海量数据挖掘时指标的可加性问题,为后续进行数据挖掘打下了基础。

二、本书的主要不足

由于本书是一个探索性的应用研究,而高度相关的资料太少;同时由于研究时

间、书稿撰写时间相对有限,使得本书难免存在不少问题。总结起来看,本书尚需完善的地方主要有三点:

1. 政府绩效评估指标数据库太小

由于经费、人力、时间所限,本书收集到的数据还不够充足,经过梳理与 ETL 以后,最终我们借助于 Microsoft SQL Server 2005 软件所构建的"南京、苏州、徐州、盐城四市政府绩效评估指标数据库"只有 519 张指标数据表,这从数据挖掘"海量数据"的要求来看,还相去甚远。而以此为基础构建数据集市、数据仓库也就显得数据不够丰富,这是未来研究需要解决的首要问题。

2. 数据挖掘算法开发不够

从理学、工程学的角度来说,凡是数据挖掘都应该有算法的创新。但因为本书是一个应用性研究,其目标是应用已有的理论、技术、方法来解决公共管理领域的问题,更因为开发算法的专业性知识需求,本书在 BIRCH 聚类、RBF 神经网络聚类中没有进行挖掘算法的创新,仅仅是利用其原理,并借助于 Microsoft SQL Server 2005 软件来将其应用到政府绩效评估指标聚类中。从理工科的要求来说,这还不够。在进一步的研究中,需要吸纳自动控制、应用数学领域的专家,争取在算法上能有创新。

3. Microsoft SQL Server 2005 的功能限制

数据仓库构建是一个漫长的过程,在我们开始构建数据仓库的时候,很多单位、学者还在使用 Microsoft SQL Server 2000 进行数据库开发、OLAP、数据挖掘,当时本研究选择了 Microsoft SQL Server 2005 作为数据库构建工具,并在 2007 年 12 月就开始了数据库构建。然而,当我们数据库构建完成,开始向数据集市、数据仓库转换时,Microsoft SQL Server 2008 已经投入应用,笔者将两者对比之后,发现它在数据库构建、数据集市建设、数据仓库开发方面都比 Microsoft SQL Server 2005 有优势,尤其是在数据挖掘方面,工具更多、更具体,这是 Microsoft SQL Server 2005 所不具备的。但由于路径依赖的问题,我们没有将数据库、数据集市、数据仓库转移到 Microsoft SQL Server 2008 上来操作,倘若在它里面进行挖掘,那么指标体系的"过拟合"应该会减少不少。

三、本书未来研究展望

数据、数据挖掘任务和数据挖掘方法的多样性给数据挖掘提出了许多有挑战性的课题。同时,数据挖掘语言的设计、高效而有用的数据挖掘方法和系统的开发、交互式集成的数据挖掘环境的建立,以及应用数据挖掘技术解决大型应用问题,都是目前数据挖掘研究人员、系统和应用开发人员所面临的主要问题。正是这些问题的提出,促进了研究人员和学者对数据挖掘更为深入和广泛的研究,使数据

挖掘得到了发展。目前,数据挖掘发展主要体现在三方面①:

第一,改进数据挖掘算法。现有的数据挖掘算法由于历史原因存在种种缺陷。为了提高数据挖掘系统的可用性、可扩展性和高效性,我们需要对一些数据挖掘算法进行优化和改进,需要探索新的挖掘算法,以适应新知识环境下的数据挖掘。

第二,改善数据挖掘语言。数据挖掘语言可以理解为有效辅助数据挖掘实施知识发现功能的思想和做法,是知识发现的辅助工具。用户能够通过数据挖掘原语与数据挖掘系统通信,从不同的角度和深度审查发现结果,并指导挖掘过程。

第三,统一的数据挖掘语言和实施标准。数据挖掘语言的发展经历数据挖掘查询语言、数据挖掘模型语言和通用数据挖掘语言或标准数据挖掘语言三个阶段。在通用数据挖掘语言的研究上取得了很大的进展,但还远没有达到像 SQL 查询语言的那种通用程度。

由前人总结的上述数据挖掘领域的三个问题实际上也预示了本书未来需要深入和继续展开研究的三个方面:

首先,改进政府绩效评估指标数据挖掘的算法。由于目前各种算法都是针对工程领域、客户关系管理领域、银行业异常情况等问题所开发的,将它们运用到政府绩效评估指标设计,虽然也能解决很多问题,但毕竟还不是"门当户对"的专用算法,在进一步研究中最好能够开发出有针对性的算法。

其次,开发出政府绩效评估数据挖掘语言。与数据挖掘算法一样,目前所使用的数据挖掘语言都是针对其他领域所开发的,这就有适应性、兼容性的问题。未来的研究中争取能够吸收语言开发专家,开发出适合政府绩效评估数据挖掘的语言。

最后,统一政府绩效评估数据挖掘语言。笔者一直有这样的设想,也准备在进一步研究中实现它,那就是构建起一个庞大、综合、健全并能及时更新的政府绩效数据库和数据仓库,并能够随时基于它开发出适合某一地区、某一部门特定的绩效评估指标体系,并将其应用到绩效评估实践中,以评估出特定地区政府绩效,然后利用关联规则、聚类规则等挖掘出政府绩效结果与组织结构、管理流程、资源禀赋、组织文化、领导者能力、公务员能力,甚至气候条件之间基于特定支持度的关联关系,从而为真正提高政府绩效找到有的放矢的解决办法,以克服目前绩效关系探究中机械地应用线性回归的不足。而这就需要统一政府绩效评估数据挖掘语言,建立起更加丰富、健全的政府绩效数据库、数据仓库。

---

① 此处借鉴了章鲁,龚著琳,陈瑛,顾顺德. 生物医学数据挖掘[M]. 上海:上海科学技术出版社,2008:5.

附 录

附表 1 已有"政府绩效"概念的厘清

编号	提出者	概念	聚焦点
1	杨雄胜等（2005）	把绩效用于政府行为和行为效果的衡量,反映的就是政府绩效。	政府行为、行为效果
2	Curristione（2005）	指与所追求的目标相关的活动的结果,其目标在于提高政府实现其目标的程度。在传统的公共部门中,绩效的目标在于保证遵循既定的规则、控制投入、遵守公共部门的道德。	活动结果、目标、遵循、规则、控制投入、道德
3	Ranson & stewart(1994)	公共部门绩效主要包括以下几个维度:经济维度、民主维度、法律维度、职业维度。	经济、民主、法律、职业、维度
4	臧乃康(2001)	政府绩效不单是一个政绩层面的概念,还包括政府成本、政府效率、政治稳定、社会进步、发展预期的含义在内。	政绩、成本、效率、政治稳定、社会进步、发展预期
5	尚虎平(2008)	政府绩效是政治和谐进步、经济和谐发展、社会和谐昌盛、文化和谐繁荣、生态和谐自然的管理结果。	政治和谐进步、经济和谐发展、社会和谐昌盛、文化和谐繁荣、生态和谐自然的管理
6	刘笑霞(2008)	政府绩效是指政府在履行其公共受托责任、实现其目标方面的程度。从横向来看,它涉及经济、政治、社会、文化等多个维度;从纵向来看,政府绩效可划分为微观、中观和宏观这三个层面,即公务员个人绩效、政府职能部门的绩效与各级政府整体的绩效。	公共受托责任、实现目标、程度、经济、政治、社会、文化、微观、中观、宏观
7	卓越(2006)	政府绩效可以定义为政府部门在积极履行公共责任的过程中,在讲求内部管理与外部效应、数量与质量、经济因素和伦理政治因素、刚性规范和柔性机制相统一的基础上,获得的公共产出最大化。	履行公共责任、过程、内部、外部、数量、质量、经济、伦理、刚性、柔性、统一、产出、最大化

编号	提出者	概念	聚焦点
8	何力平(2005)	从政府绩效的内涵范围看,有广义政府绩效和狭义政府绩效;从政府绩效的不同性质看,有统治绩效、管理绩效和服务绩效;"从政府绩效的运行过程看,有决策绩效、执行绩效和监督绩效";"从政府绩效的保证条件看,有命令绩效、自觉绩效、技术绩效和制度绩效";从政府绩效的外在形式看,有量化绩效和非量化绩效。	广义、狭义、统治绩效、管理绩效、服务绩效
9	中国行政管理学会联合课题组(2003)	所谓政府绩效,西方国家又称"公共生产力"、"国家生产力"、"公共组织绩效"、"政府业绩"、"政府作为"等。	公共生产力、国家生产力、公共组织绩效、政府业绩、政府作为
10	陈振明(2003)	它是指政府在社会经济管理活动中的效率、效果、效益和效能,是政府在行使其职能、实施其意志的过程中体现出的管理和服务能力。	政府、效率、效果、效益、效能、职能、意志、管理、服务、能力
11	奥斯特罗姆(2004)	官僚机构绩效就是收益剩余,它是官僚机构向公民提供的产出总价值与生产该产出的总成本之差额。	收益剩余、总价值、总产出、总成本、差额
12	Wholey & Hatry (1992)	政治官员和市民也需要被告知绩效,不仅是关于成本和工作量的信息,也包括服务质量和项目成果信息。	成本、工作量、服务质量、项目成果
13	郭巍青、卢坤建(2009)	政策科学范畴的绩效,一方面为政策推动的结果,是一种客观的存在;另一方面又是权威当局与公民民心目中认定之满意程度,是一种主观的判断;是比较对照政策与期望水准而得的结果判断,是相对的而非绝对的。	政策推动、客观存在、民众满意、期望水平、相对
14	胡宁生(1998)	所谓政府绩效就是指政府部门的工作成就或政府管理活动所产生的积极效果。	政府部门、工作成就、管理活动、积极效果
15	李文艳、陈通(2004)	政府绩效是行政管理活动的基本品质需求和评价政府行为的核心内容,增长、公平、民主、自由、稳定、进步是政府绩效评估的基本价值尺度。	行政管理活动、核心内容、增长、公平、民主、自由、稳定、进步
16	林琼、凌文辁(2002)	政府绩效就是政府行政管理活动中所取得的业绩、成就和实际效果。公共服务的质量好坏是衡量政府绩效的重要标准。	行政管理、业绩、成就、实际效果、公共服务、质量
17	刘文俭、王振海(2004)	政府绩效是指政府在社会管理中的业绩、效果、效益及其管理工作效率和效能,是政府在行使其功能、实施其意志的过程中体现出的管理能力。政府的高绩效包含效能、效率、成本和责任。	政府、社会管理、业绩、效果、效益、效率、效能、功能、意志、管理能力、成本、责任
18	刘旭涛、许铭桂(2004)	对于政府而言,其绩效应该是指政府作为一个整体,在管理和服务等政府行为中所取得的业绩、成就和影响等。	政府、整体、管理、服务、业绩、成就、影响

续表

编号	提出者	概念	聚焦点
19	唐钧(2004)	政府绩效通常是指政府行使各项职能的绩效表现。一方面是政府"产出"的绩效,即政府在提供公共服务和进行社会管理方面的绩效表现;另一方面是政府"过程"的绩效,即政府在行使职能的过程中的绩效表现。	政府、行使职能、产出、公共服务、社会管理、过程、行使职能
20	徐双敏(2003)	所谓政府绩效实际上是对公职人员的绩效、各职能部门的绩效、政府绩效三部分绩效总和的简称。我们在研究政府绩效时,已不仅是指其效率,还包括效益、公正等内容。	公职人员、职能部门、绩效、效率、效益、公正
21	颜如春(2003)	政府绩效是政府在社会管理活动中的结果、效益及其管理工作效率、效能,是政府在行使其功能、实现其意志过程中体现出的管理能力。	社会管理、结果、效益、效率、效能、功能、意志、管理能力
22	臧乃康(2004)	政府绩效是对政府生产过程、生产状况、生产成本、生产效率的一种判断和反映,是政府成本扣除后的透支或盈余状况的集中反映,是评判政府治理水平和运作效率的重要依据。运用"绩效"概念衡量政府活动的效果,所指的不单纯是一个政绩层面的概念,还包括政府成本、政府效率、政治稳定、社会进步、发展预期等含义在内。	生产过程、生产状况、生产成本、生产效率、成本、透支、盈余、治理水平、运作效率、政绩、政治稳定、社会进步、发展预期
23	周仁标(2001)	行政绩效是行政系统评价行政机关及其工作人员工作实绩并实施奖惩的客观依据。	行政系统、行政机关、工作人员、实绩、奖惩
24	刘莉莉(2008)	政府绩效是各级政府为实现组织的可持续发展,在法定权限内,履行行政职责,为公民提供公共服务和公共产品以推动社会发展获取政治合法性时,所耗费的各种成本及所体现出的效率、效益、效能和公正度。	政府、可持续发展、法定权限、职责、公共服务、公共产品、政治合法性、成本、效率、效益、效能、公正度
25	刘惠冉(2008)	政府绩效就是指政府活动所产生的效果,这一效果包括丰富的内涵,它不仅仅指政绩,还包括政府的工作效率、社会对政府的满意度、社会进步发展的程度等政府履行其职能的最终成效。	政府、效果、政绩、效率、满意度、社会进步、职责、成效
26	吴江(2007)	运用"绩效"概念衡量政府活动的效果,所指的不单是一个政绩层面的概念,还包括政府成本、政府效率、政治稳定、社会进步、发展预期等含义在内。	政绩、成本、效率、政治稳定、社会进步、发展预期
27	江易华(2005)	对于政府而言,政府绩效是指政府作为一个整体,在管理和职务等政府行为中所取得的业绩、成就和影响等。	整体、管理、职务、业绩、成就、影响
28	胡税根(2005)	运用到公共行政领域后,绩效被称为"政绩",它不同于效率,是一个多维度的概念,在公共领域常被视为"责任量工具"。从表面意义上说,政府绩效指行政官员在行使人民赋予的权力、履行岗位职责以推动社会发展时所取得的成绩和所获得的效果。	政绩、多维度、责任量、行使权力、履行职责、成绩、效果

附表 2　政府绩效评估概念厘清

编号	提出者	概念	聚焦点
1	Hatry(1999)	政府绩效评价可以定义为基于服务或者项目的结果和效率的常规评价。	服务、项目、结果、效率
2	Foltin(1999)	政府绩效评价是确定纳税人资源是否有效地用于服务和行政管理项目的过程。	资源、有效、服务、行政管理、项目
3	蒋容(2003)	所谓政府绩效评估是指对政府管理过程中投入、产出、中期成果与最终成果所反映的绩效进行评价和划分等级。	政府管理、投入、产出、中期成果、最终成果、划分等级
4	杨皓然(2005)	根据政府效率、管理能力、管理成本和公众满意程度等方面进行分析与判断,对政府公共部门管理过程中的经济绩效、社会绩效、政治绩效进行评定和划分等级。	效率、管理能力、管理成本、经济绩效、社会绩效、政治绩效、评定、划分等级
5	秦国民、张卫娜(2006)	政府绩效评估就是以经济、效率、效能、公平和公众满意为目标,对政府在行使其职能和管理、服务社会中体现出来的业绩、效果进行评定,并将评定结果与政府组织的奖惩结合起来的系统过程。	经济、效率、效能、公平、公众满意、职能、管理、服务、业绩、评定、结果、奖惩
6	刘笑霞(2008)	政府绩效评价是评价政府是否实现预定使命或目标的过程,它包括了阐明评价要求、设定目标、执行评价、分析与报告评价结果,其最终目标是通过评价来提高政府的效率、管理能力和管理质量,赢得公众对政府的信心,增强政府存在的合法性。	实现、使命、要求、目标、报告、结果、效率、能力、质量、公众、合法性
7	芦刚(2007)	从普遍意义上说,就是对政府的成绩或表现进行评价。具体而言,就是通过政府部门自我评估、专家评估、公民及舆论评估等多重评估体制,运用一定的方法、标准和程序,对政府组织这一行为主体的业绩、实际作为及其所产生的影响尽可能准确的评价。政府绩效评估蕴涵了公共责任和顾客至上的管理理念。	成绩、表现、公共责任、顾客至上、自我评估、专家评估、公民舆论评估、业绩、作为、影响
8	Ammons(1999)	政府绩效评估的关键好处在于迎合公众的关注,通过评估报告还可以引起公众的关注。政府不仅要报告它们花费了多少,还要汇报他们做了多少工作、干得如何、效率怎样以及最终取得的成果。	公众关注、花费、工作、效率、成果
9	Bernstein(2000)	责任机制需要一种方法,通过它来报告结果,这就是绩效评估。	责任机制、报告、结果
10	Davis(1990)	绩效审计和评估都是评价政府行为的价值。	行为、价值

编号	提出者	概念	聚焦点
11	Dean & Kiu (2002)	绩效监控包括了效率(成本)和效果(质量)评估。	效率、成本、效果、质量、
12	Epstein(1992)	绩效评估就是政府判断其是否在合理成本基础上提供了高质量服务的方法。	合理、成本、高质量、服务
13	Bourne, et, al. (2003)	绩效具有多个维度,对绩效的评估也有多种方法,取决于组成绩效的因素。	多维度、多种方法、绩效因素
14	Farneti, Testebreur (2004)	政府绩效评估是政府管理和汇报系统的一个必要组成部分。	管理、汇报、部分
15	Hatry(1999)	应该形成一种评估总体绩效的方法,也就是包括效率、效果评估和员工的态度调研、生产力分析。	评估、总体绩效、效率、效果、员工态度、生产力
16	Hatry, Gerhart, Marshall(1994)	绩效评估看成是一种用来提高公共部门绩效的管理工具,无论政府部门的组织结构、文化和具体社会环境有何不同目标。	提高、绩效、管理工具、组织结构、文化、社会环境、不同
17	霍哲(2000)	绩效评估即确保政府机构为它们的开支、它们的行动、它们的承诺负责的过程。政府需要对政策官员及服务对象表明:①公民从上交的税款中得到了什么样的服务(有时是产品),如公立医院、道路、机场、图书馆、水供应等等。②税款使用的效率和效果如何,如达到某种标准的每英里公路修建费用,从高中或大学每毕业一个学生的成本。③这些开支如何使服务对象,或服务对象所关心的人的生活受益,如根除或抑制疾病;邻里安全;安全、可靠的供水等。	开支、行动、承诺、负责、服务、产品、税款、效率、服务对象、收益
18	Kang(2001)	绩效评估是市民参与政府决策过程的一条重要渠道。	市民、参与、决策、渠道
19	Kamensky & Fountain(1997)	绩效评估是一种理性活动。绩效评估系统的目的是为了更好地研究公共服务的成本、数量和结果,并期望能提高绩效。通常是评估效率(单位成本)、产出(数量)和成果(结果)。	理性、公共服务、成本、数量、结果、提高绩效、效率、产出、成果
20	Ranson(2003)	绩效评估就是根据既定标准来评价。	既定标准
21	Randin(2000)	绩效评估是一个适用于为评价政府活动、增强为进展和结果负责的一切有系统的努力的术语。	政府活动、进展、结果、负责
22	Wholey & Hatry (1992)	绩效评估是帮助公共管理者改善公共服务、对政治官员和市民承担责任的重要步骤。	公共管理者、改善、公共服务、政治官员、市民、责任

编号	提出者	概念	聚焦点
23	威尔逊(2003)	政府绩效评估意味着这样一种制度设计,在该制度框架下以取得的结果而不是以投入要素作为判断政府公共部门的标准。	制度设计、结果、投入要素、判断、标准
24	BSR(2009)	绩效测评是评价达到预定目标的过程,包括:资源转化为物品和服务(输出)的效率,输出的质量(提供给顾客的效果,顾客满意程度)和结果(与所期望目的相比项目活动的后果),政府对项目目标特定贡献方面动作的有效性。	达到、目标、资源、输出、质量、效果、满意、结果
25	国家绩效评论(1993)	政府官员对结果负责,而不仅仅是对过程负责。其目的在于把公务员从繁文缛节和过度规则中解脱出来,发挥他们的积极性和主动性,以使他们对结果负责,而不再仅仅是对规则负责。	政府官员、结果、过程、过度规则、负责
26	Chelinsky(2003)	绩效评估是便于公共决策者获取相关信息的一种方法,比如关于某一问题,关于为解决或缓解该问题所采用策略的相对有效性,关于特定方案的实际有效性。	公共决策者、获取、信息、策略、有效性
27	蔡立辉(2002)	政府绩效评估就是根据管理的效率、能力、服务质量、公共责任和社会公众满意程度等方面的分析与判断,对政府公共部门管理过程中投入、产出、中期成果和最终成果所反映的绩效进行评定和划分等级。评估活动主要集中在对政府管理活动的花费、运作及其社会效果等方面的测定来划分不同的绩效等级。	效率、能力、服务质量、公共责任、公众满意、投入、产出、中其成果、最终成果、评定、划分等级
28	胡宁生(1998)	政府绩效评估是在一定阶段对政府工作绩效的正式、全面性的评估,是行政评估的一个重要组成部分(其他如政策评估、项目评估等等),指政府体系的产出产品在多大程度上满足社会公众需要。绩效评估可分为个人绩效评估(公务员考绩)和组织绩效评估,即以公务员个人或以行政组织为评估的对象,评估对象的不同必然带来评估内容、技术方法及操作程序上的不同。从西方各国的实践来看,组织绩效评估具有更多的功能和作用,比个人绩效评估更为重要。	阶段、公众需要、个人、组织
29	李静芳(2001)	政府绩效评估就是对政府及其行政人员"政绩"的评估,是用一定的目标尺度考核、判断政府及行政人员所取得的成绩,是上级政府对下属机关及其工作人员的有效监督手段。	政府、行政人员、政绩、目标尺度、成绩

续表

编号	提出者	概念	聚焦点
30	刘文俭、王振海（2004）	绩效评估是个广义的概念，既有政府目标的要求也有行政过程的创新，包含分权、绩效测量与评价、顾客导向、市场机制、企业管理理念和技术、公共责任、学习型组织、创新适应环境能力等内容，它往往更注重操作性、客观性和结果导向。	政府目标、行政过程、分权、顾客导向、市场机制、公共责任、学习型组织、适应环境
31	马宝成（2001）	政府绩效评估就是对政府的实际政治行为进行全面的衡量和评估，这种政治评估应当将主要的注意力集中于政治行为所产生的各种各样的政治产品。	政府、实际、政治行为、政治产品
32	毛寿龙（2004）	政府绩效评估体系的核心是评估政府自身建设的成就。比如政府职能转变的水平，政府行为法制化的水平，政府决策民主化的水平，政府权力多中心化运作的水平，政务信息公开的水平等，然后才是经济、社会、文化发展水平，以及与政府绩效之间的关系。在评估过程中，不仅要看客观指标，更重要的是考察与客观指标相关的主观指标。	自身建设、成就、职能、法制化、决策民主化、多中心、经济、社会、文化、可观、主观
33	彭国甫（2004）	政府绩效评估，是运用科学的标准、方法和程序，对政府绩效进行评定和划分等级。政府绩效评估以绩效为本，以服务质量和社会公众需求的满足为第一评价标准，蕴涵了公共责任和顾客至上的管理理念，是一种非常重要的管理工具。	标准、方法、程序、评定、划分等级、服务质量、社会需求、公共责任、顾客至上、管理工具
34	吴建南（2009）	绩效评估是对特定对象行为表现的价值判断，考试、比赛、评选达标、表彰奖励等都是绩效评估的表现形式。绩效评估可以是显在的，也可以是潜在的。显在的绩效评估是正式规则下的行为，如组织对个人绩效的考核；潜在的绩效评估则更多地表现为领导者的基本能力，表现在言行中，反映在奖惩上。潜在的绩效评估看不见，犹如"潜规则"，但其影响可能更大。	对象、表现、价值判断、显在、潜在
35	齐二石、刘传铭、王玲（2004）	公共组织绩效管理评价是指对公共组织占用、使用、管理与配置资源的效果进行的评判，是用来反映机构、项目、程序或功能如何运作的重要手段。对公共组织办事效率和管理者业绩的评判，不但有助于组织工作的有效进行，而且有助于公共组织管理者及其他相关者根据绩效管理评价结果进行有效决策，并引导公共组织改善运作管理；促进提高运作效率。	占用、使用、管理、配置、资源、效果、评判、效率、业绩、改进、决策

编号	提出者	概念	聚焦点
36	田萱（2003）	政府绩效评估特别注重全方位的控制、监测评价政府所有方面的绩效，因而绩效评估代表着政府全方位的管理工作。	控制、监测、所有方面、绩效、全方位、管理工作
37	王慰（2003）	绩效评估代表着政府全方位的管理工作，包括各方面责任目标的落实；民众的期望；政策的产出；个人、局部和全局的绩效互动；等等。其关键作用在于政府运作和管理上引入市场机制，加入了成本—效益的考虑，改变了政府的浪费，使社会资源更有效配置，同时更能赢得公众的支持和理解，有助于改善政府形象、提高政府声誉。	全方位、责任目标、民众期望、政策产出、市场机制、成本、效益、资源、有效配置、公众支持、改善、政府形象、政府声誉
38	夏书章（2001）	绩效评估就是测评管理水平高低和服务质量优劣。	测评、管理水平、服务质量
39	颜如春（2003）	政府绩效评估是民主政治的产物，伴随民主政治而来并随着民主化水平的提高而提高。它是指以一定的时段为界限，对政府绩效进行测量和评价以期改善政府行为绩效和增强控制的活动。政府绩效评估的目的是对其产出进行监测和促进。	民主政治、时段、绩效、测量、控制、产出、监督、促进
40	尹廷（1999）	政府绩效评估就是通常人们所说的政绩评估，即上级领导部门通过对下属机关的业绩考核，确定和判断该部门的工作优劣情况，并以此作为从该部门选拔骨干人才和领导干部的基础。	政绩、上级、下级、业绩考核、工作情况、选拔
41	臧乃康（2004）	政府绩效评估根据管理效率、服务质量、公共责任、公众满意度等方面的判断，对政府在公共管理过程中投入、产出、最终结果所体现出来的绩效进行评定和认可。政府绩效评估系统包括绩效目标系统、绩效比较系统、绩效测定系统、绩效反馈系统。	管理效率、服务质量、公共责任、公众满意、投入、产出、最终结果、评定
42	张菡、马建臣（2003）	政府绩效评估在广义上等同于政府绩效管理的概念，它是指用组织的整体战略把组织内各成员整合起来的，以结果为基础的一系列计划、管理、监测和检查程序。	绩效管理、整体战略、整合、计划、管理、监测、检查
43	中国行政管理学会联合课题（2003）	它是运用科学的方法、标准和程序，对政府机关的业绩、成就和实际工作做出尽可能准确的评价，在此基础上对政府绩效进行改善和提高。	科学、方法、标准、程序、政府机关、业绩、成就、改善
44	周志忍（2000）	公共组织绩效评估就是运用科学的方法、标准和程序，对公共机构的业绩、成就和实际作为作尽可能准确的评价。	科学方法、标准、程序、业绩、成就、实际作为

续表

编号	提出者	概念	聚焦点
45	朱火弟、蒲勇健(2003)	政府绩效评估就是对政府公共部门的工作效率、能力、服务质量、公共责任和公众满意程度等方面的分析与评价,对其管理过程中投入和产出所反映的绩效进行评定和划分等级。绩效评估是国家在现存政治制度的基本框架内、在政府部分职能和公共服务输出市场化以后所采取的政府治理方式,也是公众表达利益和参与政府管理的重要途径与方法。其目的是为维护现有基本社会秩序、提高服务质量、改善公共责任机制和增强政府公共部门的号召力与公众的凝聚力。	工作效率、能力、服务质量、公共责任、公众满意、管理过程、投入、产出、评定、划分等级、公众利益表达、社会秩序、服务质量、责任机制
46	卓越(2004)	绩效评估是个综合性的概念,评估的对象可以是组织行为,也可以是个体行为。作为公共部门的绩效评估,其评估对象主要是组织行为。根据特定需要,绩效评估的范围既可以是全方位的,也可以是局部性的。一般来说,公共部门绩效评估是对某个部门的工作状况作比较全面的综合判断。绩效评估可在事前进行,也可在事中、事后进行。通常,公共部门的绩效评估是对特定部门一段时间以来的工作状况进行事后测定。	综合性、组织行为、个体行为、全方位、事前、事中、事后、工作状况、测定
47	王波(2005)	政府绩效评估实际上就是一种管理控制活动。它检查政府所进行的一切活动是否符合于制定的计划、发出的指示和既定的原则,它的目的是查明错误,以便加以纠正和防止重犯。	管理控制、符合、计划、查明、错误、纠正
48	Hillman(2010)	政府绩效评估是一个适用于为评价政府活动、增强为进展和结果负责的一切有系统的努力的术语。	政府活动、结果、负责
49	GAO(2000)	是便于公共决策者获取相关信息的一种方法,比如关于某一问题,关于为解决或缓解该问题所采用策略的相对有效性,关于特定方案的实际有效性。	公共政策者、信息、策略、相对有效性、实际有效性
50	Epstone(1989)	绩效评估是政府决定是否以某一合理的成本提供一定质量产品的方式。	合理、成本、质量、产品
51	吴江(2007)	政府绩效评估是指基于一定的价值理念,根据对政府部门管理的效率、效益、结果、公共责任和社会公众满意度等方面的判断,对政府部门管理过程中最终成果所反映出的绩效进行准确的评价,在此基础上采取有效措施对绩效进行改善和提高的活动。	价值理念、效率、效益、结果、公共责任、社会公众满意度、判断、最终成果、改善

编号	提出者	概念	聚焦点
52	王德高(2005)	政府绩效评估就是对政府公共部门的工作效率、能力、服务质量、公共责任和公众满意程度等方面的分析与评价,对其管理过程中投入和产出所反映的绩效进行评定和划分等级。	政府公共部门、效率、能力、服务质量、公共责任、公众满意程度评价、管理过程、投入、产出、划分等级
53	朱丽峰(2007)	对这一绩效的系统地评估,我们称之为绩效评估,指在设定绩效目标的基础上,对组织和系统的能力、效率、产出质量、效益等做出评审界定的过程。	绩效目标、能力、效率、产出质量、效益、评审界定
54	张树海(2008)	所谓政府绩效评估,就是政府部门一些特定的评估活动的总称,它既包括将政府的项目或活动的成就与预期目标或绩效标准相比较的日常测量活动,也包括对项目或政策的重要方面进行客观的定期的系统评价活动。	特定、评估活动、总称、项目、活动、预期目标、绩效标准、比较、政策、可观、评价
55	王斌(2008)	政府绩效评估就是根据管理能力、效率、服务质量、公共责任和社会公众满意度等方面的判断,对政府公共部门的产出,中期成果和最终成果所反映的绩效进行评定。	管理能力、效率、服务质量、公共责任、公众满意度、产出、中期成果、最终成果、评定
56	GPRA(1993)	政府绩效评估是社会公众表达意志的一种方式,其内涵是以任务为导向,以结果为导向,以顾客为导向,以社会为导向和以市场为导向,就是要将顾客的需求作为政府公共部门存在发展的前提和政府部门改革、组织设计方案应遵循的目标。	公众、意志、表达、任务导向、结果导向、顾客导向、社会导向、市场导向、改革、目标
57	奥斯本、盖布勒(2006)	政府绩效评估就是改变照章办事的政府组织,谋求有使命感的政府;就是改变以过程为导向的控制机制,谋求以结果为导向的控制机制。因此,对政府公共部门内部管理的改革与完善来说,绩效评估所体现的公共责任机制为:既要放松具体的规制,又要谋求结果的实现;既要提高公务员的自主性,又要保持公务员对公众负责、对结果负责;既要提高政府行政的效率与管理能力,又要切实保证政府管理的性质。	照章办事、使命感、过程导向、结果导向、控制机制、公共责任机制、放松规制、公众负责、结果负责、行政效率、政府性质
58	Gendron, Cooer, Townley (2007)	政府绩效评估是一种市场责任机制。把这种机制的含义概括为:一是"经济学的效率假设";二是"采取成本—收益的分析方式";三是"按投入和产出的模式来确定绩效标准,注重对产出的评估";四是"以顾客满意为基础来定义市场责任机制"。	市场责任机制、效率、成本、收益、投入、产出、顾客满意

续表

编号	提出者	概念	聚焦点
59	Modell(2001)	政府绩效评估具有使政府职能进一步具体化,使制度转化为现实秩序的性质。每一个绩效评估都是指向某一级政府或某一个政府部门所具有的特殊职能。政府职能是一种制度性的规定性,绩效评估就是使制度转化为具体的管理行为、管理秩序和社会生活秩序过程中的一种评判、控制和监督。	政府职能、制度、秩序、管理行为、管理秩序、社会生活秩序、评判、监督
60	马宝成(2001)	政府绩效评估就是对政府的实际政治行为进行全面的衡量和评估,这种政治评估应当将主要注意力集中于政治行为所产生的各种各样的政治产品。	实际政治行为、全面、政治产品
61	范柏乃(2005)	所谓政府绩效评估是根据统一评估指标和标准,按照一定的程序,通过定量定性对比分析,对某评估对象(政府或政府部门)一定时期内的业绩做出客观、公正和准确的综合评判的过程。	统一、评估指标、标准、程序、定量、定性、业绩、综合评判
62	彭国甫(2005)	政府绩效是一个基本含义、影响因素、测量标准等比行政效率更为复杂的新的政府评估范畴,是指政府在积极履行公共管理职能和承担公共责任的过程中所做出的有效输出。地方政府绩效评估是运用科学的标准、方法和程序,对地方政府绩效进行判定和划分等级。	公共管理、公共责任、输出、科学标准、方法、程序、判定、划分等级
63	冯建涛(2008)	政府绩效评估是指在一定的时期内,特定的主体遵从特定价值取向,依据特定的原则对政府组织以及政府组织中人员所进行的活动本身和活动产生的结果进行考核与评判的过程,政府绩效评估的主体是代表民众利益的评估组织或机构。	一定时期、主体、价值取向、原则、组织、人员、活动、产出、结果、评判
64	陈琳林(2007)	政府绩效评估就是根据管理的效率、能力、服务质量、公共责任和社会满意程度等方面的判断,对政府公共部门管理过程中的投入、产出、中期成果和最终成果所反映的绩效进行评定和划分等级。	效率、能力、服务质量、公共责任、满意程度、投入、产出、中期成果、最终成果、评定
65	桑助来(2004)	政府绩效评估是政府及其他社会组织,运用科学的评估方式和方法对政府及其部门的决策和管理行为所产生的政治、经济、社会、环境等短期或长远的影响和效果进行综合分析和科学测评。	政府、社会组织、科学、方式、方法、决策、管理行为、政治、经济、社会、环境、影响、效果
66	张素琴(2008)	政府绩效评估是指在科学政绩观的指导下,基于特定的价值取向,运用科学的标准、方法、程序和技术对政府部门在一定时期的效率、效果、效益、能力做出客观、公正的评价。	科学政绩观、价值取向、科学标准、方法、程序、技术、效率、效果、效益、能力、评价

编号	提出者	概念	聚焦点
67	周凯(2006)	政府的绩效评估并不等同于对政府产出或输出的评估。绩效指标作为绩效评估的衡量标准,不仅应当反映工作任务或目标的完成程度,而且应当反映工作任务或目标完成的过程。具体而言,就是要求建立的绩效指标体系不仅要清楚表明政府完成了什么工作,而且还要表明政府是怎么完成这些工作的,完成这些工作是为了什么等方面的事情。	工作任务、目标、完成、过程、绩效指标
68	美国国家绩效管理小组(1994)	绩效评估是测量达到既定目标的情况——包括将资源转化为公共物品及服务(产出)的效率、产出的质量(他们向顾客提供服务的质量和顾客的满意度)、结果(行为的实际效果与其预期目标相比较)及其在达成计划目标的过程中政府运作效率的一个过程。	目标、资源、公共物品、服务、效率、产出、质量、顾客满意、结果
69	平文(1991)	管理的基本要素就是绩效评估,并运用适当的绩效评估方法测量现实绩效的状况,而绩效改进的目标则代表衡量对象所要努力的方向。	方法、现实绩效、改进
70	Boyne & Dahya(2002)	政府绩效评估是一个适用于为评价政府活动,增强为改进和结果负责的一切系统的努力。	活动、改进、结果、负责
71	Benchmarking study Report(1997)	政府绩效评估是政府决定是否以某一合理的成本提供一定质量公共产品的方式。	合理、成本、质量、公共产品
72	张定安(2005)	政府绩效评估就是对政府公共部门的工作效率、能力、服务质量、公共责任和公众满意度等方面的分析与评价,对其管理过程中投入和产出所反映的绩效进行评定和划分等级,由收集资料、确定评估目标、划分评估项目、绩效测定及其评估结果使用等组成的行为体系,也是公众表达利益和参与政府管理的重要途径与方法。	效率、能力、服务质量、公共责任、公众满意、过程、投入、产出
73	刘长木(2004)	政府绩效评估是一些特定的评估活动的总称的定义,确定战略绩效评估主要由绩效测量和项目评价组成。以政府的战略和目标为引导,以制度安排的框架为基础,选择政府的项目、服务和操作活动,并在投入、产出、结果和经济、效率、效力、质量、公平等方面设置指标与标准,然后借助于这些指标与标准,来评定政府活动的绩效,以促进政府行政的持续改进。	战略、目标、项目、服务、操作活动、投入、产出、结果、经济、效率、效力、质量、公平

编号	提出者	概念	聚焦点
74	奥斯特罗姆（2004）	大体而言,政府绩效评估是一些特定的评估活动的总称,它包括两方面的内容:一是将政府的项目或活动的成就与绩效标准相比较的日常测量活动,另一个是对政府项目或政策的重要方面进行客观可信的定期的系统评价活动。具体地说,政府绩效评估就是通过多重评估体制,运用科学的方法、程序与标准,对政府组织的业绩、实际作为及其所产生的结果作客观公正的评价,以提供组织绩效部门的信息,诊断组织中存在的问题,从而提高政府效率和服务质量。	项目、活动、绩效标准、政策、科学方法、程序、组织业绩、实际作为、诊断

参考文献

一、国外文献

[1] E. Chelinsky. Evaluating Public Programs, in James L. Perry(ed.). *Handbook of Public Administration*. San Francisco, CA: Jossey – Bass, 1989: 259.

[2] D. Katz, R. L. Kahn. *The Social Psyehology Organization* (2nd ed). NewYork: John Wiley & Sons, 1987: 66.

[3] W. C. Borman, S. J. Motowidl. Expanding the Criterion Domain to Include Elements of Contextual Performance. In N. Schmitt and W. C. Borman(Eds.). *Personnel Selection in Organizations*. San Francisco: Jossey Bass, 1993: 71 – 79.

[4] H. J. Bemardin, R. W. Beatty. *Performance Appraisal: Assessing Human Behavior at Work*. Boston: Kent Publishers, 1984: 77.

[5] L. M. Lane. Public Sector Performance Management. *Review of Public Personnel Administration*, 1994, 14(3): 26 – 44.

[6] R. Gibbons, K. J. Murphy. Relative performance evaluation for chief executive officers. *Industrial and Labor Relations Review*, 1990, 43(special): 30 – 45.

[7] M. D. Campell. Outcome and Performance Measurement Systems: Anoverview. http: www. alliance. napawash. org/ALLIANCE/Picases. nsf/.

[8] D. Otley. Performance Management: A Framework for Management Control Systems Research. *Management Accounting Research*, 1999, 10(4): 363 – 382.

[9] J. I. Mwita. Performance Management Model: A Systems – Based Approach to Public Service Quality. *The International Journal of Public Sector Management*, 2000, 13(1): 19 – 37.

[10] G. Bonye, J. Dahya. Executive Succeession and the Performance of Public Ogrnaizations. *Public Adminisrtation*, 2002, 80(1): 179 – 200.

[11] Benchmark Study Report 1997. http://www. hp. com/hpinfo/newsroom/press_kits/1997/lasvegasevents1997/HPPPMROIBenchmarkStudyReport. pdf.

[12] J. R. Campell, et. al. A Theory of Performance in N. Schmitt, W. C. Borman (eds.). *Personnel Selection in Organizations*. San Francisco: Jossey – Bass, 1993: 55 – 62.

[13] H. P. Hatry. The Status of Productivity Measurement in the Public Sector. *Public Productivity Review*, 1978, 38(1):28 – 33.

[14] Hwan – Sun Kang. *Establishing Sustainable Performance Measumerent Systems in the Public Sector: Performance Measurement as A Facilitator of Learning Government.* Newark, New Jersey: the Graduate School – Newark Rutgers, The State University of New Jersey, 2001: 73.

[15] S. Modell. Performance Measurement and Institutional Processes: A Study of Managerial Responses to Public Sector Reform. *Management Accounting Research*, 2001, (12): 4: 437 – 464.

[16] Z. Radnor, M. McGuire. Performance management in the public sector: fact or fiction?. *International Journal of Productivity and Performance Management*, 2004, 53(3): 245 – 260.

[17] T. Curristione. Government Performance: Lessons and Challenges. *OECD Journal on Budgeting*, 2005, 5(1):127 – 151.

[18] S. Ranson, J. Stewart. *Management for the Public Domain: Enabling the Learning Society.* London: The Macmillan Press Ltd, 1994: 229 – 230.

[19] J. S. Wholey, H. P. Hatry. The case for performance monitoring. *Public Administration Review*, 1992,52(6):604 – 612.

[20] H. Hatry, et. al. Mini – Symposium on Intergovernmental Comparative Performance Data. *Public Administration Review*, 1999, 59(2): 101 – 104.

[21] C. Foltin. State and Local Government Performance: It's Time to Measure Up. *The Government Accountants Journal*, 1999, 48(1): 40 – 46.

[22] D. N. Ammnos. A Proper Mentality for Benchmarking. *Public Administration Review*, 1999, 59(2):105 – 109.

[23] D. J. Bernstein. *Local Government Performance Measurement Use: Assessing System Quality and Effects.* Washington, D. C. : School of Business and Public Management. George Washington University, 2000.

[24] D. F. Davis. Do You Want A Performance Audit or a Program Evaluation?. *Public Administration Review*, 1990, 50th Year: 35 – 41.

[25] A. M. Dean, C. Kiu. Performance Monitoring and Quality Outcomes in Contracted Services. *International Journal of Quality & Reliablility Management*, 2002, 19 (4):396 – 413.

[26] P. D. Epstein. Get Ready: The Time for Performance Measurement Is Finally Coming!. *Public Administration Review*, 1992, 52(5): 513 –519.

[27] M. Bourne et. al. Implementing Performance Measurement Systems: A Literature Review. *International Journal of Business Performance Management*, 2003, 5(1): 1 –24.

[28] F. Farneti, T. Testebreür. Accountability in Local Governments: Trends, Initiatives and Effects of the Implementation of Result – oriented Accounting. Annual Conference of the European Group of Public Administration, 2004.

[29] Y. Gendron, D. J. Cooper, B. Townley. The Construction of Auditing Expertise in Measuring Government Performance. *Accounting, Organizations and Society*, 2007, 32(1 –2): 101 –129.

[30] H. Hatry, C. Gerhart, M. Martha. Eleven Ways to Make Performance Measurement More Useful to Public Managers. *Public Management*, 1994, 76 (9): 515 –518.

[31] Hwan – Sun Kang. *Establishing Sustainable Performance Measumerent Systems in the Public Sector: Performance Measurement as A Facilitator of Learing Government*. Newark, New Jersey: the Graduate School – Newark Rutgers. The State University of New Jersey, 2001.

[32] P. D. de Lancer. *Performance Measures as Knowledge and Innovation: An Elaborated Model Explaining Utilization*. Newark, New Jersey: the Graduate School – Newark Rutgers. The State University of New Jersey, 1997.

[33] S. Ranson. Public Accountability in the Age of Neo Liberalism', *Journal of Education Policy*, 2003, 18(5):459 –480.

[34] B. A. Randin. The Government Performance and Results Act and the Trandition of Federal Management Reform: Square Pegs in Round Holes?.*Journal of Public Administration Research and Theory*, 2000, 10(1): 111 –135.

[35] The Government Performance and Results Act. http://www. john – mercer. com/gpra. htm.

[36] 2009 Benchmarking Study Report Published. http://newwow. net/public/ new – wows – member – benefits – and – services.

[37] E. Chelinsky. Evaluating Public Programs. in J. L. Perry (ed.). *Handbook of Public Administration. San Francisco*. CA:Jossey – Bass, 1989: 259.

[38] R. P. Hillman. Reinventing Government: Fast Bullets and Culture Changes. http://sovereignty. net/p/gov/hillmann – book2. html.

［39］Managing for Results：Emerging Benefits From Selected Agencies' Use of Performance Agreements. http：//www. gao. gov/docsearch/locate？ searched＝1&order_by＝date&order_in＝d&keyword＝performance&search_type＝publications&o＝0&add_topic＝&add_type＝&add_year＝2000&add_fed_type＝&add_fed_desc＝&add_topic＝Government Operations.

［40］Huping Shang，Ningsheng Hu，Daotian Yang，Qin Cui. Local Government Performance Evaluation Based on Rough Sets. *Journal of Information and Computational Science*，2009，5(1)：525－532.

［41］Huping Shang. *Evaluations to Chinese Public ＆ Private Managers' Competences*；*Evaluating the Managerial Competences in Public and Private Sectors Based on Competing Values Framework*. Bouchard bruecken：Verlag Dr. Muller Press，2009.

二、国内文献

［1］张泰峰. 公共部门绩效管理(第一版)［M］. 郑州：郑州大学出版社，2004：3.

［2］仲理峰，时勘. 绩效管理的几个基本问题［J］. 南开管理评论，2002(3)：15－19.

［3］刘笑霞. 政府绩效评价理论框架之构建——以一级政府为中心［D］. 厦门大学博士学位论文，2008.

［4］尤晓云. 绩效优异评估标准［M］. 北京：中国标准出版社，2002：31.

［5］王波. 基于公众价值的我国小城镇政府绩效评估模式研究［D］. 同济大学博士学位论文，2005.

［6］英国培生教育出版有限公司. 朗文当代高级英语词典［M］. 北京：外语教学与研究出版社，2004：32.

［7］陈强. 基于公众满意度的城市管理模式及其绩效测评研究［D］. 同济大学博士学位论文，2003.

［8］郭巍青，卢坤建. 实现可持续发展应以绩效目标取代效率目标［EB/OL］. http：//cpac. zsu. edu. cn/xuerenwenku/index. htm.

［9］胡宁生. 中国政府形象战略(下册)［M］. 北京：中共中央党校出版社，1998.

［10］尚虎平. "绩效"晋升下我国地方政府非绩效行为诱因：一个博弈论的解释［J］. 财经研究，2007(12)：129－141.

［11］刘旭涛. 政府绩效管理：制度、战略与方法［M］. 北京：机械工业出版社，2003.

[12]尚虎平.美国与中国公共部门绩效评估研究的同、异与差距:基于《公共管理评论》与《中国行政管理》2002~2007年数据[J].科研管理,2009(3):55-66.

[13]夏书章.当凭绩效[J].中国行政管理,2001(7):46.

[14]徐双敏.论建立政府绩效评估机制[J].党政干部论坛,2003(5):27-29.

[15]周志忍.英国的行政改革与西方行政管理新趋势[J].北京大学学报(哲学社会科学版),1994(5):50-55.

[16]吴江.基于价值管理的政府绩效评估体系研究[D].吉林大学博士学位论文,2007.

[17]卓越.公共部门绩效评估[M].北京:中国人民大学出版社,2004:3.

[18]张树海.英国政府绩效评估的实践与经验研究[D].中共上海市委党校硕士学位论文,2008.

[19]与绩效挂钩的政府雇员薪酬政策[EB/OL].http://www.oecdchina.org/topics/topics_theme13.html.

[20]孟华.政府绩效评估:美国的经验与中国的实践[M].上海:上海人民出版社,2006:2.

[21]冯建涛.我国地方政府绩效评估的价值取向研究[D].西北大学硕士学位论文,2008.

[22]胡税根.公共部门绩效管理:迎接效能革命的挑战[M].杭州:浙江大学出版社,2005.

[23]江易华.政府部门绩效评估初探[J].行政论坛,2005(1):21-23.

[24]杨雄胜等.政府绩效评价体系[A].财政部会计准则委员会.政府绩效评价与政府会计[C].大连:大连出版社,2005:59.

[25]臧乃康.政府绩效的复合概念与评估机制[J].南通师范学院学报,2001(3):25-29.

[26]尚虎平.我国地方政府绩效评估悖论:高绩效下的政治安全隐患[J].管理世界,2008(4):69-79.

[27]卓越.政府绩效管理导论[M].北京:清华大学出版社,2006:5.

[28]何力平.政府绩效分析的不同视角[J].中美公共管理杂志,2005(2):36-41.

[29]中国行政管理学会联合课题组.政府机关效率标准研究报告[J].中国行政管理,2003(3):8-16.

[30]陈振明.公共管理学——一种不同于传统行政学的研究途径[M].北京:中国人民大学出版社,2003:273.

[31]文森特·奥斯特罗姆等著.井敏,陈幽泓译.美国地方政府[M].北京:北

京大学出版社,2004:1.

[32]郭巍青,卢坤建.实现可持续发展应以绩效目标取代效率目标[EB/OL]. http://cpac.zsu.edu.cn/xuerenwenku/index.htm.

[33]李文艳,陈通.政府绩效评估的价值取向及我国政府绩效评估的完善[J].行政发展,2004(6):51-54.

[34]林琼,凌文辁.试论社会转型期政府绩效的价值选择[J].学术研究,2002(3):87-91.

[35]刘文俭,王振海.政府绩效管理与效率政府建设[J].国家行政学院学报,2004(1):13-17.

[36]刘旭涛,许铭桂.论绩效型政府及其构建思路[J].中国行政管理,2004(3):75-78.

[37]唐钧.提升政府绩效:行政改革的新取向[J].领导之友,2004(1):32-33.

[38]徐双敏.论建立政府绩效评估机制[J].党政干部论坛,2003(5):27-29.

[39]颜如春.关于建立我国政府绩效评估体系的思考[J].行政论坛,2003(9):17-19.

[40]臧乃康.政府绩效评估及其系统分析[J].江苏社会科学,2004(2):141-147.

[41]周仁标.浅析行政绩效评估[J].行政论坛,2001(9):22-24.

[42]刘莉莉.科学发展观取向下的县级政府绩效评估指标体系优化研究[D].华中师范大学硕士学位论文,2008.

[43]刘惠冉.科学发展观视阈下的地方政府绩效评估研究[D].天津师范大学硕士学位论文,2008.

[44]尚虎平.大国崛起的地方政府激励与效率之路——我国改革30年地方政府绩效评估厘清、反思与展望[J].经济体制改革,2008(3):5-12.

[45]尚虎平,李逸舒.我国地方政府"一票否决"式绩效评价的泛滥与治理——基于356个案例的后实证主义无干涉研究[J].四川大学学报,2011(4):113-124.

[46]蒋容.中国政府绩效评估现状及其完善[J].黑河学刊,2003(5):15-17.

[47]杨皓然.西方国家政府绩效评估的理念及其借鉴意义[J].学术论坛,2005(1):44-47.

[48]秦国民,张卫娜.建立我国政府绩效评估体系的思考[J].郑州航空工业管理学院学报(社会科学版),2006(5):176-178.

[49]芦刚.地方政府绩效评估中的公民参与问题研究[D].吉林大学博士学位

论文,2007.

[50]马克·霍哲.公共部门业绩评估与改善[J].中国行政管理,2000(3):36-40.

[51]蔡立辉.政府绩效评估的理念与方法分析[J].中国人民大学学报,2002(5):93-100.

[52]彭国甫.地方政府公共事业管理绩效评价研究[M].湖南:湖南人民出版社,2004:26.

[53]蔡立辉.西方国家政府绩效评估的理念及其启示[J].清华大学学报(哲学社会科学版),2003(1):76-84.

[54]李静芳.对地方政府绩效评估的价值取向分析[J].行政论坛,2001(5):25-26.

[55]尚虎平.基于数据挖掘的我国地方政府绩效评估指标设计:面向江苏四市的探索性研究[J].软科学,2011(12):71-78.

[56]马宝成.试论政府绩效评估的价值取向[J].中国行政管理,2001(5):18-20.

[57]毛寿龙.重视政府绩效评估的制度效应[EB/OL].http://www.govpam.com/?action-viewnews-itemid-1800.

[58]吴建南,章磊,李贵宁.地方政府绩效指标设计框架及其核心指标体系构建[J].管理评论,2009(11):121-128.

[59]齐二石,刘传铭,王玲.公共组织绩效管理综合评测模型及其应用[J].天津大学学报(社会科学版),2004(2):15-0153.

[60]田萱.公共管理背景下的政府绩效评估[J].理论导刊,2003(6):12-13.

[61]王慰.论我国政府绩效评估的实践途径[J].重庆工商大学学报(社会科学版),2003(4):45-46.

[62]尚虎平.行将勃兴的治理绩效管理潮流——基于第三次明诺布鲁克会议的预测[J].公共管理学报,2010(1):108-115.

[63]尹廷.当前地方政府绩效管理与政府行为价值选择的扭曲[J].天中学刊,1999(6):15-20.

[64]尚虎平,于文轩."职能革命"、管理绩效带动政府责任实现[J].公共管理学报,2011(4):19-26.

[65]张菡,马建臣.政府绩效评估的现实价值分析[J].北京航空航天大学学报(社会科学版),2003(增):34-37.

[66]中国行政管理学会联合课题组.政府机关效率标准研究报告[J].中国行政管理,2003(3):8-16.

[67]周志忍.公共性与行政效率研究[J].中国行政管理,2000(4):41-45.

[68]朱火弟,蒲勇健.政府绩效评估研究[J].改革,2003(6):18-22.

[69]王德高.公共管理学[M].武汉:武汉大学出版社,2005:268-269.

[70]朱丽峰.论我国服务型政府的绩效评估[D].吉林大学硕士学位论文,2007.

[71]尚虎平.从治理到政府治理绩效:数据挖掘视域下的政府治理绩效评估[J].辽宁师范大学学报,2009(1):16-20.

[72]王斌.中美政府绩效评估分析[D].西北大学硕士学位论文,2008.

[73]特德·盖布勒,戴维·奥斯本.改革政府:企业家精神如何改革着公共部门[M].上海:上海译文出版社,2006.

[74]范柏乃.政府绩效评估理论与实务[M].北京:人民出版社,2005.

[75]尚虎平,尹艳红.我国政府机构改革的现实逻辑:从命令链到绩效链[J].改革,2009(9):133-139.

[76]陈琳林.我国地方政府绩效评估研究[D].东北财经大学硕士学位论文,2007.

[77]桑助来.建立科学的政府绩效评估制度[J].中国人才,2004(7):62-64.

[78]张素琴.基于平衡计分卡的政府绩效评估体系研究[D]中国海洋大学硕士学位论文,2008.

[79]周凯.政府绩效评估导论[M].北京:中国人民大学出版社,2006:2.

[80]张博,梁少鹏.我国政府绩效审计存在的问题及其改进措施[J].河北审计,1999(10):28-29.

[81]张定安,谭功荣.绩效评估:政府行政改革和再造的新策略[J].中国行政管理,2004(6):75-79.

[82]刘长木.论美国政府绩效评估制度[D].吉林大学博士学位论文,2004.

[83]绩效管理[EB/OL].http://www.xinyinghua.com/guanli/ShowArticle.asp?ArticleID=107.

[84]尚虎平,陈星宇.我国政府绩效评估指标设计研究中"失去的研究"的研究——指标可加性探索[J].华东经济管理,2009(12):115-120.

[85]郑方辉,尚虎平.2011中国地方政府整体绩效评估红皮书[M].北京新华出版社,2011.

[86]尚虎平.我国西部生态脆性评价:预控研究[J].中国软科学,2011(9):122-132.

[87]柴茂.平衡计分卡在地方政府战略管理绩效评估中的应用[J].重庆工学院学报(社会科学版),2008(6):70-73.

[88]高瑜.基于平衡计分卡的××街道办事处绩效考核体系设计[D].西南财经大学硕士学位论文,2008.

[89]鞠增玉.潍坊市政府绩效评估指标体系设计[D].山东大学硕士学位论文,2009.

[90]孟瑜,朱春旭.平衡计分卡在地方政府绩效管理的应用:指标设计与权重计算[J].商业经济,2009(7):88-90.

[91]李晓楠.基于平衡计分卡的政府部门绩效评估体系研究——以潍坊市人事局为例[D].山东大学硕士学位论文,2009.

[92]吴建南,章磊,李贵宁.地方政府绩效指标设计框架及其核心指标体系构建[J].管理评论,2009(11):121-128.

[93]倪星,余琴.基于BSC、KPI与绩效棱柱模型的综合运用[J].武汉大学学报(哲学社会科学版),2009(5):702-710.

[94]张磊.基于平衡计分卡的政府绩效评估指标体系构建——以白银市政府的应用研究为例[D].天津师范大学硕士学位论文,2009.

[95]倪星,郜琳.廉政工作绩效评估指标体系构建研究[J].理论月刊,2010(12):5-11.

[96]陈永兴.基于和谐社会的我国地方政府绩效评价指标体系研究[D].重庆工商大学硕士学位论文,2010.

[97]马倩.完善地方政府绩效评佑的对策研究[D].郑州大学硕士学位论文,2011.

[98]黄佳圳.我国地方政府绩效评估指标体系构建——指标选择与权重设置[J].经营管理者,2011(4):94-95.

[99]于秀琴.县级服务型政府绩效评估及能力提升研究[D].天津大学博士学位论文,2011.

[100]张明.政府绩效评估的多元主体分析及指标体系构建[J].重庆工商大学学报(社会科学版),2011(1):54-59.

[101]吴慧芳.政府绩效评估体系的基本框架与构建方法[J].山东师范大学学报(人文社会科学版),2011(2):89-92.

[102]林蓉蓉.中国地方政府绩效评估指标体系研究现状分析——以14个地方政府绩效评估指标体系描述性分析为例[J].辽宁行政学院学报,2011(7):10-12.

[103]秦晓蕾.地方政府绩效考评指标量化设计创新——基于江苏省13个地方政府考评指标体系的实证研究[J].行政论坛,2011(6):48-52.

[104]周亮,王庆蒙,白超,崔雪峰.2010年地方政府网站绩效评估指标设计思路[J].电子政务,2011(1):30-35.

[105]段豫龙,包江山,关峻.区域行政效能的绩效指标选择与评估[J].北京

工业大学学报(社会科学版),2012(2):32-38.

[106]宋美,缪世岭.地方政府绩效评估指标体系的构建及应用方法[J].统计与决策,2012(14):22-26.

后　记

本书的完成得到了好朋友陈星宇、罗梁波、卓萍、韩志明、梁莹、周义程、尹艳红、王菁等青年学者的大力帮助。在此,向他们表示衷心的谢意。

本书在获取网络资料的过程中,曾以"在线索取"的方式向徐州统计局等单位索取资料,它们的工作人员都能提供力所能及的帮助并将资料发到我的电子信箱。我一旦遇到数据收集困难,总会向江宁区财政局局长丁圣荣、副局长张远庆、绩效管理办公室主任邵绪虎求助,他们也都乐于帮忙联系相关人士,在此对他们热忱、无私的帮助致以崇高的谢意! 同时,向那些接待了我走访、调研并提供了资料的各位领导干部表示感谢! 没有你们,本书就是无土之木,无源之水。

特别值得感谢的还有南京晓通网络科技有限公司的系统工程师张翼先生、周峰先生,他们不仅给我提供了 Microsoft SQL Server 2005 软件、各种操作手册,还经常在我碰到技术难题的时候不厌其烦地提供各种帮助,甚至还介绍了来自北京的童先生帮助我设计挖掘模型和挖掘参数,在此对这些乐于助人的好朋友们致以诚挚的谢意!

本书的原稿是厦门大学卓越教授指导所撰写的博士论文,没有卓老师的悉心指导,完成本书是不可想象的。在本书的写作过程中,著名公共管理学者包国宪教授、高小平研究员、张成福教授、谢庆奎教授、王浦劬教授、周志忍教授、鲍静研究员、倪星教授、吴建南教授、姜晓萍教授、范柏乃教授、徐湘林教授、白智立教授、郑方辉教授、曹现强教授、王佃利教授、胡税根教授、胡宁生教授、朱旭锋教授、张定安研究员等人的思想火花启迪了我的研究,对这些前辈表示感谢。当然,本书的诸多错漏之处仍然需要师长、朋友们多批评指正。

同时,向本书写作过程中所参看、参考的所有文献作者表示感谢,特别向高学东、武森、高俊山、S. Guha、周永权、焦李成、王欣、徐腾飞、唐连章、韩秋明、李微、李华锋、Jiawei Han、Zhaohui Tang、Janmie Maclennan、邝祝芳、焦贤龙、Christopher Allen、Simon Chatwin、Catherine A. Creary、皮人杰、任鸿、邱奇光、战晓苏、张承江、赵喜来、崔程、夏素广等前辈表示更多的感谢,你们的劳动是本书能够顺利完成的基础;从应用性上来说,在很多地方本书是将你们所发展出的数据挖掘理论和方法探索性地应用到公共管理研究中来。

最后,向那些曾经在生活、学习上给予我无私帮助的所有人致以谢忱,耽于篇幅所限,不能将你们的名字一一列出,但这并不代表我忘记了你们的帮助! 此处无名更有情,谢谢大家!

尚虎平

2013 年 3 月 8 日